양종기 박사의 경제이야기 6

세계경제(世界經濟) 속 한미경제(韓美經濟)

도서출판 원

머 | 리 | 말 |

세계 제2차 대전 이후 세계경제는 사실상 미국이 주도적으로 이끌고 왔다. 세계 대전 이후 근 40년 동안 지배했던 냉전시대는 1980년대 사회주의 체제국가들이 몰락하면서부터 자본주의 시장경제체제가 압도해 가는 동안 미국 경제는 더욱 강화된 제국화의 길을 걷고 있다. 초강대국 미국은 20세기에도 그렇고 앞으로 21세기에도 미국의 시대를 이어 갈 것이다. 팍스 아메리카나는 유럽연합과 중국 및 러시아의 견제를 받으면서도 계속 패권을 쥐고 갈 것이다.

그렇다면 미국은 그 많은 국가들 중에서 얼마나 강한 국가일까. 본 저서에서는 글을 읽다보면 강한 미국의 면모를 여러 측면에서 볼 것이다. 현 지구상에는 190여개 국가가 존재한다. 전 지구상에 있는 국가는 대륙별로 보면 아시아에 45개국, 유럽에 43개국, 아프리카에 53개국, 오세아니아에 14개국, 아메리카에 35개국이 분포돼 있다. 이들 여러 국가들 중에서 미국은 경제력, 국방력, 국가경쟁력, 기업의 국제경쟁력 등 모든 분야에서 타의 추종을 불허하는 선두자리를 지키고 있다. 미국은 자국의 경제범위를 넘어 세계경제와 국제관계에 막강한 영향력을 행사하고 있다. 미국의 일거수일투족은 세계 각국에 다방면에 걸쳐 커다란 영향을 미친다.

미국은 세계 1위의 최강 자리를 지키고 있는 부문들이 상당히 많다. 미국은 2004년 기준 국내총생산 13조3천억 달러, 금 보유액 1580억 달러, 역대 노벨상 수상자 296명, 10억 달러 이상 재산가 371명, 올림픽 메달 수 102개, 인터넷 사용자 2억533만 명, 도로망 640만5천 킬로미터, 공항 1만4858곳, 철도 22만6604 킬로미터 등에서 선두 자리를 차지하고 있다. 그 밖에도 선두 자리를 지키는 것들이 많다.

초강국 미국은 미국 식 자본주의 시장경제를 운영하는 모범적인 국가이다. 그러나 미국의 시장경제는 많은 부산물을 낳고 있기도 하다. 많은 부산물 중 가장 부끄러운 치부도 많다. 대표적인 예로는 인구 10만 명당 수감자 수 세계 1위, 성폭행 사건 발생률 세계 3위, 사형집행 건수 세계 4위, 살인사건 발생률 세계 15위, 유아 사망률 34위, 국민 1인당 의료진 수 세계 44위, 국민 1인당 병상 수 세계 50위를 차지한다.

미국은 다민족 국가이다. 백인, 황색인종, 흑인 등 여러 종족이 함께 어울려 살고 있다 이 처럼 다민족이 살고 있기에 보이지 않는 인종차별이 존재 한다. 특히 흑인과 백인간의 빈부 격차가 상당히 심한 편이다. 미국은 단일국가로서 광대한 국토를 가진 나라다. 땅덩어리가 넓다보니 치안경찰이 전국 방방 곳곳에 사는 개개인의 생활을 일일이 보호하기 어렵다고 한다. 그래서 인지 미국인들은 자기 방어를 위해 누구나 총기 소지를 자유롭게 허용되고 있다. 그러나 불행하게도 자유로운 총기 소지로 인해 최근 총기 사건이 자주 발생하고 있다[중앙일보, 2007.1.15].

미국이 초강국이라는 실감은 국내총생산 GDP 규모, 국방비 예산 규모에서 극명하게 잘 드러난다. **미국의 GDP와 국방비 규모는 선진국에 비해 비교할 수 없을 만큼 격차가 크다. 미국의 국내총생산(GDP)은 2007년 13조2200억 달러로 일본 4조9110억 달러(2위), 독일 2조8580억 달러(3위), 중국 2조5210억 달러(4위), 영국 2조3410억 달러(5위)를 다 합친 4개의 대국의 GDP규모보다 더 크다.** 미국의 국방비는 2009년 회계연도 기준 7060억 달러로 전 세계 국방비의 48%를 차지하며 2위 중국부터 46위를 합한 것보다 많다. 미국의 군사력은 전 세계적으로 장악하고 있으며 최첨단 무기로 전쟁 억제력을 행사하고 있다.

이처럼 미국은 여러 분야에서 초강국의 위치에 있다. 그러나 21세기에 들어서면서 밀리고 있는 부문들이 생겨나고 있다. 예를 들면 세계 최고의 빌딩, 최대 시가총액, 최대 여객기, 최대 영화산업 등에서 밀리고 있다. 일부 전문가들은 이런 부문을 들면서 포스트 아메리카 시대가 열리고 있다고 말하기도 한다. 미국은 어느 나라도 따라 잡을 수 없는 막강한 나라이지만 갑작스럽게 당한 9.11테러는 미국의 일방주의와 패권주의를 반성하는 계기가 되었다. 하지만 이것도 잠시 전통 보수당인 공화당은 테러 전쟁과 힘의 외교를 통해 미국의 영향력을 다시 강화 하였다. 근래의 대 테러 전쟁의 명분이자 힘의 외교의 표본으로는 이라크 전쟁을 들 수 있다. 이러한 적극적인 개입은 2007년 민주당이 의회를 장악하면서 내외의 극심한 비판을 받았다.

슈퍼 파워 미국경제는 세계 경제성장의 동력 역할을 하면서도 오래 동안 쌍둥이 적자(재정 및 무역적자)에 시달리고 있다. 미국은 국내외에 많은 경제문제를 야기하고 많은 과제를 짊어지고 있다. 미국은 세계경제에 많은 문제를 던지고 영향을 미치고 있다. 미국은 세계 각국으로부터 도전을 받고 있다. 미국은 세계를 파트너로 인정하지 않으려는 자만심이 여전히 곳곳에서 묻어난다. 21세기에 접어들면서 미국을 견제하려는 보다 더 강한 세력이 속속 등장하고 있다.

미국을 견제하는 유럽연합(EU)은 정치통합을 눈앞에 두고 경제통합을 이루었고 유로 통화를 출범시켰다. 유럽연합은 2007년 **EU 헌법 제정**과 EU **통합 군대 결성**에 힘을 쏟고 있다. 유로 지역은 정치적 경제적 통합과정을 단계적으로 실천하는 가운데 2000년 이래 3%대 성장률을 달성하였다. 유럽은 6년 만에 최고 성장궤도에 올랐던 것이다. 이를 기반으로 유로화는 기축통화로서의 자리를 굳건히 지키고 있다. 하지만 아직도 **재정통합을 실현시키지 못해** 2012년 최악의 재정위기를 겪었으며 유럽연합의 해체 여부를 논의할 만큼 최대 위기에 직면하기도 하였다. 어려운 역경 속에서도 유럽인들은 유럽합중국 건설을 실현하려는 꿈과 의지를 강력하게 추진하고 있다.

21세기에 접어들면서 중국의 위상 변화는 시간이 흐를수록 빠르게 변하고 있다. 2003년 이후 4년 연속 10% 이상의 고도성장을 이어가고 있다. 중국의 수출규모는 세계 3위, 국내총생산(GDP)은 세계 4위로 뛰어 올랐다. 투자, 수출, 에너지 등 중국의 총수요조절정책은 세계경제에 직접적으로 영향을 미친다. 중국은 이제 세계가 우려하는 거대 경제대국으로 탈바꿈했다. 그러나 중국이 급속한 경제성장과 역동적인 경제활동을 누리고 있지만 부실채권이 급팽창하고 계층과 지역 간의 극심한 소득 불균형, 환경오염, 부정부패 척결 등 각종 문제로 신음하고 있다. 중국은 세계시장이 하나로 통합되는 세계화 경쟁 과정에서 고속성장을 유지하며 세계경제의 지배자로 등장할 날만 기다리고 있다. 이를 두고 서방은 중국에 패배하고 있다고 진단하기도 한다. 유럽은 미국과 중국 등 대국들의 패권경쟁에서 불안감을 느끼고 있다. 일본은 중국을 견제하기 위해 미국, 일본, 인도, 호주 등 4개국과 전통적인 우호관계를 긴밀히 유지하려고 국방 외교적 노력을 강화하고 있다.

경제대국인 일본 정부는 군사 대국화에 박차를 가하고 있다. 높은 경제생활수준을 자랑하는 일본은 애국심 강조와 전통 강화에 나서는 보수 우익 분위기를 주도하면서 1990년대 장기침체를 벗고 재도약의 깃발을 들고 있다. 일본은 세계적인 국제 경쟁력을 가일층 강화하고 있다.

러시아는 과거 소비에트연방의 해체 이후 10여 년 침체의 터널을 빠져나와 2006년에는 최고호황을 구가하였다. 특히 석유 천연가스 가격이 폭등하면서 자원대국인 **러시아의 국제적 영향력이 크게 확대되고 있다. 러시아와 소수 자원부국들은 에너지 패권주의로 언제든지 세계경제를 흔들 수 있는 위력을 가지고 있다. 러시아는 타의 추종을 불허하는 최고의 우주항공기술과 막강한 핵무기를 보유하고 있다.**

세계경제포럼(WEF · 다보스 포럼)은 앞으로 세계 경제를 위협할 요인으로 **소득 불균형**을 꼽는다. 2008년 세계 금융위기 이후 커진 **소득 격차**가 2020년대 세계 경제에 핵심 위협이 될 것이다. **청년실업**도 해결해야 할 긴급한 과제다. 2010년대에 성년이 된 젊은이들이 일자리를 갖지 못한 **잃어버린 세대(로스트 제너레이션)**가 될 것이다. 이는 사회 불안과 갈등을 키울 것이다[세계일보, 2014.1.17/다보스포럼 보고서: 글로벌 리스크 2014]. 이러한 진단은 한국에도 적용된다. 한국의 국내총생산 GDP 규모는 세계 순위 15번째에 든다. 한국은 소국 개방경제에 속한다. **한국경제는 수출과 수입 해외의존도가 매우 높다. 한국은 다른 나라 경제에 영향을 미치기보다는 미국, 유럽, 중국, 일본 등 4대 강국의 정책변화로부터 즉각 영향을 받는다.** 한국경제는 대외적으로 활발한 실물 및 금융 거래관계를 맺고 있다. 한국의 개방경제는 시장질서, 상품가격과 품질, 법률과 제도, 기술 혁신, 관광 서비스 등 모든 면에서 다른 선진국과 치열하게 경쟁한다. 한국경제는 세계의 무한경쟁 속에서 끊임없는 혁신과 창조를 창출해야 하는 절박한 처지에 놓여 있다.

한국지역을 넘나드는 모든 상품과 서비스들이 무관세로 거래되지 않지만 상당히 낮은 관세로 매매되고 있다. 특히 금융경제는 일부 금융상품을 제외하곤 완전히 개방된 상태로 거래되고 있다. 한국의 무역거래는 소득수준이 높은 미국, 유럽, 일본 등 선진국과 중국에 많이 편중돼 있다. 원자재 등의 수입은 신흥국과 개발도상국에 의존하고 있다. 한국은 걱정거리가 될 만큼 해외의존도가 높다. 국내외 자금거래는 실물거래와 달리 순식간에 거대한 규모로 이동한다. 주식 및 외환거래 자금은 증권시장 및 외환시장에서 순식간에 대규모로 이동한다. 따라서 주가와 환율, 금리, 물가 등의 경제변수들이 즉각적으로 영향을 받는 상황이 됐다.

국내외 거래가 쉬지 않고 왕래하는 상황에서 국민 개개인은 경제생활을 하고 있다. 외국에서 불어오는 크고 작은 쇼크는 국민경제는 물론 개인의 일상생활에 당장 영향을 미치고 시간을 두고 누적적인 영향력을 행사한다.

한국에서는 지난 5년의 이명박 보수정부에 이어 박근혜 보수정부가 들어섰다. 한국에도 그 어느 때보다 강한 보수 분위기가 널리 확산되고 있다. 보수정부는 과거의 보수 역사와 전통을 다시 이어가며 기득권을 지키고 있다. 박근혜 정권은 특히 최근 들어서 미·중 간에 택일을 강요받는 국방 외교적 딜레마 속에서 헤매고 있다. 한국은 지정학적 및 정치 외교적으로도 미국, 일본, 중국, 러시아의 4대 강국 사이에 끼여 있다. 한국 정부는 어려운 국내외 여건을 슬기롭게 대처하기 보다는 응급처방과 정책실패를 되풀이 하고 있다. 한국 정부의 경제정책은 독립성과 운용의 폭을 갖기 어려운 상황을 스스로 자초하고 국제적 상황에 몰리는 빈도가 많다. 정부는 여전히 임기응변식 정책을 남발한다.

박근혜 집권 이후 동북아 정세가 요동치고 있다. 미국의 외교정책의 주춧돌로 재천명한 아시아·태평양 재균형(rebalancing) 전략은 중국과 협력하며 견제한다. 일본은 국방외교 전략으로서 군사대국화의 발톱을 드러내며 야욕을 부리고 있다. 이에 맞선 중국도 군비 증강에 불을 뿜고 있다. 한국은 북핵 해결에서 강대국의 눈치를 살펴야 하는 처지이다. 남북 간의 경협과 교류는 과거 냉전 시대로 돌아갔다. 15년 전보다 더 못한 상황이 됐다. 동북아를 무대로 충돌하는 힘의 방향성은 기존의 스테이터스 쿼(status quo 현상 유지)가 무너지는 방향으로 나가는 모습이다.

한국 정부는 앞으로 미중 택일을 강요받는 심각한 딜레마에 처할 수도 있다. 격동의 요인들이 복잡하게 물리고 물려오고 있다. 무엇보다 미국이 중국 견제를 위해 일본의 경제·군사력을 끌어들이면서 한국 정부의 머릿속을 복잡하게 만들고 있다. 남북 경제의 개선 발전은 정치 외교 및 국방의 남북 대결에 짓눌려 맥을 못 추고 있다. 한국의 경제발전 속도를 가로막고 있는 복잡한 상황이 시시각각 바뀌며 전개되고 있다.

본서는 이 같은 국제적인 상황을 종합적으로 이해하기 위해 경제를 중심으로 필자가 본 대로 느낀 대로 분석한 것이다. 본서에서는 미국이 다른 대국들을 따돌린 배경과 힘의 배경을 살펴볼 수 있을 것이다. 세계 속에서 한국경제의 위치와 입지를 볼 수 있을 것이다. 거대한 미국경제를 중점적으로 살펴보면서 세계경제 관계 속에서 한국경제를 중점적으로 살펴 볼 것이다. 본서의 내용들은 중첩되고 일관성을 떨어진 곳을 발견할 수 있다. 많은 곳에서 부족함을 찾을 수 있을 것이다. 필자의 역량 부족이다. 널리 양해를 구하고 싶다. 그러나 잘 못된 부분은 필자의 몫이다. 부족한 부분은 공부하고 고쳐야 할 곳은 후에 교정할 것이다. 독자들의 비판을 달게 받으며 기회가 닿는 대로 보완할 것이다.

2014년 10월

고양 사저에서

차 례

1. 국제 질서가 혼돈의 G제로(무극화) 시대로 접어들고 있다.

크림반도의 러시아 점령 계기로 G8체제가 종말을 맞이한 것 같다. 글로벌 다극화가 가속화되면서 그 질서의 근간이 표류하는 G제로가 현실화하고 있다. 특히 중국이 부상하면서 G8의 영향력은 이미 축소됐다. 러시아를 제외한 G7이 국제여론을 선도하는 강력한 리더십을 되찾기는 힘들 것 같다. 우크라이나 사태를 둘러싼 서방과 러시아의 갈등이 양극의 신(新)냉전 회귀로 받아들여졌지만, 실상은 무극(non-polar)의 G제로 시대를 알리는 서막이다[1].

네덜란드 헤이그 핵 안보 정상회의에서 주요 7개국(G7 : 미국 영국 독일 프랑스 일본 이탈리아 캐나다)은 러시아를 축출시킴으로써

1) G제로(G0)란 특정 국가나 그룹의 영향력과 헤게모니가 쇠퇴해 뚜렷한 주도세력이 없는 무극화 국제 질서를 일컫는 말이다. 미국, 일본, 유럽 등 기존에 글로벌 리더십을 발휘했던 국가들이 현재 자국 경제에 초점을 맞추고 있어서 글로벌 거버넌스를 할 여력이 없어졌다는 것이다.

16년 만에 G8 체제가 해체됐다. 그러나 이번 회의에 러시아는 불참했다. 러시아가 배제됐지만 핵 없는 세계는 러시아 없이는 불가능하다. 서방 중심의 G7의 리더십이 예전만 못한 상황에서, 러시아는 G20를 등에 업고 서방과 힘겨루기에 나설 태세다. 여기에 신흥강국인 중국은 G8의 균열을 틈타 세계 질서 재편을 노리고 있다.

G8균열은 곧 미국의 역할이 약화된 신호다. 헤게모니 없는 국제질서는 지정학적 리스크에 휘둘릴 수 있다. 미국은 러시아가 이웃나라를 위협하는 지역 패권을 노리고 있다고 격하 하지만 지도력을 발휘하기에 버거운 장면을 연출하고 있다.

G8에서 러시아 축출이 큰 효과가 없다. 신흥국 영향력이 커지면서 서방 선진국 모임인 G8보다 중국과 인도가 포함된 주요 20개국(G20)의 역할이 급부상한 것이다. 5개 주요 신흥 경제국인 브릭스(BRICS : 브라질, 러시아, 인도, 중국, 남아프리카공화국)는 이번 핵안보 정상회의에서도 존재감을 드러냈다.

특히 중국은 리더십 부재 틈바구니에서 반사이익을 톡톡히 보고 있다. 중국은 중립을 유지한 채 대결하지 않고 서로를 존중하는 윈윈관계를 촉구하는 입장을 취하고 있다. G8의 종말을 중국 중심의 세계질서 재편의 기회로 활용하고 있는 것이다[천예선 기자, 코리아헤럴드, 2014.3.26].

2. 세계경제의 고성장은 끝났다.

글로벌 경제는 감속시대로 접어들었다. 중국 · 러시아 · 브라질 · 인도 등 신흥국들이 지난 10년간 급속한 경제성장을 구가했던 시대를 마감하고 성장률이 크게 떨어지는 시대에 접어들고 있다. 지난 2000년대에 신흥국들의 성장률은 두 자릿수를 기록했다. 최근 성장률은 거의 반 토막이 난 상황이다.

2008년 뉴욕 발 금융위기 이후 선진국 경제가 그나마 버틸 수 있었던 것은 이머징 마켓의 선전 덕분이었다. 이제는 그와 같은 역할을 기대하기 힘들어졌다. 미국과 일본 경제의 성장회복, 유로존의 부활 없이는 세계 경제가 올해 3%선의 성장률을 유지하기 힘들어졌다[문화일보, 2013.7.29 / 이코노미스트 27일자].

최근 아시아의 신흥시장경제가 끝 모르고 하락하던 국면에서 바닥을 쳤다. 이제 올라갈 일만 남았다. 2013년 5월 아시아 신흥시장의 성장률의 반등기미가 엿보였다. 점진적인 경기 회복세를 보이고 있다. 7월 현재까지의 아시아 신흥시장으로의 자본 순유입은 3억 8660만 달러(약4300억원)로 지난 6월 150억 달러가 빠져나간데 비하면 크게 개선됐다.

비록 아시아 지역의 성장세가 미약하긴 하지만 지난 5월 코너를 돈 것으로 보인다. 특히 한국, 싱가포르의 2·4분기 국내총생산(GDP) 성장률이 이런 성장 전망에 힘을 싣고 있다. 한국의 2·4분기 GDP 성장률은 전년 동기 대비 1.1% 상승, 2년 만에 성장세로 돌아섰다. 싱가포르는 무려 15.2% 성장해 2011년 이래 분기별 성장률로는 가장 큰 폭으로 늘었다.

한국 경제가 바닥을 치고 하반기 성장도 개선될 것으로 전망한다. 한국의 2·4분기 성장세는 고무적이다. 국내 소비가 상승했고 정부 경기부양책과 한국은행의 금리 인하가 시너지를 낸 것 같다. 한국은행은 지난 5월 기준금리를 0.25% 인하했고 한국 정부는 올해 예산의 60% 가량을 상반기에 집중 투입했다. 지난 4월에는 추가경정예산 19조3000억원을 편성하는 경기부양책을 실시했다.

또 아시아 신흥시장의 성장개선으로 외자 유입도 회복할 것이다. 지난 6월 급속한 자금 이탈로 아시아 신흥시장은 큰 고통을 겪었지만 7월 들어 여태까지 아시아 자산 시장으로의 순유입은 아주 순탄한 흐름을 보이고 있다. 그러나 신흥국 경제가 장기적으로 고성장 궤도를 걸을 수 있을 것이란 기대는 접어야 할 것 같다[파이낸셜뉴스, 2013.7.26].

저성장 속으로 빠져든 세계경제 가운데 한국은 경제선진국을 따라잡는 속도에 힘이 빠지면서 중진국 함정에 빠졌다. 한국은 과거 10여 년 동안 특별한 추이의 변화가 없이 절대적 의미의 경제추격의 정도가 정체돼 있다. 이 같은 사실은 추격지수와 추격속도지수에서 확인되고 있다. 추격지수란 한 국가가 1위 국가를 따라잡는 데 절대적인 의미에서 얼마나 성과를 냈는지를 측정하는 지수로 국가의 1인당 국내총생산(GDP)이나 전세계 GDP에서 차지하는 비중을 합친 뒤 평균을 낸다. 추격속도지수는 특정국가가 상대적으로 얼마나 빠르게 경제추격을 했는지를 보여준다.

GDP 규모 상위 100개국의 2001~2011년 추격지수 실적을 보면 한국의 추격지수는 2011년 현재 100개국 중 26이었다. 이는 주요 경쟁국인 싱가포르(6위), 중국(8위), 대만(23위)보다 뒤처진 것으로 나타났다. 선진국과 비교해도 미국(1위), 일본(4위), 독일(5위), 프랑스(9위) 등과 격차가 벌어진다. 한국의 추격지수는 지난 10년간 30위(2001년)에서 26위(2011년)로 특별한 추이의 변화가 없다. 선진국과 비교하면 추격의 성과가 낮고 절대적 의미의 경제추격도 정체됐다.

추격속도지수도 부진했다. 2011년 기준 한국의 추격속도지수는 100개국 중 56위에 그쳤다. 선진국인 독일(60위), 미국(85위), 일본(90위)보다는 앞섰지만 신흥국인 중국(8위), 러시아(15위), 브라질(42위), 대만(51위), 멕시코(53위)보다는 떨어졌다. 추격속도지수 계산에는 1인당 소득증가율, 세계경제에서 차지하는 비중이 들어가는데 1인당 소득증가율은 2003 ~ 2007년 평균 4%대로 양호했지만 한국이 세계경제에서 차지하는 비중은 2005년 1.87%에서 2011년 1.61%로 하락했다. 반면 중국의 비중은 4.99%에서 10.54%, 브라질은 1.95%에서 3.60% 등으로 커졌다.

추격속도지수가 56위라는 것은 한국이 더는 추격국이 아니라는 의미한다. 한국이 선진국과 비교해 아직 추격의 성과가 낮고 중진국에서 선진국으로 도약하는 과정에서 정체되고 있는 처지를 반영한다[서울경제, 2013.8.13 / 이근 경제추격연구소장/서울대 경제학과 교수].

3. 동북아시아, 러시아, 한국

러시아가 현재의 성장 속도를 유지한다면 향후 10년간 러시아 경제가 세계 경제에서 차지하는 비중은 유럽 국가 전체 경제를 합친 것보다 더 커진다. 2012년 러시아의 경제 성장률은 4~5%에 이를 것이며 이는 어떤 선진국보다 높은 수치다. 러시아 경제는 석유가스 등을 포함한 풍부한 천연자원이 자연의 혜택이지만 이 같은 혜택이 산업 다변화에 대한 자극을 빼앗아 가고 있다. 그러나 세계적 경기 침체가 계속돼 유가가 배럴당 100달러 이하로 곤두박질칠지라도, 러시아는 그 같은 상황에 충분히 대응할 수 있다.

러시아의 외환보유액은 현재 약 5천120억 달러로 세계3위다. 유가 하락에 대비한 적립 펀드와 국부펀드 자금도 1조 달러에 달한다. 상황이 악화하더라도 이를 극복할 충분한 자금력을 갖추고 있다. 그렇다고 러시아는 위기에 100% 대응할 수 있다고 장담하지 않는다. 세계는 많은 불확실성이 존재하는데다가 사전에 유가의 급락과 유로존 위기의 모든 여파를 계산할 수는 없기 때문이다[모스크바 = 연합뉴스, 유철종 특파원, 2012.6.22].

러시아는 북방영토(러시아명 남쿠릴열도) 실효지배 강화에 박차를 가하고 있다. 일본이 북방영토 반환 관철 의지를 밝히면 러시아는 군비강화로 맞선다. 북방영토 주둔 러시아군이 증강되고 미사일과 공격용 헬기, 탱크, 장갑차 등을 배치한다. 러시아는 남쿠릴열도에 속하는 구나시리와 에토로후 섬에 군 주둔지 2곳을 추가 건설하면 기존의 5개 주둔지(병력 3500명)에서 7개 주둔지로 확대된다. 러시아는 북방영토 군비확대에 열을 올리면서 압도적인 군사적 우위를 과시하고 있다.

러시아가 최신형 단거리 전술 미사일 이스칸데르를 유럽과 인접한 서부 국경 지역에 집중 배치했다. 러시아의 이스칸데르 미사일 배치는 미국과 나토(북대서양조약기구)가 러시아의 반발에도 불구하고 유럽 미사일 방어(MD)망 구축 계획을 강행하고 있는데 대한 대응이다. 지난 2006년부터 실전 배치에 들어간 이스칸데르 미사일은 최대 사거리 500km의 단거리 전술 미사일로 고도의 기동성과 정확성을 자랑한다. 상대의 미사일 시스템, 장거리 대포, MD 시설 등을 타격할 수 있는 최신형 무기다. 러시아는 지난 2011년 미국과 나토가 유럽 MD 구축 계획을 강행할 경우 동유럽에 들어설 나토 MD 기지를 타격할 수 있는 이스칸데르 미사일을 자국 서부 지역에 배치하겠다고 경고한 바 있다. 러시아는 지난주까지 칼리닌그라드 주에 미사일 공격 경보 레이더 기지 구축도 완료했다[모스크바 = 연합뉴스 유철종 특파원, 2013.12.15].

동북아 안보 지형이 급변하고 있다. 동북아 안보 지형이 급변하고 있다. 동북아 정세는 2013년에 이어 2014년에도 뒤흔드는 변수들이 속속 이어질 전망이다. 불행히도 평화와 안정보다는 군사적 충돌 가능성이다. 영토를 둘러싼 중국과 일본의 군비경쟁은 노골적으로 진행되고 있다. 지난 2013년에는 한국령 마라도와 한국 관할인 이어도까지 3국 간 분쟁의 대상으로 떠올랐다. 한국이 싫어도 군비경쟁 구도에 말려들어갈 수밖에 없는 형국이다. 특히 북한의 대남도발 가능성이 상수로 작용하고 있는 상황에서 군으로서는 방위태세에 대한 부담이 커지고 있다. 정부가 대북 억지력을 높이면서도 만일의 사태에 대비해 군의 현대화에 고심하고 있는 이유다[문화일보, 김상협 · 정철순 기자, 2014.1.9].

한반도나 동북아 지역에서 당장 전쟁이 일어날 확률은 낮다. 그래도 지역적인 국지적인 전쟁이 발생한다면 적을 압도할 수 있을까. 군은 속성상 최악의 상황을 가정해 방위 태세를 갖추기 위해 노력해 왔지만 실제 상황이 벌어진다면 적에게 승리할 수 있을까 호언장담할 처지가 아니다. 객관적인 군의 전력 확보가 시급한 이유다.

얼마 전부터 마라도 남쪽, 한국이 해양과학기지를 건설하고 실질적으로 관리하고 있는 이어도를 중국과 일본이 넘보고 있다. 북한은 장성택 처형 이후 내부 정세가 긴박하게 전개되고 있다. 정부는 북한 도발 가능성을 공개적으로 언급 하는 상황이다. 외교력과 함께 국방력이 어느 때보다 중요하다.

이어도 일대를 관할하는 일본과 중국 전력으로는 각각 1개의 비행기지와 함대가 자리 잡고 있다. **일본**의 경우 이어도에서 항속거리로 459km 떨어진 **쓰이키**(築城) 공군기지에 제8항공단 예하 F-15J와 F-2 지원기로 이뤄진 **2개 비행대(약 40대)**가 배치돼 있다. 해상 전력으로는 이어도에서 항로 운항거리로 약 450km 떨어진 **사세보(佐世保)에 제2호위대군 예하 8척의 구축함**이 대기하고 있다. **제2호위대군 예하 8척의 구축함 중 1척은 헬기호위함(쿠라마함)이고 2척은 이지스함(아시가라 · 초카이함)이다.**

중국은 이어도에서 항속거리 627km 떨어진 **저장(浙江)성 항저우(杭州)시와 자싱(嘉興)시에 약 50 ~ 70대의 항공기**를 배치했다. **닝보(寧波)시 동해함대에는 052-C · D급 이지스함 2척을 비롯해 약 25척의 수상함과 7척의 잠수함이 배치돼 있다.**

한국은 이어도에서 항속거리 405km 떨어진 대구기지에 **F-15K 60대**를 배치했다. 운항거리 507km의 부산 해군작전사령부 예하 제7기동전단에는 **이지스함 3척을 포함해 9척의 구축함**이 대기 중이다. 한국군이 이어도 주변의 전력과 대응 거리로는 중국과 일본에 뒤지지 않는다. 그러나 **대북 억제전력으로의 분산과 지원 전력 면에서 두 나라에 비해 크게 열세인 것만은 분명한 것 같다.**

대구기지의 항공 전력은 이어도뿐만 아니라 대북 억제전력으로도 활용돼 전력 분산 문제가 있다. 이어도 일대에서 공군의 대응 출격 거리로만 보면 한국이 일본과 중국에 비해 빠를 수 있지만, 공중급유기가 없어 작전 지속시간은 더 짧다. **유사시 양쪽 모두를 신경 써야 하는 상황에서 부담일 수밖에 없다.** 해군의 전력은 이어도까지 항해 시간은 23시간 안팎으로, 중국 동해함대(18시간)나 일본 해상자위대 제2호위대군(21시간)에 비해 더 길다는 점도 문제다.

남북한의 전력도 한국군 전력이 압도적인 우위에 있는 것 같지 않다. 남북한의 전력지수를 놓고 국회감사장에서 한국과 북한의 1 : 1 전면전을 가정한 논쟁이 있었지만 우세한 남한 군사력을 갖지 못한 것을 보여주었다. 2012 국방백서에 따르면 한국 육군은 병력 면에서 북한 102만 명의 절반 수준인 50만 명이고, 해 · 공군은 비슷한 병력규모를 유지하고 있다.

주요 장비 면에서 한국 대 북한을 비교하면 전차(2400 : 4200), 야포(5300 : 8600), 함정(120 : 420), 전투기(460 : 820) 등으로 평면적

숫자상으로는 크게 뒤진다. 일반적으로 전력지수는 개별무기들의 능력을 숫자로 계량화해 보유수량을 곱하는 식으로 산출한다. 군 당국은 한국의 전력지수를 북한의 80% 수준으로 분석하는 것으로 알려졌다. 북한은 장비의 질이 한국에 비해 많이 떨어져도 수량에서 압도하면서 전력지수에서 한국을 앞서는 효과를 거두는 것이다. 그러나 **전력지수뿐 아니라 ▲정보화 능력 ▲전쟁 지속능력 ▲감시 장비 ▲후속 군수 지원 등을 종합적으로 고려해야 한다.** 정보화 능력과 감시 장비 면에서는 한국이 앞서 전장을 우세하게 이끌 수 있고 국가 차원의 경제력도 높아 전쟁 지원 능력도 앞선다[문화일보, 김상협 · 정철순 기자, 2014.1.9].

이와 같이 한 · 중 · 일의 종합적인 전력을 비교하면 한국군은 일본과 중국에 크게 뒤지고 있다는 것이 분명하다.

4. 미국과 중국의 패권 경쟁

최근 미·중 양국의 움직임이 예사롭지 않다. 미국은 21세기 군사전략 지침에서 아시아를 최우선시하는 전략으로 급선회했다. 이 지침의 핵심은 중국의 부상에 대한 대책 마련이다. 미국은 이런 대책을 이미 구상했지만 9·11테러 이후 10년간 계속된 아프카니스탄과 이라크 전쟁으로 인하여 실현에 옮기지 못했다. 미국은 중국과 동남아국가들 사이에 영유권 분쟁이 일고 있는 남중국해에서 가까운 호주 북부 지역에 해병대를 상시 주둔시키기로 결정했다 [뉴데일리, 2012.3.24].

중국도 미국의 전략에 대응해 과거 도광양회(韜光養晦) 노선을 벗어나서 더욱 적극적 전략을 취하고 있다. 광활한 태평양은 미국과 중국 양국이 같이 사용할 수 있을 정도의 충분한 공간을 갖고 있다고 주장한다. 이제 태평양은 더 이상 '미국의 호수'아니라는 것이다. **중국은 금년 국방비를 처음으로 1000억 달러 넘는다. 이 액수는**

미국 국방비의 5분의 1에 불과하지만 중국의 경제력 증가와 함께 그 차이는 급속히 줄어들게 될 것이다.

패권 경쟁을 이야기 할 때 패권 질서는 강압적 방식에서부터 합의를 중시하는 방식에 이르기까지 다양한 형태를 띤다. 미국 중심의 패권 질서는 왕도적 패권에 가깝다. 이와 달리 구한말 중국과 일본의 패권 추구는 패도적 패권에 가까웠다. 이제 미 · 중 패권 경쟁은 어떤 양상을 띨지는 한국의 국익에 직결되는 문제이다.

과거 세계적 차원에서 영향력을 행사한 패권국가의 교체는 두 번 일어났다. 첫 번째는 대영제국으로부터 미국으로 패권이 교체된 경우이다. 두 나라는 민주주의와 자유무역이라는 이념을 공유하고 있었기 때문에 평화적으로 바톤 터치가 이루어졌다. 그러나 냉전 시기 미국과 소련 사이에 벌어진 두 번째 패권 대결은 소련의 몰락으로 막을 내렸다. 이처럼 이념이 서로 다른 이질적 패권 추구 국가들 사이의 평화적 패권 교체는 매우 어렵다. 두 번째 패권 경쟁기에 한반도가 분단되었고 동족상잔의 전쟁을 경험했다. 그만큼 패권 경쟁의 부정적 영향력은 깊고도 오랜 상처를 남기는 것이다.

미 · 중 패권 경쟁은 역사상 세 번째가 된다. 한국은 이 패권 경쟁의 바로 중심에 있다. 중국은 경제적으로 개혁과 개방정책을 추구하고 있지만 정치체제 면에서 미국과 동북아 지역 민주주의 국가들과는 아직 이념과 가치를 공유하고 있지 못하다. 이런 차이점 때문에 미·중 패권 경쟁이 어떤 결과를 가져올지 가늠하기 어렵다. 한 가지 분명한 사실은 미·중 패권경쟁은 한국에게 커다란 전략적 딜레마를 안겨줄 것이다.

미·중 패권 경쟁 속 불확실한 국제정세에 능동적으로 대처하는 방안은 역사적 경험을 중시하고 현실주의적 노선을 견지하는 것이다. 구한말 이후 역사는 주변 그 어떤 강대국보다도 미국과의 동맹관계가 유지되고 미국의 '왕도적 패권질서'에 속했을 때 한국이 번영을 이룩했다는 사실이다. 그렇기 때문에 한·미동맹을 더욱 공고히 하고 그 바탕 위에서 중국의 부상과 패권 추구에 대비해 나가는 것이 국익에 부합된다.

세계 경제의 엔진으로 등장하고 있는 중국과 경제적 협력관계를 유지하는 것은 한국의 국익에 부합되는 것이다. 중국은 한·미동맹을 '냉전의 잔재'로 보고 한국이 미국과 중국 사이에서 어느 쪽에도 치우치지 않는 '균형외교'를 취할 것을 기대하고 있다. 그렇지만 기존의 한·미동맹관계를 재조정하여 군사·외교·안보 측면에서 대중국경사정책(對中國傾斜政策)을 취하는 것은 우리의 국익에 부합되지 않는다. 핵 개발에 나선 북한의 위협이 상존하는 상황에서 한국에게 한·미동맹을 폐기하거나 재조정하라는 중국의 요구는 현재로서는 받아들이기 어렵다. 그렇지만 한국 주도의 한반도 평화통일이 이루어지는 시점에서 중국이 통일과 한·미동맹의 양자택일을 요구할 경우 한국은 커다란 전략적 딜레마에 직면하게 될 것이다.

문제는 최근 미국이 재정적자의 증가로 국방비를 대폭 삭감하고 있다는 사실이다. 한국의 주한미군 주둔 비용 부담도 늘어나게 될 전망이다. 나아가 2015년 전시작전권 전환도 예정되어 있다. 미·중 패권 경쟁으로 구한말 이후 가장 중요한 전략적 전환기를 맞이하고 있다. 우리 사회는 온통 집안싸움에 열중하고 있다. 구한말에도 국제정세가 어떻게 변하는지 모르고 집안 싸움하다가 나라가 망했다. [김영호 기자, 뉴데일리, 2012.3.24].

5. 미국 발 금융위기와 유럽 재정위기는 한국을 강타했다.

미국 발 금융위기와 유럽재정위기는 한국경제를 크게 뒤흔든 바 있다. 이제 2011년 유럽 재정위기와 2008년 미국 발 금융위기를 비교해 보자. 2011년 유럽 재정위기는 은행권이 타격을 입고 시장 불안이 고조된 점에서 비슷하다. 그러나 위기 순서와 대응 여력에 있어서는 다르다. 전개 속도는 빨랐으며 과거 수준에 버금갔다[아시아경제, 2011.8.18, 국제금융센터].

2008년과 2011년 위기는 신뢰상실, 은행권 타격, 위기의 전조, 시장반응 등 네 가지 점에서 같다. 2008년 당시에는 대마불사로 여겨진 대형 금융기관이 해체됐다면 2011년 유럽 재정 위기로 신뢰가 무너지면서 불확실성이 확대됐다. 또 과거에는 서브프라임모기지(비우량주택담보대출) 익스포져(위험노출액) 손실이 금융권 타격을 주었지만, 현재는 재정불안국가의 익스포져 손실로 금융권이 타격을 입은 것이 공통점이다.

아울러 2008년에는 리먼브러더스 파산 6개월 전 베어스턴스가 몰락하면서 위기의 전조였던 반면 최근에는 유럽 재정위기가 확산되기 1년 전 그리스에서 위기가 그 전조였다. **두 위기 모두 미국 위기의 직접적인 발생이 미국 증시의 대혼란으로 이어지면서 전 세계에 파급시켰다는 점에서 동일하다. 세계 각국의 금융시장은 빠른 속도로 주가 급락, 안전자산 선호, 자금시장 악화 등의 공통된 반응을 보였다. 또한 뒤 따라 실물경제가 급속히 위협 받는 상황으로 전개되었다.**

그러나 부채대상, 위험의 공개, 위기 순서, 기업 · 은행 · 개인의 기초체력에서는 서로 다른 양상을 보였다. 2008년 당시에는 주요 민간 은행권 및 개인의 과도한 부채가 위기의 원인이었다. 2011년 위기는 공공부문 부채가 원인의 기본 배경이었다. 또 2008년에는 잘 알려지지 않는 체 숨겨져 있었던 서브프라임모기지 문제가 다른 파생상품으로 확대된 점이 2011년과 다르다. 2011년 위기는 그 원인이 잘 알려져 있지만 위기 발생국의 미 발생국 간의 국제협력 부재가 노출된 상태로 시간에 끌러 가며 금융시장에 반영된 점에서 다르다.

위기 순서에서 2008년 위기에는 금융위기에서 기초체력의 악화로 확산됐지만 2011년은 그와 반대다. 부채 축소, 저축률 증가 등으로 기업과 개인의 쇼크 흡수 여력이 2008년 당시보다 향상된 점도 다르다. 2011년 위기는 2008년 위기 수준에는 이르지 않지만 전개 속도가 더 빠르게 진행되고 도미노 파급 효과에 시간이 흐르며 가속이 붙었다.

2008년 금융 위기 당시 글로벌 주가는 2개월간 27%, 6개월간 42% 급락했지만 2011년 위기 때는 8월 한때 13%, 8월3일 이후 10% 하락했다. 미 국채는 2008년 9월부터 3개월간 166bp떨어졌고, 2011년 위기 때는 7월 25일부터 8월 10일까지 88bp 하락했으며 등락폭이 심했다.

환율의 경우, 달러인덱스가 과거에는 2개월간 12%, 이번에는 3일 이후 한때 2% 강세를 보였지만 아직 속단하기 어려운 심한 약세 변동을 보인다. **공포지수로 불리는 VIX 지수는 2008년 2개월간 215% 상승했고 이번에는 3일 이후 84% 올랐다.**

글로벌 제조업은 2008년 위기 직전 48.3에서 3개월 만에 34로, 2011년에는 2월 57에서 7월 50.6으로 떨어졌다. 2001년과 2011년 위기 모두 미국 달러화의 기축통화 문제가 재차 불거진 것도 공통된 현상이지만 여전히 미해결 문제로 남았다.

두 위기가 보여준 것처럼 세계경제가 마치 하나로 통합되고 개방

화 되면서 이제 각국의 경제는 나 홀로 생존하기 어려워졌다. 한 나라의 정책도 이제 나 혼자 만든 정책만 가지고 해결하는 시대를 지났다. 개방된 한국경제는 내실 있고 안정된 경제구조를 구축해 두지 않으면 안팎에서 일어난 대형쇼크를 흡수하지 못하고 극심한 불안정세를 보일 것이다[아시아경제, 2011.8.18, 국제금융센터].

6. 자유무역지대 형성은 성장의 밑거름

한·중·일 자유무역협정(FTA)을 통해 3국의 자유무역지대가 성사되면 인구 15억 명, 국내총생산(GDP) 합계 12조 달러에 달하는 거대 경제권이 탄생한다. 이는 각국 경제성장에 자극제가 될 것이다. 3국간 지정학적 불안과 경쟁 관계를 완화하고 숙원인 남북통일을 앞당길 수 있다. 그러나 발걸음을 무겁게 할 요인이 많다. 각국의 구조조정 부담, 영토분쟁, 중화경제권 확산 우려, 북한문제 등 다양한 정치·경제적 갈등 요인이다.

2010년 기준 3국의 GDP 합계는 12조3천443억 달러로 세계 전체 GDP(62조9천93억 달러)에서 차지하는 비중만 19.6%다. EU(30%), 미국(23%)에는 못 미치지만 세계경제에 큰 입김을 불어넣을 만큼 막강하다. 교역량은 5조3천236억 달러, 인구는 15억2천만 명이다. 전 세계의 17.6%, 22.3%를 각각 차지한다. 수출은 2조7천940억 달러, 수입은 2조5천30억 달러로 세계 비중이 각각 18.6%, 6.1%나 된다.

그러나 국가별 경제역량은 큰 차이가 난다. 인구와 국토면적 외에 GDP는 한국은 1조 달러로 중국(5조9천억 달러 · 세계 2위)이나 일본(5조 달러 · 세계 3위)의 5분의 1에 불과하다. **1인당 GDP는 일본이 4만2천820달러, 우리나라 2만591달러, 중국 4천382달러로 격차가 크다.** 경제성장률은 한국 6.2%, 중국 10.3%, 일본 3.9%다. **외화보유액은 중국(2조8천473억 달러 · 1위), 일본(1조962억 달러 · 2위), 한국작년 6천838(2천916억 달러 · 6위) 모두 세계 상위권에 랭크됐다.**

교역액은 중국이 2조8천473억 달러로 가장 많다. 일본은 1조4천571억 달러, 한국 8천916억 달러다. **3국간 교역액은 1999년 1천294억 달러에서 6728.8억 달러로 5.2배 증가했다.** 특히, 3국간 경제협력은 단순한 교역 증가가 아닌 수직적 분업체계에 기초한 생산 네트워크를 형성해가면서 발전하는 중이다.

한 · 중 · 일 자유무역협정(FTA)이 체결된다면 10년간 우리나라에 최대 163억 달러(약 18조원)의 경제효과가 가져온다. FTA의 개방수위를 높이면 협정 발효 후 5년 경제효과는 실질 국내총생산(GDP) 0.44% 성장, 후생 96억2천500만 달러 증가로 추정했다. 발효 후 10년의 효과는 GDP 1.45%, 163억4천700만 달러로 확대된다. 중간 수준 개방이라면 경제효과는 발효 후 5년 GDP 0.37%, 후생 82억7천900만 달러로 축소된다. 발효 10년의 효과는GDP 1.31%, 137억5천300만 달러다. 낮은 수준의 GDP 증가 효과는 발효 후 5년 0.32%,

발효 후 10년 1.17%로 관측됐다. 후생 효과는 같은 기간 71억9천800만 달러, 116억1천100만 달러로 추산됐다. 그러나 기술경쟁력이 취약한 중소기업과 산업은 혹독한 구조조정을 거쳐야 할 것이다[대외경제정책연구원(KIEP)].

3국 FTA의 효과는 경제에 그치지 않는다. FTA에 따른 교역증대는 상호 긴장을 완화하고 상호의존성을 높일 것이다. 이는 장기적으로 3국간 영토 갈등과 분쟁, 북한 문제 등 지정학적 분쟁의 평화적 해결방안을 모색할 기회를 제공하고 새로운 동북아 협력시대를 유도할 수 있을 것이다[연합뉴스 / 세계파이낸스, 2012.11.19.].

동북아 3국은 아시아 역내 총생산(GDP)의 60% 이상을 차지함에도 불구하고 동북아 3국의 협력 체제는 아세안 국가에 비해 뒤져 있다. 3국의 공동체 구축이 아시아 통합의 선도적 역할을 하기 위해 동북아 3국이 지속적인 발전을 위한 전략적인 방안들을 논의해야 한다.

한 · 중 · 일 3국이 외환 에너지 환경 등 분야별 공동기구를 만들고 동북아 3국간 자유무역협정을 체결해야 한다. 동북아 공동체는 몽골 북한이 참여하는 개방적 공동체로 나가야 할 것이다. 이를 위해 각국이 보유 외환의 5%씩 내 공동기금을 조성하고 금융위기에 대비한다. 에너지 협력기구를 창설해 3국이 석유를 공동 구매 비축

한다. 3국이 대규모 유학생 교류 사업을 진행하는 것이다[중앙일보, 2007.4.17].

7. 한국경제의 기초체력은 좋다?

한국경제는 정말 펀더멘털(기초체력)이 좋은가? 국민경제를 긍정적으로 보는 전문가들 사이에서는 상식처럼 통용되는 한국경제의 기초체력은 양호하다고 주장한다. 그러나 비판자들은 튼튼한 기초체력에 의문을 제기한다. 일반 국민들은 대체로 기초체력에 의구심을 품는 사람들이 많다. 1997년 국가부도 사태의 펀더멘털 트라우마가 집단적 기억으로 남은 탓이다. 외환위기가 코앞인데도 강경식 당시 경제부총리는 펀더멘털은 튼튼하다고 큰 소리쳤던 것을 기억하고 있다[세계일보, 2014.2.11].

단기 관점에서 한국의 기초체력은 좋다. 우선 지속적인 경상수지 흑자 행진, 넉넉한 외환보유액 규모, 안정적인 물가, 작은 국가채무, 반도체, 조선, 자동차, 철강 산업의 강한 국제경쟁력, 신흥국의 경기 부진에도 불구하고 개선되는 경기호전으로 볼 때 분명 한국경제의 기초체력은 좋다.

특히 2013년 707억 달러를 돌파한 경상수지 흑자, 3500억 달러에 육박하는 외환보유액은 튼튼한 펀더멘털의 핵심을 잘 보여주고 있다. 이런 매력적 지표들 때문에 미국의 테이퍼링(양적완화 축소) 충격이 허약한 신흥국을 위기로 내모는 상황에서도 한국이 버틸 수 있는 버팀목이 되고 있다.

그러나 몇몇 지표만 가지고 한국경제의 펀더멘털이 좋다고 평가하기에 취약한 부분이 많다. 국민경제는 기초체력이 전부일 수 없다. 종합적인 관점에서 보면 한국경제의 펀더멘털은 결코 좋다고 할 수 없다. 한 마디로 말해서 한국경제는 전체적으로 볼 때 많은 취약점을 갖고 있다. 이런 취약점들은 하루아침에 해결될 수 없는 구조적이고 만성적인 문제들이기에 기초체력에 커다란 부담으로 작용한다. **가계부채, 공공부채, 도농 간, 지역 간 계층 간 극심한 부와 소득의 편재와 격차, 중소기업과 재벌 대기업의 양극화, 기업지배구조의 후진성, 대기업의 과도한 경제력 집중 등 구조적인 취약점이 즐비하다**[부록2 / 부록3 참조].

그 중에서도 당장 문제가 된 1000조원을 넘어선 가계부채가 도사리고 있다. 금리 정상화 시 한국경제의 위기를 촉발시킬 수 있는 위험요인이다. 빚이 고소득층에 몰려 있어 큰 위험은 아니라는 게 정부와 한국은행의 시각이지만 언제든지 폭발할 수 있는 위협요인이다. 금융위기 시 주요 거시적 기초체력은 좋지만 내부 지표는 심각한 것이다. 예를 들면, 집 팔면 빚 갚을 수 있다는 서민들은 집 팔고 나면 어찌 살 것인가 하는 문제가 한국경제의 허약한 체질을 그대로 드러낸다. 가계부채는 금리 인상 시기가 오면 감당할 수 없을 만큼 파괴적인 영향을 미칠 것이다. **급박한 위기는 가계부채에서 언제든지 촉발될 수 있다. 과중한 가계부채는 국민경제에 금리 인상 시 상당한 후폭풍이 불 수 있다.** 부채를 질 머진 가계의 파산과 이혼이 늘어나면서 가계가 해체되고, 소비가 위축되며, 총수요 급감 등으로 성장이 정체될 수 있다.

특히 신흥국 금융위기가 한국에 영향을 미칠 경우, 가계부채 등 부채 문제가 자본유출의 빌미가 될 수 있다. 한국이 금융위기에 빠질 가능성은 희박하더라도 신흥국 위기가 올 때 가계부채와 같은 문제로 투자 기피나 대량자금유출이 발생할 수 있다. 이런 이유 때문에 단기적으로 큰 걱정은 안 할지 몰라도 중장기적 구조적인 문제로 인해 급박한 상황으로 내몰릴 수 있다. 위기의 트리거(방아쇠)는 나라 밖에서 불어온다면 그에 따른 파문이 파도로 변하는 과정에서 가계부채가 빌미가 될 수 있는 것이다[세계일보, 2014.2.11].

지난 2014년 글로벌 쇼크에서도 한국경제는 크게 흔들렸다는 사실이 한국경제의 취약성을 잘 보여주고 있다. 그 같은 배경은 무엇이 자립잡고 있을까. 신흥국 시장 불안과 중국 경기 둔화 조짐, 미국 경기의 이상 신호가 한꺼번에 겹치면서 한국경제는 요동쳤다.

높은 수익을 찾아 굴러다는 세계자금은 취약한 국가에서 안정적인 수익 국가로 이동하기 시작했다. 한국은 경제대국과 신흥국 사이에서 양쪽 뺨을 맞는 꼴이다. 상대적으로 안전하다는 우리 경제지만 취약한 신흥국가의 위기 소식에 크게 흔들린 것이다. 한국은 안정된 선진국의 수준을 따라잡지 못한 체 소용돌이에 휘말리기 십상이다.

한국 금융시장은 세찬 바람에 예민하게 움직인다. 한국 증시에서는 해외의 위기 경보가 울리면 외국인들은 재빠르게 한국 주식을 내다판다. 2014년 연초 이후 산 주식보다 판 주식이 2조1000억 원가량 많았다. 그러나 외국인이 한국 채권을 사준 덕분으로 올 들어 3일까지 1조7235억 원어치를 순매수했다. 이 때문에 국채 금리는 신흥국 위기가 불거진 이후 오히려 떨어졌다[중앙일보, 2014.2.5].

이는 과거와는 달라진 모습이다. 달라진 것은 한층 튼튼해진 기초체력 덕분이다. 경상수지 흑자가 이어지고 달러가 꾸준히 들어오며 재정 건전성도 다른 신흥국과 다르다. 경상수지 흑자 규모도 707억 달러로 사상 최대로 불어났다. 국가 위험도를 나타내는 신용부도스와프(CDS) 프리미엄은 최근 소폭 올랐다. 그 수준(0.75%포인트)이 신흥국보다는 선진국에 가깝다. CDS는 채무자가 빌린 돈을 갚을 수 없을 때 원금을 보장해주는 대신 받는 일종의 보험료로 이 비용이 높으면 그만큼 채권이 부도날 가능성이 크다. 2008년 금융위기 당시 한국 국채의 CDS는 6.5%포인트까지 치솟았다.

하지만 앞으로도 무사히 넘길 것이라고 단정하기는 어렵다. 한국이 잘나가지만 여전히 신흥국으로 보는 국제 금융시장의 통념이 지배하고 있다. 지난해 글로벌 투자회사들은 인도 · 터키 같은 신흥국에 투입됐던 자금을 빼서 상대적으로 안전한 한국과 같은 신흥국으로 이동시켰다. 하지만 요즘은 신흥국 투자펀드에 들어가 있던 돈을 아예 미 유럽 등의 선진국 펀드로 옮기고 있다. 지난달에만 122억 달러(약 13조원)가 한국이 포함된 신흥국 증시에서 빠져나갔다.

특히 미일, 유럽의 글로벌 금융회사들은 자금 유출입, 환율 변동성 측면에서 한국을 필리핀 · 폴란드 · 멕시코 · 칠레와 유사한 범주로 묶고 있다. 이른바 취약한 5개국(인도 · 인도네시아 · 브라질 · 남아프리카공화국 · 터키)보다는 기초체력이 좋지만 선진국 수준의 안정성에는 미치지 못한다는 것이다.

한국은 특히 주식 · 채권 시장의 외국인 투자비중이 커 신흥국 위기가 본격적으로 확산해 탈출 러시가 일어날 경우 시장이 크게 흔들릴 수 있다. **외국 투자기관들은 평소에는 경상수지, 외환보유액, 경기회복 추이 등의 기초체질 관련 변수를 살펴보지만, 상황이 나빠지면 은행의 예금 대비 대출 비율, 가계부채, 공기업부채, 후진적 기업지배구조, 과도한 편향적인 수출기업 편중과 재벌집중 경제구조 등의 한국내부의 취약한 미시변수들이 해외쇼크 흡수의 한계로 부각된다**[중앙일보, 조민근 · 조현숙 · 이한길 기자, 2014.2.5].

한국경제는 고도로 안정된 선진국들과는 달리 높은 변동성과 불안정을 연출한다. 과거 **한국동란과, 군부의 장기 집권에 따른 병영문화의 잔존, 고착된 남북분단과 냉정적인 대립 지속, 1997년의 외환위기와 같은 내부경제의 취약성, 정치적 경제적 혼란과 대립, 정권이 바뀔 때마다 나타나는 정책의 빈번한 번복 등은 경제발전의 지체와 후퇴 그리고 불안, 미래의 불확실성, 중장기적인 계획성 포기 내지 부재, 끊임없는 투기적 단기적 행위(내외국인의 자금 대이동, 철수와 유입 등)를 초래하고 있다. 더구나 한국경제가 완전한 개방경제가 되면서 불안 요소는 더 크게 늘어나고 있다. 이 같은 배경 때문에 한국경제는 내외쇼크에 매우 민감하게 움직일 수밖에 없다.**

한국은 과거 대만, 홍콩, 싱가포르 등과 함께 한 발짝 일찍 산업화에 성공하는 동안 수십 년간 경쟁 대상자가 없었다. 하지만 최근에는 강력한 경쟁자들이 속속 등장하고 있다. 브릭스(BRICs : 브라질 러시아 인도 중국)를 비롯해 동남아, 남미, 동유럽의 신흥국가들이 전 방위적으로 경쟁력을 키워가고 있다. 그 어느 시기보다도 우리와 경쟁하는 상대 국가들과 기업들이 과거와 비교할 수 없을 만큼 많아졌다. 이런 국내외 환경 속에서 한국경제는 자칫 방향을 잘못 잡으면 다시 2~3류 국가의 위치를 벗어나지 못하거나 장기 정체상태에 빠질 위험에 있다[부록4 참조].

한국경제는 한 때 아시아의 네 마리 용(한국, 홍콩, 대만, 싱가포르)으로 분류되며 한강의 기적을 이루었다. 그러나 **2000년대부터 한국경제는 세계 평균치에도 못 미치는 불안한 성장모습이다. 특히 세계 평균보다 낮은 저성장 현상의 고착화가 앞날을 어둡게 하고 있다. 1980~2002년까지만 해도 한국경제는 석유파동을 겪은 1980년(-1.9%)과 외환위기 때인 1998년(-5.7%) 등을 제외하면 모두 세계 경제 성장률을 능가했다.** 1983년에는 무려 9.4%포인트나 높았지만 카드대란이 터진 2003년부터 저성장세 돌입했다.

한국경제는 2003년 세계경제 성장률(3.6%)보다 0.8%포인트 낮은 2.8%를 시작으로 그 격차는 2004년 -0.3%포인트, 2005년 -0.6%포인트, 2006년 -0.1%포인트, 2007년 -0.3%포인트, 2008년 -0.6%포인트 등 6년 연속 마이너스를 기록했다. 다행이 글로벌 금융위기 이후 선진국보다 빠른 회복세를 보이면서 2009년 0.7%포인트, 2010년 1.1%포인트 더 높이 성장했고, 2011년에는 0.1%포인트 더 높을 것으로 전망한다. 경제규모가 커질수록 성장률이 낮아지는 경향이 있지만 고도복지국가로서의 성숙경제가 실현돼 보지도 못한 체 저성장이 고착될 가능성이 크다. 한국경제는 성장과정에서 신규 노동자의 흡수력이 높은 의료, 교육, 법률, 환경, 금융 등의 서비스 산업을 고도화전략이 필요하지만 비정상적인 서비스분야들만 팽창했다[국제통화기금 IMF, 연합뉴스, 2011.4.17./매일경제, 2007.12].

한국은 국민 1인당 소득이 2만4천 달러에 달하지만 고무줄 소득

으로 오락가락하는 기간이 길어지며 국민들의 삶의 질은 선진국으로부터 멀어지고 있다. 우리나라는 국민 1인당 소득이 2013년 2만4천 달러에 달한다. 환율 하락이 국민소득 증가의 결정적 요인으로 작용했다. 1인당 국민소득은 2007년 2만1천632달러로 2만 달러 시대를 열었으나 2008~2009년 글로벌 금융위기로 인해 2만 달러 아래로 주저앉았고 2010년 다시 2만 달러를 회복하였다. 1인당 국민소득은 2011~2012년 2만2천 달러에서 횡보하다가 2013년 2만4천 달러로 늘어났다[서울=연합뉴스 홍정규 김승욱 기자, 2013.11.25].

1인당 국민소득이 2만4천 달러를 달성한 것은 국내총생산(GDP)의 증가와 환율 하락 덕분이다. 올해 GDP 증가율 2.8% 전망치와 예상 연평균 환율(달러당 1,095원)이 적용으로 증가한 것이다. GDP 규모가 커지고, 인구가 5천22만 명으로 지난해보다 0.43% 늘어나는데 그쳤으며, 환율이 지난해 1,102원에서 1,095원으로 하락하면서 달러표시 GNI가 더 늘어난 결과다. 올해 1인당 국민소득이 늘어난 데는 GDP 효과가 3.3%, 환율 효과가 2.9% 기여했다. 환율 효과가 약 절반을 차지한 것이다.

1인당 국민소득 GDP은 늘었지만 계층별 소득분배는 더욱 악화됐다. 다시 말해서 GDP는 성장했지만 성장 과실은 고소득층에게 더 많이 돌아간 셈이다. 소득분배 지표(5분위 배율)를 보면 올해 9월 말 현재 고소득층(5분위 계층)의 가처분소득이 저소득층(1분위 계층)의 5.05배로, 지난해의 4.98배보다 커졌다. 부채 측면에서도 5분위 가구의 부채가 3월 말 1억3천721만원으로 1년 전보다 줄어든 사이 1분위 가구의 부채는 3월 말 1천246만원으로 24.6% 늘었다.

또한 1인당 국민소득 GDP이 올라갔다고 해서 전국의 모든 지역 주민이 동등한 소득 증대 효과를 누리는 것은 아니다. 계층별 소득 격차 이외에도 지방간, 都農 간 소득 및 부의 격차 및 생활환경 차이는 여전히 심한 격차를 보이고 있다. 이 같은 격차는 삶의 질적 차이에서도 극명하게 확대되고 있다.

우리나라는 1인당 소득이 늘어나긴 했지만, 성장잠재력 저하와 구조적 경제문제로 증가 속도가 한계에 직면해 있다. 부정부패와 비리로 뒤 덮인 사회, 서비스 산업의 더딘 발전, 심각한 저출산 · 고령화, 느리게 진전하는 기술혁신이 1인당 소득 증가의 발목을 잡고 있는 것이다. 국민 1인당 소득이 2017년엔 3만 달러가 된다고 하지만 잠재성장률을 밑도는 저성장 탓에 소득 증가세는 계속 둔화할 것이다. 또한 저성장이 지속되면서 계층별 지역별 소득 및 부의 격차를 줄이지 못하고 복지향상도 동반하지 못한 체 경제정체는 계속될 것이다. 다시 말해서 개선되기 보다는 더욱 악화일로의 길을 걸을 것이며 내수 기반을 탄탄하게 만들기 어려울 것이다[서울 = 연합뉴스 홍정규 김승욱 기자, 2013.11.25].

국제통화기금(IMF)은 우리나라 1인당 국민소득이 5년 후인 2016년에는 3만 달러를 넘어설 것으로 전망한다. 아르헨티나는 1960년대 초반만 해도 1인당 국민소득이 1000달러를 넘었다. 당시 미국의 1인당 국민소득은 3000달러 초반이었다. 아르헨티나는 이후 성장세가 거의 정체상태에 빠지면서 아직까지도 1만 달러를 넘어서지 못하고 있다. 한 나라 경제가 발전 또는 개발 경로를 어떻게 잡느냐에 따라 50년 만에 얼마나 극적으로 달라질 수 있는가를 잘 보여주고 있다.

주요국 1인당 국민소득 (단위 : 달러)

국가	1962년	1988년	2000년	2010년	2018년 (전망)
한국	104	4,466	10,884	20,591	31,826
아르헨티나	1,149	3,985	7,703	9,138	16,569
캐나다	2,224	18,240	23,220	46,215	55,897
미국	3,108	20,711	34,599	47,284	57,320

(주) 1988년 한국이 아르헨티나 추월
자료 : 세계은행, 국제통화기금(IMF), 2010년 이후

1인당 국민소득 2만 달러가 넘는다는 한국경제 실태를 보자. 1인당 국민소득의 보조지표 성격을 가진 **한국 근로소득자 평균연봉을 살펴보면 계층별 소득격차가 상당히 심각하다는 것을 볼 수 있다.** 한국 근로소득자 1천554만 명 개개인의 평균연봉은 2천817만원이다. 연봉 2천800만원 근로자들이 4천7백만 인구를 먹여 살리고 있

는 셈이다. 그러나 **우리나라 근로소득자 1천554만 명 가운데 상위 10%인 155만4천명의 급여 총계는 146조9천416억이고 평균 연봉은 9천500만원이다. 1인당 9천456만원으로 총 근로자 평균 연봉인 2천817만원의 3.36배 수준이다.** 상위 10% 급여 총액은 근로자 급여 총계(437조8천384억 원)의 33.5%나 된다. 총급여액이 1억원을 넘은 회사원은 36만2천명으로 2010년(28만 명)보다 29.3% 급증했다.[서울=연합뉴스, 유경수 기자, 2013.2.10./국세청; 2011년 귀속 근로소득 연말정산 신고현황].

우리보다 크게 앞선 G7 국가의 1인당 국민소득은 3만~4만 달러에 이른다. 일본은 1992년 3만 달러를 넘은 이후 3만 달러 아래로 내려간 적이 없었다. 환율이 크게 요동쳐도 3만 달러 아래로 내려가지 않았다. 우리나라 1인당 GDP는 2만 달러 선에서 환율 변동으로 오락가락 하였고 수 년 동안 2만 달러에서 세월을 보냈다.

한국은 국내총생산물 GDP이 세계 13위권에 들어섰지만 13위권 규모를 산출한 경제활동 환경은 13권에 밖에 있는 선진국에 비해 크게 뒤 떨어진다. 가장 대표적인 예가 교육과 복지 및 생활환경 수준, 시간당 임금수준 등에서 상당한 격차를 보인다. 유럽 선진국은 사교육비가 없고 모두 무상 공교육을 시행한다. 공적 건강의료보험의 완벽한 장치와 사적 의료비용의 극소화, 연금과 각종 사회적 지원보조, 양질의 사회간접자본시설 구축, 자연환경 보존, 교육내용의 높은 수준과 혁신 및 창조적 개발 환경, 자유로운 기업 활동과 문화 등이 잘 갖추어져 있다. 따라서 경제 활동의 성과물인 13위권의 한국국민소득 규모는 구미 선진국이 이룩한 사회 경제적 배경과 커다란 격차를 보이는 숫자이다.

서유럽의 교육비를 보면 금방 알 수 있다. **서울지역에서 초·중·고교 자녀를 둔 가구 10가구 중 약 4가구가 한 달 평균 사교육비가 91만 원에 달했다**[서울 = 연합뉴스, 국기헌 기자, 2012.9.25]. 독일, 스위스, 독일 등의 유럽 국가들은 보육원, 유치원, 초등학교, 중고등학교, 대학교 등 전부 무상 공교육이어서 개인이 부담하는 사교육비가 전혀 없다. 유럽의 주요 선진국들은 대부분 무상교육과 높은 수준의 의료 및 연금 체계 등 높은 사회적 부담과 비용을 지고 있는 상태에서도 우리보다 훨씬 앞선 높은 국민소득 규모를 산출하고 있다는 점이다.

근로환경 및 임금수준에서도 커다란 격차를 보인다. 구미 주요 선진국과 한국 간의 시간당 임금격차 역시 매우 크다. 다시 말해서 선진국은 높은 임금비용에도 불구하고 1인당 소득 4만 달러[2)]에 이

2) 1인당 국민소득은 국민총소득(GNI)을 총 인구수(N)로 나눈 값이다. 식으로 표현하면 1인당 국민소득 = 국민총소득(GNI) / 인구수(N)로 표현한다. 1인당 국민소득은 어디까지나 평균 개념이다. 국내총생산 GDP규모를 총인구수로 나눈 값이기 때문에 평균 개념의 국민소득이다. 따라서 1인당 국민소득 GDP이 올라갔다고 해서 모든 국민이 동등한 소득 증가 효과를 누리는 것은 아니다. 국민총소득의 규모가 느리게 늘어나고 인구수가 국민총소득보다 빠르게 증가하면 1인당 국민소득이 감소한다. 1인당 국민소득(GDP)는 각국의 국민소득 수준을 가늠하는 1차적인 평기기준이지만 1인당 GDP를 떠받치는 의료 보건 구축, 연금 의료 보험, 사교육비, 자연, 문화 환경 등의 경제 생활기반과 환경 평가는 전혀 고려하지 않는 것이다.

르고 한국보다 큰 GDP 규모를 산출하고 있다. 한국은 시간 당 낮은 임금비용에도 불구하고 구미 선진국보다 적은 GDP규모를 생산하고 있다는 점을 주목할 필요가 있다. **서독지역의 시간 당 임금 47.3마르크(2006년 기준)는 한국 12.3 마르크보다 3배 높은 수준이었다.** 구미 선진국의 시간 당 임금 역시 한국보다 매우 높다. 스위스 43.7 마르크, 노르웨이 39.6 마르크, 벨기에 39.1 마르크, 덴마크 38.8 마르크, 오스트리아 38.2 마르크, 일본 32.6 마르크, 동독지역 31.9 마르크, 프랑스 30.8 마르크, 이탈리아 29.9 마르크, 미국 26.6 마르크, 캐나다 25.5 마르크, 영국 22.7 마르크, 한국 12.3 마르크(6,651원, 노동부)[자료 ; 독일경제연구소 / Handelsblatt / 동아일보, 2007.07.04.].

8. 한 · 중 경제는 깊은 상호의존 관계에 있다.

선진국과 한국은 1990년대 들어서 저성장 궤도를 걷고 있는 동안 중국 경제는 눈부시게 성장하였다. 1992년 한 중 수교 이래 한국이 완만하게 성장하는 동안 중국이 급성장하면서 한국을 월등하게 앞서 가고 있다. 수교 당시인 1992년 한국의 국내총생산(GDP)은 3천299억 달러로 세계 14위, 중국은 4천227억 달러로 10위를 기록했으나 2011년 한국은 15위로 밀리고 중국은 2위로 올라섰다.

한국 GDP는 2011년 1조1천162억 달러, 중국은 7조2천891억 달러였다. 1992년 중국의 GDP 규모는 한국의 1.3배였으나 1990년대 중반부터 급성장하면서 2011년 6.5배로 격차를 벌렸다. 중국이 규모의 경제를 앞세워 고속 성장을 해온 결과다. 1인당 GDP 규모는 13억 명이 넘는 중국의 인구 특성상 한국이 앞서고 있지만 격차는 갈수록 줄어들고 있다. 1992년 중국의 1인당 GDP는 363달러로 한국 7천555 달러의 4.8%에 불과했으나 지난해에는 5천432달러로 불어

한국 2만2천422 달러의 24.2% 수준까지 따라붙었다. 이 기간 한국의 1인당 GDP 세계 순위는 46위에서 34위로, 중국은 156위에서 84위로 각각 뛰었다.

수출액은 1991년까지 한국이 중국을 앞섰으나 수교 해인 1992년 중국이 역전한 뒤 한국을 크게 따돌리고 있다. 중국의 수출액은 2011년 1조9천15억 달러로 사상 처음 세계 1위로 올라섰다. 한국은 5천625억 달러로 7위다. 해외 직접투자액은 2000년대 중반까지 양국이 비슷했으나 2005년부터 중국이 한국을 앞지르기 시작한 뒤 격차가 점점 커지고 있다. 중국의 해외 직접투자액은 2011년 651억 달러인데 비해 한국은 256억 달러다. 2011년까지 누계 기준 총액은 중국이 3천823억 달러로 한국 1천966억 달러보다 2배가량 많다.

한국 경제는 시간이 갈수록 중국경제에 대한 의존도도 높아지고 있다. 한국의 대중 수출은 중국의 수출이나 수입 증가율에 따라 큰 영향을 받아왔다. 2007년부터 2011년까지 5년 동안에는 상관계수가 0.9를 넘어서기도 했다. 중국 경제가 성장하면 한국 경제도 성장한다는 의미다. 대 중국 수출 의존도가 높아지고 있다. 2011년 한국의 전체 수출액 가운데 중국 비중이 24.2%다. 이 같은 추세로 나가면 한중 경제관계가 앞으로는 극적인 전환기를 맞을 것으로 본다. 양국 간 새로운 연결고리를 어떻게 구축하느냐에 따라 동반 성장과 격차 확대의 기로에 설 수 있다[연합뉴스, 한승호 특파원, 2012.8.23.].

한중간 경제의존이 높아가고 한 중 무역이 급속히 팽창하면서 한국기업의 위안화 무역결제 규모도 1년 사이에 3배가량 증가했다. 특히 최근 중국 정부가 위안화 사용처 확대 정책을 강화하고, 한중 기업의 위안화 결제 선호도가 높아져 2015년까지 300억 달러에 육박할 것이란 정망이다. 국내 위안화 무역결제 규모는 2009년 7월 중국이 위안화 국제화 전략을 추진한 이후 2010년 3억3000만 달러에서 2011년 9억5000만 달러로 3배 가까이 늘었다. 올해 상반기에는 5억3000만 달러가 위안화로 결제됐다. 대중 무역 가운데 위안화 결제가 차지하는 비중은 2010년 0.2%에서 올해 상반기 0.5%로 소폭 상승했다. 이처럼 위안화 결제는 절대 규모 측면에서 아직 미미한 수준이지만 지난해부터 빠르게 증가하는 추세다[서울 = 뉴시스, 이국현 기자, 2012.8.22.].

중국은 세계의 생산 공장 지대이자 수요의 창출 지대로 변모하고 있다. 세계는 수요와 공급을 지속적으로 창출하는 중국으로 가기 위해 각국의 기업들이 들어가고 있다. 중국 내 다국적기업의 진출 센터나 지역총괄기구 등이 1600여개에 달한다. 세계 500대 기업 중에서는 490여개나 중국에 진출했다. 다국적기업들은 중국의 개혁개발 이후 경제사회 발전에 중요한 동력이 되고 있다.

특히 국제 금융위기 기간에 중국시장이 다국적기업들의 중요한 대피 처로서 수익원 역할을 톡톡히 하였다. 중국은 최근 적극적으로 해외로 진출하고 있어 중국 자본도 점차 전 세계에서 합작투자의 활력소가 되고 있다. 2011년 말 현재 중국의 해외 직접투자 누계액은 3800억 달러(약 440조원)를 넘어섰고 1만8000여 기업이 178개국에 진출해 해외자산 총액이 1조6000억 달러에 이른다.

지난 2010년 기준 외국인 투자기업의 중국 내 매출액은 33조 위안(약 5900조원)대에 달했다. 중국이 현 추세대로 계속 간다면 조만간 한국을 제칠 가능성이 높다. 중국은 세계경제의 용광로가 되었지만 한국은 해외 의존경제로 변질된 가운데 외국인의 한국투자는 장기간 정체상태에 빠져 있다[파이낸셜뉴스, 2012.6.24. / 베이징 = 차상근 특파원 / 가오후청 중국 상무부].

9. 한 · 중 · 일 관계는 불안의 연속이다.

중국은 앞으로 10년 후 미국과 양강 체제를 구축할 것이다. 이 같은 전망은 중국의 국력을 양적으로만 평가한 것이 아니고 실제 실력이 그렇게 올라 갈 것이다. 냉전 시기 소련은 국내총생산(GDP), 미사일, 위성 등 모든 면에서 미국과 상대가 안 됐다. 그래도 소련은 슈퍼 파워였다. 미국과 동등한 국력을 갖춘 국가가 슈퍼 파워가 된다는 개념은 틀렸다[베이징 = 최형규 특파원, 중앙일보, 2013.8.16 / 옌쉐퉁 중국 칭화대 국제관계연구원장 저서 ; 역사의 歷史的慣性].

중국의 종합 국력이 미국의 50% 정도만 되면 양극체제를 구축할 수 있다. 현재의 세계 질서를 대부분 다극체제가 지배하고 있다. 하지만 10년 후 중국을 제외한 일본과 러시아 · 프랑스 · 영국 · 인도 · 브라질 그 어떤 나라도 규모와 질적 측면에서 미국의 절반에도 근접할 수 없다. 그러나 중국의 GDP는 이미 미국의 절반이다. 중국이 슈퍼 파워라고 해도 미국이 이를 수용하는 것은 별개 문제다. 중국이 연평균 7% 이상의 경제성장을 10년만 유지하면 슈퍼 파워로 부상할 것이다. 종합국력이 양적으로는 미국과 비슷해지고 질적으로도 50%를 넘으면 미국을 확실하게 견제할 수 있다. 국제 질서 상황이 이와 같이 양극구도로 굳어지면 미·중 대결구도로 발전할 수 있고 새로운 냉전을 야기할 수도 있다. 양자는 중요한 대립적인 파트너로 등장한다.

유럽은 이미 성장 동력을 잃었다. 세계 중심이 유럽에서 동아시아로 이동하였다. 동아시아 핵심이익을 놓고 중·미의 갈등은 피할 수 없다. 그러나 무력충돌보다는 외교적 우호관계 확대나 과학기술을 놓고 경쟁이 더 심화될 것이다. 중·미 간 무력충돌은 서로에게 파멸을 초래할 것이란 양국이 서로 잘 알고 있기 때문이다.

앞으로 미·중 양극체제가 들어선다면 한국의 대외정책은 어떤 변화가 필요할까. 한국은 대북한 정책목표를 명확해야 한다. 통일의 대상인지 제거의 대상인지 정해야 한다. 제거의 대상이라면 전쟁 외에 대안이 없다. 통일의 대상이라면 햇볕정책을 계승할 필요가 있다. 경제적 대가가 따르지 않는 통일 실현은 있을 수 없다. 중·한 관계는 북핵을 빼면 발전할 일만 남아 있다고 보아야 한다.

박근혜 정부는 10년 후 양극체제로 간다는 점을 예상하고 미국과 중국의 중간으로 정책을 옮겨가고 있고 그것이 한국이 득이라는 사실을 알고 있는 것 같다. 논리는 간단하다. 만약 한국이 지나치게 미국에 편중되면 중국으로부터 100을 잃을 것이다. 중국에 기우는 일은 없겠지만 지나치게 편중돼도 마찬가지다. 그러나 중간에 있으면 양쪽에서 60을 얻을 수 있다. 어느 한쪽에 치우치는 것보다 20을 더 얻을 수 있다는 얘기다. 중국도 80년대 힘이 없을 때 미국과 소련 두 강대국 사이에서 중립을 지켰다는 사실에 주목해야 한다.

한국과 중국은 힘을 합쳐 일본의 우경화에 적극 대응해야 한다. 한국과 중국은 이미 우호적 외교관계를 맺고 있다. 그러나 아직 동맹관계는 아니다. 예컨대 미국과 태국 관계가 반드시 좋지는 않다. 특히 탁신 총리 시절 양국 관계는 험악했다. 그런데도 양국 관계가 파탄 나지 않고 아직도 협력관계를 유지하고 있는 것은 동맹관계이기 때문이다. 중국과 반 동맹 관계인 러시아가 중국 컨테이너 100개를 압류한 일이 있었다. 양국은 이를 협상으로 풀었다. 만약 일본에서 같은 일이 벌어졌다면 양국 관계가 골치 아팠을 것이다. 그것이 동맹과 단순한 외교관계의 차이다.

중국은 일본의 우경화에 대해 적극적으로 대응할 것이다. 중국과 한국이 힘을 합쳐 일본 우경화가 얼마나 위험한지를 국제사회에 알려야 한다. 경제 문제를 보자. 1997년 이후 세계는 두 차례 금융위기를 거쳤고 이후 미국은 북미자유무역협정(NAFTA) 등 경제 블록화를 통해 글로벌 경제위기에 대처하고 있다. 그런데 동아시아자유

무역지대는 일본이 반대해서 못하고 있다. 일본은 대신 환태평양경제동반자협정(TPP)에 가입했다. 아세안+3(한국·중국·일본)도 일본이 반대하면 중국과 한국이 주도하면 된다. 그리고 호주 끌어들여 신 아세안+3을 만들어 일본을 고립시키는 작전도 생각해 볼 수 있다[베이징=최형규 특파원, 중앙일보, 2013.8.16].

10. 한국경제의 해외 의존도가 심화되고 있다.

한국 경제는 국내총생산규모가 세계 15위권으로 발전하고 산업도 고도화되고 기업의 국제경쟁력도 세계적인 수준에 올라가고 있음에도 불구하고 국민경제는 세계경제의 개방과 함께 해가 갈수록 해외 의존도가 심화되고 있다. 한국 기업들은 거시경제의 발전에도 불구하고 국내수요의 한계에 직면하면서 해외수요에서 출구를 찾고 있다. 한국 경제의 대외 의존도는 시간이 흐를수록 더욱 심해지고 있다. **한국 경제에서 수출입이 차지하는 비중이 34%에 이른다.** 산업구조도 대외 의존도 심화로 제조업 비중이 커지고 내수와 맞닿은 서비스업 비중은 축소되는 양상이다.

지난 2011년 중 우리나라의 재화 및 서비스 총공급(총수요)은 4천126조2천억원으로, 전년보다 10.5% 증가했다. 총공급에서 수출입이 차지한 비중은 33.7%로 1년 전보다 0.8%포인트 상승했다. 수출입 비중은 2008년 처음으로 30%선을 넘어 34.1%를 기록하고서

2009년 31.8%로 떨어졌으나 2010년 32.9% 등 2년 연속 높아지며 다시 역대 최고를 넘보고 있다. 최종 수요에서 수출이 차지한 비중도 36.6%로 1.5%포인트 확대된 반면 소비(44.3%)는 0.8%포인트 낮아지고 투자(19.1%)도 0.6%포인트 하락했다[서울 = 연합뉴스 경수현 기자, 2013.11.22 / 한국은행 ; 2011년 산업연관표].

산업구조(총공급액에서 수입을 뺀 산출액 기준)에서 제조업 비중은 52.2%로 2.0%포인트 증가한 반면 서비스업은 36.5%로 1.2%포인트 줄었다. 국내 산업의 부가가치총액은 1천213조6천억원으로 5.3% 늘었지만, 총투입액(총산출액)에 대한 부가가치율은 35.4%로 1.5%포인트 떨어졌다. 중간재 투입에서 수입품 비중이 늘고 국산품 비중은 떨어진 영향 등이 작용했다(주1).수입 중간재의 투입률은 2005년 13.9%에서 2009년 15.6%, 2010년 16.3%에 이어 작년에는 16.8%로 높아졌다. 제조업에서 수입 중간재의 투입비율이 2011년 25.0%로 높아지고 수입 중간재 투입비율이 올라가게면 똑같은 제품을 만들더라도 국내 자본과 노동에 분배되는 부가가치가 줄어들게 된다[서울 = 연합뉴스 경수현 기자, 2013.11.22 / 한국은행; 2011년 산업연관표].

우리나라의 수출품 중에서 중국 제품과의 경쟁력에서 절대 우위를 유지하는 품목의 숫자가 빠르게 줄어들고 있다. 대중(對中) 수출 경쟁력에서 우리나라가 절대 우위인 품목이 2010년 349개에서 2012년 299개로 2년 사이 50개가 감소했다. 절대 우위 품목이 2005년

371개였다는 것을 감안하면 최근 들어 절대우위 품목의 숫자가 빠르게 감소한 셈이다. 이는 1247개 품목(한국무역협회 분류 기준) 중 한·중 양국 간의 품목별 수출액 및 무역수지 등을 비교해 절대우위·비교우위·상대열위·절대열위 등 4단계로 구분해 분석된 것이다[조선일보, 2013.10.04 / 현대경제연구원].

2년 사이 줄어든 절대 우위 품목 50개는 우리나라의 수출 주력 품목인 철강, 기계, 섬유에 집중됐다. 가장 많이 줄어든 분야는 철강 및 철강제품으로서 14개 품목이 줄어들었다. 전체 55개인 철강 관련 품목은 2010년 28개였던 절대우위 품목 숫자가 2년 사이 반토막 났다. 값싼 중국의 철강 관련 상품의 수입이 급증했고, 반면 국산 철강제품의 중국 수출은 감소했다. 이 밖에도 절대우위를 잃은 품목이 섬유제품 분야에서 8개였고, 기계·중장비와 정밀기기도 각 7개씩 감소했다. 한·중 FTA가 타결되면 중국과 비교해 경쟁력이 뒤처지는 분야가 큰 타격을 입을 것이다[조선일보, 2013.10.04 / 현대경제연구원].

11. 외환보유고 증대는 수출기업의 경쟁력이 받쳐준다.

한국이 겪었던 1997년의 외환위기와 같은 경제위기의 재발을 방어하는 중요변수의 하나는 넉넉한 외환보유고이다. 한국이 외환보유액을 넉넉히 쌓아 갈 수 있는 길은 꾸준한 수출 증대와 수출기업의 국제경쟁력의 뒷받침하는 것이다. 그 동안 충분한 외환보유액 쌓을 수 있었던 것도 지속적인 수출경쟁력과 기업의 국제경쟁력이 받쳐주었기 때문이다. 한국의 지속적 외환보유액 증가는 기업의 탄탄한 국제경쟁력만이 뒤받침 할 수 있다.

한국은행의 외환보유액은 2012년 말 현재 3270억 달러다. 미 달러화의 자산 비중은 2007년 64.6%에서 2008년 64.5%, 2009년 63.1%로 하락했다가 2010년 63.7%로 늘었지만 2011년에 다시 60.5%로 떨어졌다. 이 같은 현상은 중국 위안화 투자가 개시된 데다 금 보유규모를 늘린 게 주요인이지만 유로화와 파운드화의 절상으로 기타 통화 환산액이 늘어나면서 달러화 비중이 줄어든 요인도 있다[서울=뉴시스, 변해정 이예슬 기자, 2013.3.29.].

외환보유액은 2013년 4월 말 현재 3288억 달러에 달한다. 외환보유액의 증가 변하는 외화자산 운용수익 증가, 유로화와 파운드화의 강세에 따라 이들 통화로 표시한 자산의 미 달러화 환산액 증가이다. 외환보유액을 자산구성은 국공채나 금융채, 자산유동화증권 등 유가증권은 2994억5000만 달러, 국제통화기금(IMF) 특별인출권(SDR) 34억4000만 달러. 금융기관에 맡긴 외화예치금은 184억4000만 달러이다. 우리나라 외환보유액 규모는 3288억 달러로 1위 중국 3조4400억 달러, 2위 일본(1조2544억 달러), 3위 러시아(5277억 달러)와 대만(4019억 달러), 브라질(3769억 달러)에 이어 7위를 유지했다[한겨레, 2013.5.6.].

2013년 2월 말 외환보유액 금은 2011년 들어서까지 14.4 t 에서 20개월 만에 104 t 을 넘어섰다. 이로서 외환보유액 중 금 보유 비중이 1.1%에서 1.5%까지 증가했다. 한국은 이제 전 세계 중앙은행 금 보유 순위는 34위로 2단계 상승할 전망이다. 주요 선진국들의 외환보유액 대비 금 보유량은 최소 2 ~ 3%를 넘는다. 한국도 이점을 고려해 포트폴리오 다변화 차원에서 금을 매입한다.

중앙은행의 보유 금은 미래 세대를 위한 안전판 역할을 한다. 특정 국가 통화나 특정 상품에 쏠림 없이 국부를 안전자산에 분산 투자하는 것은 중요하다. 금값이 오른다고 팔아서 이익을 실현할 목적이 아닌 이상 단기적인 금값 흐름에는 연연할 필요가 없다. 다만

100 t 이 넘는 많은 금괴는 국내에 없다. 과거엔 소공동 한은 지하 창고에 쌓아뒀지만 지정학적 리스크 등으로 인해 2004년 5월 이후 모든 금괴를 런던 영란은행 창고로 옮겼다. 한은이 금을 사면 영란은행 지하의 한은 창고에 금괴가 쌓이는 식이다[매일경제, 2013.3.6.].

외환보유액이 2013년 7월 들어 두 달 연속 줄어 7개월 만에 최저 수준으로 떨어졌다. 최근 외환보유액 운용수익도 낮아지고 있어 정부 세입과 직결되는 한국은행의 손익계산서에 빨간불이 켜졌다. 한국은행의 외환보유액은 2013년 6월 말 현재 3264억4000만 달러로 줄어들었다. 6월 10억 달러 규모 외평채(외국환평형기금채권)의 만기 도래와 달러 강세로 인한 기타 통화 자산가치가 하락한 탓이다.

문제는 외환보유액이 3000억 달러를 넘어서는 시점부터 증가 속도가 점차 둔화되고 있는 것이다. 이 같은 추세는 2008년 이후 글로벌 저금리 기조에서 사들인 낮은 이자율의 외화채권 때문이다. 한국은행이 2 ~ 5년의 듀레이션(채권투자 기간)을 가지고 채권 만기투자 전략을 쓰는 바람에 생긴 현상이다. 최근 수년간 저금리 기조 때 사놓은 채권의 영향을 받아 향후 1 ~ 2년 동안 외화자산 운용 수익률이 낮아진 것이다.

12. 한국경제는 대외쇼크에 민감하다.

한국경제는 국내총생산(GDP)에서 수출이 차지하는 비율이 매우 높다. 한국 경제는 수출이 GDP에서 차지하는 비율이 높기 때문에 세계 경기의 변동에 따라 쉽게 출렁인다. 수출 등 실물경제의 출렁거림은 주식, 외환, 채권시장의 불안정성을 확대하는 요인이 된다.

한국 수출이 GDP에서 차지하는 비율은 57.3%(2012년 1~3분기)로 사상 최고를 기록했다. GDP대비 수출 비율은 외환위기 전인 1996년에 27.7%에 그쳤으나 2011년 56.2%로 두 배 이상으로 높아졌으며 2012년에는 더욱 올라가 60%에 가까워졌다.

수출 비율은 1990년대 초중반에만 하더라도 20%대 중후반에 머물렀다. 그러던 것이 외환위기 발생 이듬해인 1998년 44.3%로 상승했고 2008년에 53.0%로 GDP의 절반을 넘어섰다. 이후 2010년

52.3%, 2011년 56.2%로 커졌고 작년에는 3분기 누적으로 57.3%까지 올라갔다.

한국 수출 비율의 급증 원인은 소규모 개방경제적인 특성과 수출의 정책적인 지원, 2000년대 세계 경제 호황 등이다. **외환위기를 수출로 극복하기 위해 정부는 미국, 유럽연합(EU) 등과 자유무역협정을 체결해 수출 길을 터줬으며 고환율 정책 등으로 수출 경쟁력을 높이는데 도움을 줬다.**

또 2008년 미국 발 금융위기 이전까지 미국 등 세계 경제가 호황을 맞으면서 수출은 더욱 늘었다. 그러나 높은 대외 의존도만큼 세계 경기가 후퇴하면 수출이 타격을 받고 경기가 쉽게 침체하면서 동시에 주식, 채권, 외환시장에 막강한 영향을 주기 때문에 경제 전반이 불안하게 움직이는 결과를 초래했다.

한국경제의 가장 큰 취약점은 외국의 경기에 우리의 목숨을 내맡기는 것이나 다름없다는 점이다. 정부는 그동안의 수출 일변도 정책에서 벗어나 내수를 확대하고 중소기업의 균형발전을 꾀하는 노력을 기울였지만 구조적 변화는 없다.

내수 확대는 소득계층과 지역 발전의 불균형을 줄이고 복지네트워크 기반을 구축하며 양질의 건설투자와 설비투자를 촉진한다. 한국이 제조업 중심의 수출 경제 구조를 갖는 것은 국제비교 우위에서 나타난 모습이지만 구미 선진국보다 비교열위에 있다는 사실이다[서울=연합뉴스 박성진 신재우 기자, 2013.1.7].

수출주도 성장은 또 다른 경기 회복의 방법이다. 그러나 수출주도적인 성장을 안정적으로 끌고 가는 전략은 한편으로 더 나은 숙련도와 혁신적인 기술력이 필요하다. 그것도 복합적이고 종합적인 숙련과 혁신적인 기술력이 뒷받침되어야 한다. 숙련과 혁신적인 기술력을 강화하기 위해 교육 분야 재정 지출이 확대되어야 할 이유가 여기에 있다.

그러나 수출 주도의 안정적 경제성장은 재정정책을 통해서도 달성할 수 있다. 미국, 유럽, 중국이 이 정책을 실현하고 있다. 중국은 장기대출 형식으로 아프리카에 매년 수십 억 달러의 사회기반시설 사업을 수출했다. 미국과 유럽은 아프리카나 다른 신흥 경제국에 대한 융자가 부족해 사실상 이 시장을 중국에 넘겨줬다. 끝으로 성장 및 경기 회복을 위해서는 정치적 차원에서의 목표가 뚜렷해야 한다.

13. 세계 속 한국인의 삶의 질과 생활환경.

한국과 인접하고 있는 중국은 4년 뒤 미국을 앞질러 세계 최대 경제대국을 바라보고 있다. 구매력평가(PPP) 기준 국내총생산(GDP) 규모에서 중국이 2017년 미국을 앞질러 세계 최대 경제국이 될 것으로 전망한다.

미국, 인도, 브라질, 일본 순으로 5위권을 형성할 것으로 본다. 또 러시아, 멕시코, 인도네시아, 독일, 프랑스 등이 상위 10위권에 있다. 이탈리아와 영국은 세계 경제 순위 10위권 밖으로 밀려났다. 호주는 20위권이다.

가까운 장래에 브라질, 중국, 러시아, 인도, 인도네시아, 멕시코, 터키 등은 E7(신흥 7개국)에 포함될 것이란 전망이다. 미국, 독일 등 G7(선진 7개국)이 밀려난 자리를 E7이 대신할 것으로 전망 한다 [한경닷컴, 2013.1.18. / 프라이스워터하우스쿠퍼(PWC); 2050년의 세계].

유럽연합의 회원국은 1950년 6개국으로 출발해 1973년에는 9개국 1981년에는 10개국 1986년에는 12개국으로 늘었고 1995년에는 15개국으로 확대되었다. 회원국 수가 동서남북으로 확대되면서 전체 균형을 이루게 되었다.

유럽공동체는 회원국 간의 관세장벽을 철폐하고 공동체 국경에서 일률적인 관세를 적용하는 관세연합과 함께 여러 분야에서 공동정책을 추구한다. 농산물의 역내 자유이동과 가격보장 공동농업정책, 공정경쟁 공동정책, 공동개발프로그램, 공동기술개발 정책 등이다.

단일시장은 공동체역내에서 상품, 서비스 등이 자유롭게 이동한다. 회원국 어디에서도 활동이 가능하다. 유럽단일 시장은 교통, 통신, 금융서비스분야에서 가속화되고 있다. 그러나 경제공동체를 달성했지만 아직도 정치, 외교, 안보 등의 분야에서 공동정책의 불협화음이 나타나고 있다.

한국은 한반도 면적의 절반 정도 차지하는 남쪽 지역이다. 한국은 모든 국가 권력이 중앙에 집중된 막강한 대통령체제 국가이다. 오늘날 한국은 소국 개방경제에 해당한다. 한국경제는 해방 이후 65년 이상 수출 지향적이고 성장지상주의적인 경제개발을 추구하였다.

그 결과 **한국경제는 해외경제 변화에 종속된 경제구조로 굳어져 있다. 한국은 동일한 민족이 살고 있는 북한과 적대적으로 대치하**

고 있다. 군사적인 대치 결과 한국재정은 장기간 높은 군사비지출을 부담하고 있다. 또한 우리나라는 세계적으로도 매우 많은 병력수를 보유하고 있다.

남한의 핵 발전 전력 생산은 세계에서 15번째 순위에 드는 핵발전소를 보유하고 전체 전력 생산의 45%를 커버하고 있다. 이는 북한이 핵발전소를 타격할 경우 위험천만한 상황이 벌어질 수 있다.

한국은 사교육 시장이 세계 최고로 발달돼 있다. 사교육비 지출은 가계의 소비지출과 저축 여력을 좀 먹는 높은 부담을 주고 있다. 우리나라 사교육비는 가계에 엄청난 부담을 준다. 우리나라 소비지출 중 사교육비 비중은 매우 크다. 입시, 보습, 학원비, 독서실비 등 사교육비는 해마다 큰 폭으로 증가한다. 사교육비는 서민가계의 경제생활을 옥죈다. 사교육비는 연간 12조원(2007년 기준)에 이른다. 가계소비 대비 교육비 비중은 1985년 7.7%에서 2007년 11%로 증가했다. 사교육비가 가계 교육비에서 차지하는 비중은 같은 기간 18.3%에서 81%로 급증했다. 교육비 지출 비중도 크다. 사설학원 지출 증가율은 2004년 10.8%, 2005년 0.1%, 2006년 5.6%, 2007년 5.2%였다. 연간 사설학원 지출 비는 2004년 10조6천억 원, 2005년 10조9천억 원, 2006년 11조8천억 원, 2007년 12조 3천억 원이었다 [매일경제, 2008.6.5.].

한국의 인구밀도는 487 평방 킬로미터 per square kilometer로 세계 평균의 10배에 달한다. 서울의 인구밀도는 한국 평균 인구밀도를 수십 배에 이른다. 이러한 서울 수도권의 인구 집중은 많은 부작용을 유발하고 있으며 경제성장의 발목을 잡고 있는 복병으로 작동하고 있다.

한국의 세계적인 위상 International rankings of South Korea은 높아졌다. 최근 한국의 경제성장속도가 낮아지고 있지만 세계적인 위상은 여전히 높이 평가 받고 있다.

물량지표에서 보면 한국의 세계적인 위상은 높다는 것을 잘 나타나내고 있다. 그러나 **한국인들의 질적 삶의 질에서는 OECD에서 하위권에 있다.**

한국의 도시 인구는 독일의 도시들과 비교해 볼 때 비정상적으로 비대하게 성장했고 인구밀도도 매우 높다. **독일 도시와 농촌, 어촌, 산촌의 생활환경은 완전히 평준화돼 있고 현대화돼 있는 데 반해 한국은 도시끼리도 매우 현격한 생활환경 차이가 존재하고 농촌과는 매우 큰 격차를 드러내고 있다. 한국의 농촌생활수준은 아직도 개발도상국 수준을 벗어나지 못하고 있다.** 아래의 한국 도시별 인구를 보면 농촌과 도시의 생활 환경기반의 극심한 차이가 농촌인구의 대량 유출과 도시인구집중화 현상으로 나타나고 있음을 극명하게 보여주고 있다. 과도한 인구 집중은 삶의 질을 떨어뜨리는 한 요인으로 작용한다.

한국의 도시별 인구

순위	영문표기		한글표기	한자표기	1995년	2000년	2005년
1.	Seoul	Seoul	서울	-	10,231,217	9,853,972	9,762,546
2.	Busan	Busan	부산	釜山	3,745,784	3,587,562	3,439,916
3.	Incheon	Incheon	인천	仁川	2,230,818	2,392,745	2,447,714
4.	Daegu	Daegu	대구	大邱	2,332,398	2,326,118	2,306,695
5.	Daejeon	Daejeon	대전	大田	1,272,121	1,365,961	1,438,551
6.	Gwangju	Gwangju	광주	光州	1,257,636	1,350,948	1,413,644
7.	Suwon	Gyeonggi-do	수원	水原	755,550	944,239	1,039,233
8.	Seongnam	Gyeonggi-do	성남	城南	869,094	912,222	931,019
9.	Ulsan	Ulsan	울산	蔚山	782,291	851,751	880,788
10.	Goyang	Gyeonggi-do	고양	高陽	518,282	762,598	864,402
11.	Bucheon	Gyeonggi-do	부천	富川	779,412	757,832	833,931
12.	Yongin	Gyeonggi-do	용인	龍仁	55,505	76,689	686,842
13.	Ansan	Gyeonggi-do	안산	安山	510,314	554,998	669,839
14.	Cheongju	Chungcheongbuk-do	청주	淸州	531,376	585,622	640,631
15.	Jeonju	Jeollabuk-do	전주	全州	563,153	615,804	622,092
16.	Anyang	Gyeonggi-do	안양	安養	591,106	578,845	609,886
17.	Changwon	Gyeongsangnam-do	창원	昌原	446,241	472,151	456,338
18.	Masan	Gyeongsangnam-do	마산	馬山	385,983	357,973	426,784
19.	Uijeongbu	Gyeonggi-do	의정부	議政府	276,111	354,422	397,694
20.	Siheung	Gyeonggi-do	시흥	始興	133,443	304,260	384,304
21.	Cheonan	Chungcheongnam-do	천안	天安	221,733	285,098	330,153
22.	Gwangmyeong	Gyeonggi-do	광명	光明	350,914	333,596	319,452
23.	Pohang	Gyeongsangbuk-do	포항	浦項	334,017	332,056	318,988
24.	Gumi	Gyeongsangbuk-do	구미	龜尾	248,994	264,686	315,868
25.	Jeju	Jeju-do	제주	濟州	258,511	279,529	310,713
26.	Gimhae	Gyeongsangnam-do	김해	金海	174,637	247,716	286,349
27.	Jinju	Gyeongsangnam-do	진주	晉州	266,418	279,524	274,955
28.	Gunpo	Gyeonggi-do	군포	軍浦	235,233	262,593	268,917
29.	Pyeongtaek	Gyeonggi-do	평택	平澤	205,310	230,265	244,761
30.	Mokpo	Jeollanam-do	목포	木浦	247,452	250,336	244,543
31.	Iksan	Jeollabuk-do	익산	益山	232,139	244,234	241,566
32.	Yeosu	Jeollanam-do	여수	麗水	183,596	253,462	236,356
33.	Wonju	Gangwon-do	원주	原州	184,378	209,606	224,651
34.	Gunsan	Jeollabuk-do	군산	群山	210,766	219,710	208,867
35.	Chuncheon	Gangwon-do	춘천	春川	197,354	197,470	206,888
36.	Suncheon	Jeollanam-do	순천	順天	180,179	197,400	199,225

37.	Guri	Gyeonggi-do	구리	九里	141,173	160,485	186,954
38.	Gangneung	Gangwon-do	강릉	江陵	158,716	165,468	167,147
39.	Chungju	Chungcheongbuk-do	충주	忠州	146,977	162,262	156,032
40.	Gyeongju	Gyeongsangbuk-do	경주	慶州	151,043	151,426	153,344
41.	Jinhae	Gyeongsangnam-do	진해	鎭海	125,997	127,134	149,128
42.	Uiwang	Gyeonggi-do	의왕	儀旺	108,788	117,594	143,568
43.	Pocheon	Gyeonggi-do	포천	抱川	23,690	135,758	139,472
44.	Osan	Gyeonggi-do	오산	烏山	70,488	102,287	131,792
45.	Gyeongsan	Gyeongsangbuk-do	경산	慶山	86,230	107,232	131,771
46.	Gimpo	Gyeonggi-do	김포	金浦	43,679	86,288	125,312
47.	Taean	Chungcheongnam-do	태안	泰安	25,892	42,121	123,491
48.	Hanam	Gyeonggi-do	하남	河南	115,812	120,149	121,646
49.	Namyangju	Gyeonggi-do	남양주	南楊州	72,994	77,965	116,160
50.	Andong	Gyeongsangbuk-do	안동	安東	125,913	126,290	112,833
51.	Jecheon	Chungcheongbuk-do	제천	堤川	106,377	114,696	107,501

한국의 경우 65세 이상의 노령인구 가운데 70%가 다양한 이유로 노령연금을 받지 못하고 있다. 재원도 장기적인 측면에서 매우 불안정하다. 특히 한국이 그동안 2차례에 걸쳐 제도개선을 단행했지만 고령화 진행속도가 매우 빠른 점을 감안할 때 대책이 따라 잡기 어렵다.

중국의 경우 노동 연령 인구가 줄어들기 시작하는 2015년께 60세 이상 인구가 약 2억 명에 달할 것이다. 민간 근로자들이 전체 소득의 20%를 연금으로 불입하는 상황에서도 퇴직자 연금수급액은 월 1천400위안(221달러)에 불과하다. 중국은 특히 공공부문의 경우 연금조성에 아예 기여하지 않는 등 연금체계에 적잖은 문제점을 드러냈다.

인도네시아의 경우, 정년퇴직 연령이 55세이며 민간부문 전체 근로자의 14%만이 연금혜택을 받고 있다. 따라서 인도네시아 정부가 취약층 근로자들까지 연금혜택을 확대하려면 연금규모를 현재보다 8배 이상 확충해야 한다.

말레이시아는 부적절하거나 형평성이 부족한 것으로 파악됐으며, 싱가포르의 연금체계 역시 미비점을 드러내고 있다. 태국의 경우 전체 민간 근로자들의 27%만이 혜택을 받고 있다. 특히 베트남은 전체 노동인구의 20%만이 연금혜택을 받는데다 그나마 30년 안에 상당한 규모의 적자를 보일 것으로 예측되고 있다. 아시아인들의 노후 생활은 저출산과 기대수명 연장, 글로벌 경기침체 등으로 더욱 더 불안해질 수 있다. 특히 노인들은 더 이상 자녀들이 부모를 봉양하는 전통적인 관습에 더 이상 기대하기 어려워지고 있다[하노이 = 연합뉴스 김권용 특파원, 2012.9.27. / 아시아개발은행(ADB)].

앞에서 살펴본 대로 **한국의 세계적인 위상은 모든 물량지표의 국제비교에서 상당히 높은 수준에 올랐다. 그러나 GDP규모의 국제순위 15위지만 삶의 질은 15위 순위를 벗어난 유럽 국가들에 비해 크게 뒤 떨어져 있다.**

한국의 소득불평등도는 1992 ~ 2009년 사이 크게 확대됐다. 소득불평등 확대는 중위-하위 격차가 중위 - 상위 격차보다 빠르게 확대되고 있다. 1990년대 초반에는 하위 - 중위와 중위 - 상위 격차는 모두 1.8이었다. 2009년에는 중위 - 상위 격차가 1.9로 소폭 증가한 반면 하위-중위 격차는 2.6으로 크게 올랐다. 특히 하위 10%는 1995년부터 2010년 사이에 실질소득의 상승을 거의 경험하지 못했다.

반면 상위 10%의 실질소득은 30% 증가를 보였다. 소득불평등의 또 다른 주요요인은 사업체의 대형화로 자영업의 위축된 게 가장 큰 요인이다. 자영업 쇠퇴에도 불구하고 저소득층의 자영업 종사 비중이 줄어들지 않는 현상은 저소득층의 임금근로자 전환이 쉽지 않는 경직적인 한국경제구조에 왔다.[머니투데이, 우경희기자, 2013.2.5.].

한국의 임금수준은 세계 각국의 평균 임금과 비교할 때 스웨덴, 덴마크, 일본, 오스트리아 보다 높지만 삶의 질과 생활환경에서는 크게 뒤진다.

한국의 최저임금 수준은 세계 각국의 최저 임금 Minimum wage 수준(시간당, 월 또는 일 당 최저 임금 기준)과 비교하면 매우 낮다 ; 오스트리아 ; 비공식 연 최저임금 12,000 ~ 14,000 유로 / 벨기에 ; 월1,472 ~ 1,512 유로(21살 이상) / 덴마크 ; 시간 당 103.15크로네(2009년) / 프랑스 ; 시간당 9.40유로, 월1,425.67유로(월 151.67시간 노동 기준) / 핀란드 ; 집단계약에 의해 최저임금 설정 / 독일 ; 집단계약에 의해 최저임금 설정 / 그리스 ; 월 586 유로 / 이탈리아 ; 집단계약에 의해 최저임금 설정 / 홍콩 ; 시간당 28 달러, 월 3,580 달러 / 한국 ; 시간 당 4,860원 / 타이완 ; 월 18,780달러 시간당 103달러 / 네덜란드 ; 월 1,446.60유로, 주당 333.85유로, 일당 66.77유로 / 뉴질랜드 ; 시간당 13.50달러 / 영국 ; 시간당 6.19 파운드(21살 이상), 4.98 파운드(18-20살) / 미국 ; 최저임금 시간당 7.25 달러이다.

한국 교육시장은 학부모의 교육열을 등에 업고 세계 최고조의 사교육시장만을 양산하고 있다. 한국의 교육수준은 세계적인 경쟁력을 갖고 있지도 못해 세계 각국의 외국인 유치도 못한 사교육 시장이다. 이명박 보수정부에 이어 다시 박근혜 보수정부가 부활하였지만 사교육 시장은 여전히 번창하고 있다.

한국 경제에서는 사립 대학교의 높은 비중과 높은 교육비 부담이 지배하고 있다. 한국의 대학등록금은 선진국보다 많으면서 장학금 수혜비율은 떨어져 상대적으로 부모들의 부담이 매우 큰 실정이다.

국내 사립대학 평균 등록금은 7000달러로 일본, 뉴질랜드, 유럽 국가보다 높고 미국, 호주보다는 낮다. 국공립대학교 등록금은 3600달러 달해 일본과 비슷한 수준이지만 캐나다, 유럽, 뉴질랜드에 비해 높다[매일경제, 2007.3.16]. 1990 ~ 2005년 15년간 사립 대학교 등록금 인상률은 9.2%로 이 기간 동안 평균 물가상승률 4.8%의 두 배에 육박한다[중앙일보, 2007.2.12. / 중앙일보, 2007.2.2].

대학교 학자금이 얼마나 높은 부담을 주고 있는가는 대출연체 대학생 실태에서도 잘 나타나고 있다. 학자금 대출을 연체한 학생이 가장 많은 대학은 국민대 299명, 세종대 293명, 단국대 287명, 동국대 256명, 숭실대 249명, 건국대 240명, 서울대 91명, 연세대 189명, 고려대 187명, 서강대 66명, 성균관대 235명, 한양대 192명, 중앙대 175명, 이화여대 133명으로 이들 학생들은 신용불량자가 됐다.

특히 지난해 대학등록금이 931만원으로 가장 비쌌던 추계예술대는 전체 학생의 51.6%가 학자금을 대출받았고, 한영신학대 72.4%, 한국성서대 66.3%, 장로회신학대 54.7%, 총신대 54.4%이었다. 지난 2010년의 경우, 서울의 43개 4년제 대학교 학생 36만300명 가운데 27.8%에 달하는 10만332명이 학자금을 대출받았다. 대출 규모는 3천879억 원을 넘었다. 또 1천만 원 이상의 고액을 대출받은 학생도 4천574명에 달했다[연합뉴스, 2011.7.4. / 교육과학기술부 자료].

높은 사교육비 부담은 젊은이들이 30세 적정나이에 결혼하지만 아기를 기피케 하고 있다. 아기 기피는 아기를 키우고 들어가는 교육비를 큰 부담으로 느끼고 있다. 불안한 소득원과 낮은 소득수준에 비해 높은 사교육비 부담은 경제적 사회적인 부작용을 낳고 있다. 한국 사람들이 결혼은 많이 하는 경향이지만 가장 안 낳는 사회 분위기로 변질되고 있다. 특히 30년 새 출산율 하락 폭은 세계 주요국 중 최고 수준이다.

인구 1000명당 혼인건수인 조혼인율은 2009년 기준 터키(9.04건) 1위, 미국 2위 (7.31건), 한국(7.13건) 3위다. 한국 다음으로는 폴란드(6.57건), 이스라엘(6.33건), 덴마크(5.97명), 일본(5.71명) 순이다. OECD 평균은 5.00건이다. 스페인(3.76건), 룩셈부르크(3.49건) 등 유럽 국가들의 조혼인율이 낮았고 슬로베니아는 3.17건으로 꼴찌였다.

한국은 혼인 비율이 높은 것과 달리 출산율은 바닥이다. 합계출산율은 2010년 1.23명에 그쳐 OECD[3] 34개 회원국 중 꼴찌다. 합계출산율은 여성 1명이 평생 낳을 것으로 예상되는 자녀수의 기대 값이다. 이어 헝가리(1.26명), 포르투갈(1.37명), 스페인(1.38명), 폴란드(1.38명), 독일(1.39명), 일본(1.39명) 순이고 OECD 평균은 1.74명이다. 이스라엘은 3.03명으로 가장 많았다. 한국의 출산율 하락 속도는 멕시코를 제외하고 OECD 회원국 중 가장 빠르다.

한국의 합계출산율은 1970년에 4.53명으로 멕시코(6.77명), 터키(5.00명) 다음으로 많았지만 2010년 1.23명으로 30년 새 평균 3.30

---

3)경제협력개발기구 Organization for Economic Co-operation and Development(OECD) 회원국은 2013년 4월22일 현재 34개국이다. OECD의 전신인 OEEC 창립 시(1948년) 회원국은 오스트리아, 벨기에, 덴마크, 프랑스, 그리스, 아이슬란드, 아일랜드, 이탈리아, 룩셈부르크, 네덜란드, 노르웨이, 포르투갈 스웨덴, 스위스, 트리에스테 자유 지구(1954년까지) 터키, 영국이고 그 이후로는 독일(1955년) 서독 (1955년) 스페인 (1959년)이 있고 1961년 OECD 변경 후 가입한 국가로는 캐나다(1961) 미국(1961) 핀란드(1969년) 호주 (1971년) 뉴질랜드 (1973년) 체코 (1995년) 헝가리 (1996년) 폴란드(1996년) 슬로바키아 (2000년) 칠레 (2010년) 슬로베니아(2010년) 에스토니아 (2010년) 일본 (1964년) 대한민국 (1996년) 이스라엘 (2010년) 멕시코 (1994년)이다.

명이 줄었다. 한국 다음으로 출산율이 작은 헝가리의 경우 1970년 1.97명에서 2010년 1.26명으로 0.71명 감소한 데 그쳐 대조적이다. OECD 평균은 30년 새 0.93명 줄어든 정도다. 한국보다 출산율이 더 빨리 줄어든 나라는 멕시코뿐으로 1970년 6.77명에서 2010년 2.05명으로 평균 4.72명 감소했다.

한국에서 아이 낳는 것을 꺼리다 보니 여성이 첫 아이를 낳는 연령도 높다. 한국의 첫 아이 출산 평균연령은 2009년 기준으로 평균 29.1세였다. 일본과 함께 OECD 회원국 중 공동 7위였다. OECD 평균은 27.8세다. 멕시코는 21.3세였고 영국과 독일은 30.0세였다.

한국 인구가 오는 2030년 5216만 명으로 정점에 도달한 뒤 하락세로 돌아서 2050년 4812만 명으로 줄어들 것으로 추정한다. 한국이 결혼은 많이 하면서도 아이를 낳지 않는 것은 무엇보다 육아 부담이 크기 때문이다. 육아 부담 중에서 큰 비중을 차지하는 자녀 사교육비의 경우 2011년 한해 20조1266억 원이다. 학생 1인당 연평균 288만원으로 계산된 것이다[세계파이낸스, 2013.2.4. / 경제협력개발기구(OECD) / 통계청 ; 장래인구추계].

14. 한국의 수출경제는 중일 사이에 낀 신세다.

계속되는 일본의 엔저(低)와 가속화되는 중국의 위안고(高) 사이에서 한국 수출이 '환율 샌드위치'상황에 놓여 있다. 일본과 중국의 환율방향은 반대이지만, 양쪽 모두 한국 경제의 수출에는 악재로 작용하고 있다. 우선 원·엔 환율은 5년3개월 만에 최저치인 996.2원(100엔당)을 깨기도 하며 1,000원선을 왕복하며 엔저 행진은 계속되고 있다. 가장 큰 피해가 예상되는 분야는 역시 자동차업계다. 현대자동차와 기아자동차의 경우 지난해 전체 판매량 중 85%가 해외에서 팔렸다. 그만큼 환율에 민감할 수밖에 없다.

일본 완성차와 경쟁도는 갈수록 치열해지고 있다. 현재 일본 도요타 혼다 닛산 등 3총사는 전 세계시장에서 엔저를 무기로 가격공세를 펴고 있다. 현대·기아차의 해외 판매 전선은 갈수록 버거워지고 있다. 원·엔 환율이 10% 하락하면 국내 업체들의 자동차 수출은 12%가량 감소할 것으로 예상한다[한국일보, 2014.01.04].

전자, 석유화학 업계도 마찬가지다. 삼성전자와 LG전자에 밀려 전자최강에서 한 발 물러선 일본의 소니 도시바 등은 엔저를 통해 확보된 가격 경쟁력을 십분 활용하고 있다. 일본 전자업체들이 텃밭인 동남아 등에서 파격적인 가격공세를 펼치고 있다.

이처럼 엔저로 인해 수출 기업들의 채산성이 갈수록 악화되는 상황에서, 설상가상으로 위안화 가치의 절상은 또 다른 악재로 작용하고 있다. 지난해 12월 31일 기준으로 1달러당 위안화 중간가격(기준가격)은 6.0969위안까지 올랐다. 위안화 가치가 상승한 것이다. 매년 막대한 대미무역흑자를 내고 있는 중국은 미국으로부터 계속 위안화 절상압력을 받아오고 있다.

경쟁국 중국 통화의 강세는 우리나라 수출엔 호재이다. 그래서 중국 위안화의 절상은 플러스 요인처럼 여겨진다. 실제로 중국과 경합관계에 있는 플라스틱 비철금속 섬유 등 품목에선 가격경쟁력이 생긴 것도 사실이다. 하지만 우리나라와 중국 사이의 교역구조를 뜯어보면 사정이 달라진다. 위안화 강세는 얻는 것보다 잃는 게 크다.

우리나라의 대 중국 수출품목 가운데 93% 이상이 원자재와 자본재이고, 이 중 50%가량은 중국에서 조립 및 가공한 뒤 제3국에 수출하는 가공무역이다. 중국시장을 겨냥해 완제품을 파는 것이라면 위안화 절상이 우리나라 수출기업 채산성에 호재지만, 제3국 수출을 위해 원료와 부품을 수출하는 것이 대부분인 만큼 사정은 정반대로 나타난다.

부품과 원재료를 파는 입장에선 중국의 수출이 활발하고 경쟁력이 좋아야 함께 이익을 보게 된다. 하지만 위안화 절상으로 중국 수출기업 경쟁력이 위축되기 때문에 우리나라 대중수출도 함께 위축될 소지가 크다. 게다가 중국에서 수입하는 철강판, 정밀화학 원료 등 원자재나 자본재의 경우, 위안화 절상은 우리 기업의 원가부담으로 전가될 수도 있다. 또, 디스플레이나 무선통신기기 등 중국에 수출하는 소비재의 가격경쟁력이 개선돼 중국 내수시장 공략에 도움이 될 수 있지만, 이마저도 수출비중이 6%에 불과해 큰 효과는 없다는 것이 문제다.

국내에서 부품을 조달해 완제품을 수출하는 한 대기업은 원가부담은 커진 반면 수출가격경쟁력은 취약해지고 있다. 기업들이 중국을 떠나 베트남 인도네시아로 자꾸 이동하는 배경엔 인건비 뿐 아니라 환율요인도 작용하고 있다. 현재의 한중간 교역구조로 봤을 때, 소비재의 수출비중을 최대한 끌어올려 대중 수출구조를 내수시장 지향형으로 바꿔 위안화 절상의 혜택을 받는 국내경제구조 변화가 요구되는 실정이다[한국일보, 2014.01.04].

15. 북한의 경제력은 지속적으로 후퇴하고 있다.

북한 경제는 1990년대부터 지속적으로 후퇴하는 양상을 보이고 있다. 앞으로도 북한의 경제성장은 계속 쪼그라들 것으로 예측한다. 식량부족은 매년 심각한 상태를 드러내고 있다. 북한경제는 90년대 초반 舊사회주의 경제권과의 교역이 막히면서부터 유류, 원료, 시설재의 공급이 중단되었고 전력생산이 부족해 사실상 경제 전반이 빈곤한 상태다. 북한경제는 자주독립 강성국가체제를 외치지만 경제력을 회생시키기에는 역부족이다.

1980년대 초반 대외개방정책으로 경제건설에 박차를 시도했지만 실적은 부진하였고, 주민들의 소비욕구를 충족하지 못하는 문제까지 나타났다. 1990년대에는 연평균 마이너스 3.8% 성장을 9년 동안 지속함으로써 경제규모는 계속 줄어들었다. 총국민소득(GNI)은 1990년부터 1998년까지 8년 동안 16조 ~ 17조원 대에서 맴도는 정체된 경제 성장이었다가 1999년 18조 7천억 원으로 확대되었다. 1인당 국민소득은 1990년 1,142달러에서 지속적으로 떨어졌다가 1999년 714달러를 회복하였다. 이것은 9년의 마이너스 경제성장에서 플러스 경제성장으로 전환된 것이다. 이러한 경제회복은 남한과 국제사회의 支援, 북한 식량생산의 호전, 農林漁業·製造業·建設業의 성장 등에 힘입은 바 컸다[통일부, KOTRA]. 북한 경제성장률은 또 다시 2년 연속 마이너스 성장했다. 이로 인해 남북 경제력 차이는 날로 심화되고 있는 실정이다.

북한의 경제 규모는 2006년 35분의 1이었으나 2007년에는 36분의 1로 확대되었다[북한경제의 성장 추세 ; 2000년 1.8% / 2004년 2.2% / 2005년 3.8% / 2006년 -1.1% / 2007년 -2.3%.] 북한 경제는 작물생산 감소로 인한 식량 부족 등의 문제가 심화하면서 경제 전반이 어려운 실정이다[경향신문, 2008.6.19.]. 북한경제는 지속적으로 퇴보하면서 사회간접자본의 성장도 심각한 침체에 빠져들었다. 1980년대 초부터 경제성장이 서서히 떨어져 가면서 1980년대 말 본격적인 정체에 돌입하자 사회간접자본은 더 이상 확충하지 못하고 있다. 철도 · 도로 · 항만 · 선박 등 사회간접자본시설은 1990년도 수준에서 돌고 있는 실정이다.

북한의 식량 사정은 악화되고 있다. 1999년의 경우, 북한의 쌀 생산량은 남한과 3.5배 차이를 보이고 있다. 쌀 생산은 70년 146만 톤으로 최고를 기록한 이후 28년 동안 제자리걸음을 하고 있다. 심각한 식량부족은 여전히 계속되고 있다. 북한은 식량부족을 메우기 위해 세계식량계획(WFP), 한국의 민간단체와 정부, 베트남, 중국 등으로부터 엄청난 규모로 지원을 받았지만 식량문제는 여전히 절박한 상황이다.

북한의 식량 사정을 5 단계 분류에 따르면 라선시, 청진시, 회령시, 무산군 등 함경북도의 절반 이상이 가장 식량 사정이 나빴다. 동부 지역인 함경남도에서는 김책시, 단천시, 신포시, 홍원군 등 도내 30%가 식량 사정이 가장 나쁘다. 곡창지역인 황해남북도와 평안북도는 식량 사정이 좋은 편으로 분류됐다[CBS노컷뉴스 안윤석 대기자, 2013.10.22].

대부분의 북한 가정의 식량 소비 수준이 낮으며, 주로 곡물과 감자, 고구마를 먹고 적은 양의 채소와 식용유를 섭취하고 있다. 따라서 1990년대 후반 이래 어린이 발육 부진과 체중 미달은 개선되고 있지만, 계절에 따라 급성 영양 실조율이 크게 높아진다.

에너지, 광산물, 중화학공업 등 분야의 생산도 대부분 지속적으로 줄고 있다. 1990년과 1999년 사이 석탄, 전기발전, 원유 도입, 곡물, 수산물 철광석, 비철금속, 강철 시멘트, 비료, 직물, 화섬 등의 생산량에서 모두 크게 감소하였다. 석탄 생산은 1990년 3,315만 톤에서 1999년 2,100만 톤, 발전용량은 714만 킬로와트에서 739만 킬로와트, 발전량은 277억 킬로와트에서 186억 킬로와트, 원유 도입량은 252만 톤에서 32만 톤, 곡물은 402만 톤에서 422만 톤으로 격감했다.

수산물은 1990년 146만 톤에서 1999년 66만 톤, 철광석은 843만 톤에서 379만 톤, 비철금속은 24만 톤에서 12만 톤, 강철은 336만 톤에서 124만 톤, 시멘트는 613만 톤에서 410만 톤, 비료는 120만 톤에서 77만 톤, 직물은 2억 제곱미터에서 1억 제곱미터, 화섬은 5만 톤에서 2만7천 톤으로 모두 감소하였다.

북한의 산업구조는 농·임·어업 및 서비스업 비중이 줄어들었다. 최근 농림, 어업, 건설업 비중이 높아진 반면 서비스업 및 광공업 비중은 낮아지고 있다. 이처럼 북한경제는 가장 빈곤국가에 속한 전형적인 후진국 형 산업구조를 띄고 있다. 이러한 상황이 앞으로 더욱 강화되고 있는 실정이다.

곡물수확량은 농업의 후진성으로 턱없이 부족한 실정에 있다. 주택보급은 국가가 공급하지만 주택보급률은 98년 55% 수준이다. 북한의 도로사정은 고속도로가 7곳 건설되어 있고, 지방 국도는 90%가 비포장도로이다.

철도 지하철은 대부분 단선이고 80% 이상이 전철이며 전력부족으로 운행이 고르지 못한 실정이다. 북한의 정보통신 현황은 가입자 회선 수에서 1995년 100명당 5회선에 불과하여 남한의 8분의 1

수준이다. 컴퓨터 보급도 1995년 중형컴퓨터가 30여대, 데스크 탑 컴퓨터가 3,000여대에 지나지 않는다. 석유와 전기의 공급은 20년 수준으로 되돌아간 실정이다.

북한의 과학기술 수준은 국방, 원자력, 소프트웨어 등 소수 분야에서는 상당한 수준이지만 전반적으로 남한의 70~80%인 것으로 평가되고 있다. 철강, 기계, 화학 등 주요 산업시설은 70% 이상이 1950~60년대 구소련 형 생산시설로 낙후하고 저조한 생산성으로 추정하고 있다. 원자재와 에너지의 부족, 공장설비의 노후화로 공장 가동률이 20~30% 수준인 것으로 알려져 있다.

북한의 대외무역은 1990년대 들어 사회주의 붕괴의 영향으로 계속 줄어들었다. 1999년에 소폭 증가한 것은 남한의 대북원조와 남북경협 활성화에 의한 외화수입, 금강산 관광수입 등이 크게 기여한 탓이다. 1998년 금강산 관광 사업으로 벌어드린 외화수입은 북한의 연간 수출액의 75%을 차지한 것으로 추정하였다.

북한은 과다한 대외채무를 지고 있다. 북한의 외채는, 기존의 미상환 대외채무(1998년 말 기준 121억 달러)를 제외한 총 외채가 1999년 말 12억 6,800만 달러로 1998년보다는 5,100만 달러 늘어났다. 이와 같이 북한의 경제상황은 식량과 에너지의 절대량 부족, 만성적인 무역적자, 동맹국들과의 원조 및 조총련계의 송금 단절 등으로 경제적 빈곤에 허덕이고 있다. 외채증대로 북한의 대외 신인도는 세계 최하위에 있다.

북한의 경제력은 장기간의 경제침체로 남한과의 격차가 더욱 크게 벌어졌다. 89년에는 2배 이상 확대되었다. 경제규모에서 북한은 99년 기준으로 남한의 1 / 26 수준이고, 1인당 국민소득(GNI)은 남한의 1 / 12 수준이다. 대외무역규모에서 북한은 14억8천만 달러로 남한의 약 1 / 178에 불과하다.

옥수수, 석탄, 철광석은 남쪽보다 더 많이 생산하고 있으나, 자동차, 선박, 전력 등의 생산에서는 수십 또는 수백 배 차이를 나타내고 있다.

16. 남북한은 동서독의 경제력에 비해 크게 떨어진다.

남한경제는 지속적으로 성장하고 있기 때문에 북한경제가 획기적으로 개선되지 않으면 그 격차는 계속 확대될 전망이다. 이러한 경제력 차이는 89년 구동서독 경제와 비교할 때 남북 경제력 차이가 훨씬 더 크다. 구동독은 1인당 국민총생산물이 구서독 수준의 약 절반에 있었고 구서독은 수 십 년간 무역흑자국가로서 막강한 대외경쟁력을 가진 나라였지만 한국은 대외 국제경쟁력이 취약하면서도 남북한의 경제력 차이는 26배 되는 것이 커다란 부담이다. 또한 통일 전까지 서독은 동독을 지속적으로 지원하는 형태의 경제교류를 유지했지만 남북한은 대화는 물론 경제교류까지 장기간 단절된 상태였다. 남북한의 경제수준과 여건은 구동서독의 경제수준 및 여건과 현저히 다르다. 북한은 세계 역사상 유례를 찾아 볼 수 없는 폐쇄국가에서 90년대 후반에 와서야 서서히 조금씩 개방되고 있다. 구동서독은 냉전이 가장 극심했던 50년대 후반에도 서독인들이 구동독을 방문하였다. 서독인은 구동독 방문 시 전 지역에 여행할 수 있었다. 구동서독 간의 교류 기간도 40년 이상 축적되어 있었다. 경제적으로 볼 때도 통일 전 구동독의 1인당 국민소득은 구서독의 절반이지지만 구동독 경제수준은 영국, 이탈리아 수준에 근접하고 있었다.

東-西獨 간 교역량 추이 (단위 : 백만 VE, %)

년도	1957년	1960년	1970년	1980년	1988년
서독 →동독	846	960	2,416	5,293	7,234
동독 →서독	817	1,123	1,998	5,578	6,789

주) VE (Verrechnungseinheiten) : 청산계정의 계산단위로 西獨은 1VE = 1DM, 東獨은 1VE = 4.4MDDR(Mark der DDR)로 환산
출처 : 경제교류

1983년 구동독의 1인당 GNP는 이탈리아 보다 12%, 영국보다 27%, 유럽공동체 국가 전체보다 30.6% 낮았다. 구동독의 구매력은 구서독의 절반에 불과했지만 소득분배는 평준화되어 있었다. 통일 직전 구동서독 간 경제규모 차이는 5배, 구동독 인구는 서독의 1/2에 불과했다. 반면 남북한 경제의 규모는 20배 격차다. 인구 규모도 2배 이상 차이다. 남북 통합 時 남한의 부담은 실로 클 수밖에 없다[Werner Kamppeter, 1992]. 동서독 경제교류협력의 경우 비록 합작 등 경협사업은 구동독 측의 불허로 이루어지지 않았다. 그러나 통일 前까지 도로 · 철도 및 공항의 이용과 고속도로 건설 참여, 우편물 이용, 구서독인의 구동독 방문 등 인적·물적 교류협력이 매우 다양

하게 이루어졌다. 또한 서독은 중앙집권적인 임금교섭이 전국적으로 이루어졌고 포괄적인 사회보장체제를 갖추고 있었다. 노동시장의 유연성 면에서는 경직적이었다. 서독의 임금은 매우 높은 수준이었다. 이러한 격차 때문에 통일 후 서독은 동독 노동자들의 실직대책에서 엄청난 자금이 소요되었다. 한국은 회사별 임금교섭이 이루어지고 계약직 노동자들이 전체 노동자의 절반을 차지하고 있다. 노동시장의 유연성도 높은 편이다. 통합 시 실업 및 복지대책에 대한 소요 비용은 크지 않을 것으로 본다. 남북한 통합에 따른 국방비의 절감과 풍부한 잉여인력이 창출되어 수요와 생산을 크게 촉진할 수 있는 이점이 있다.

17. 남북한 경제통합과 남북통일

독일은 1945년 동서독으로 분할된 이후에도 정부 및 민간 차원에서 다양한 형태로 꾸준히 교류를 유지해 왔다. 동서독은 냉혹한 차단벽이 분리된 살벌한 분위기 속에서도 원만한 동독과의 지속적인 외교 관계의 끈을 놓지 않았다. 서독 사람들은 냉전 속에서도 동독 사람들을 따뜻하게 대우했고 포용하면서도 언제가 통독이 되겠지 하는 마음이었지 당장 통일이 되리라고는 꿈에도 생각하지 않았다. 그러던 서독 사람들은 동독에서 일어나는 심상치 않는 대탈출 소동을 보며 조용히 지켜보고 기다렸다.

그러나 동서독 정치는 그 누구도 동서독 통일을 미리 그려보지 못한 체 1990년 한 해 하루하루가 빠른 속도로 질주 하였다. 마침내 1990년 동서독 통일은 갑작스럽게 극적으로 이루어졌다. 상황이 극적이었던 만큼 서독은 급작스런 통일 이후 통일비용이란 후유증을 톡톡히 치루게 되었다. 그러나 서독은 경제대국이었고 합리적인 국민들이었기에 통일 전후기에 흔들림이 없었고 지극히 안정적이었다. 서독은 충분한 준비 기간을 가칠 수 없었기에 동독 주민들에게 **1990 ~ 2009년까지 20년간 약 2조유로(2009년 환율 적용 시 3548조원)**를 소득보전 비용 등으로 쏟아 부었다. 독일은 이런 와중에도 공산주의 이념이 길들여진 동독주민을 따뜻하게 포용했고 동시에 유럽연합 다시 말해서 유렵합중국의 꿈을 실현시키는데 주도적인 리더 역할을 했다는 사실을 잊어서는 안 된다.

한국이 독일처럼 **급격한 소득보전 정책을 쓰지 않고 인프라 등 생산적 분야에 투자한다면** 훨씬 적은 비용으로 통일을 할 수 있을 것으로 추산한다. 고려대 아세아문제연구소가 추정한 2015 ~ 2035년 한국의 통일 비용도 **독일이 20년간 쓴 비용의 절반에 못 미치는 923조 ~ 1627조원이 들 것으로 산출한다**[조선일보, 안준호 기자, 2014.1.6].

독일은 통일에 대한 준비가 거의 안 된 상태에서 갑작스럽게 통일을 맞았다. 이 바람에 1991 ~ 2003년 13년간 1조2800억 유로라는 천문학적 통일비용을 지출했다. 이 가운데 연금이나 노동시장 보조, 육아 · 교육 지원 등 **사회보장성 지출이 절반(49.2%)에 가까운 6300억 유로**에 달했다. 통일 후 주(州)별 재정 균형을 조정하는 비용 등으로도 2950억 유로(23%)를 지출했다.

도로 · 철로 등 인프라 재건(12.5%)과 지역경제 등 활성화 지출

(7%)을 포함한 경제적 투자비용은 19.5%에 불과했다. 통일비용 대부분이 사회복지 분야에 투입되고 정작 산업기반 확충과 경제 건설에는 거의 투자되지 않는 바람에 통일 혜택은 쓴 돈에 비해 적었다. 독일은 지금까지도 매년 GDP의 약 4%인 1000억 유로를 소득보전 성비용 등으로 지출하고 있다.

독일이 화폐가치를 무시하고 동·서독 화폐를 1대1로 교환한 것도 큰 정책적 실수였다. 특히 생산성이 낮은 동독 노동자의 임금을 지나치게 높게 책정했던 것은 치명적인 비경제적 정치 성 결정이었다. 1991년 동독 근로자의 노동 생산성은 서독 근로자 대비 34.6%에 불과했지만, 임금은 서독 근로자의 절반(50.8%)에 달했다. 동독 화폐의 고평가와 생산성을 초과하는 높은 임금은 동독 기업의 생산비 상승을 유발, 줄도산에 이어 실업자를 양산하는 결과를 초래했다.

한국은 독일에 비해 객관적 조건은 그리 좋지 않다. **남북한 간 1인당 소득 격차(40배)는 동·서독 격차(2.1배)보다 크고 부양해야 할 북한 인구 비율(남한의 50%)은 동독(서독의 26%)에 비해 많다. 그러나 한국은 독일처럼 급작스러운 통일이 아닌 점진적 통합 방식을 상정하고 있다. 북한 급변사태가 오더라도 '2지역 체제'를 유지하면서 경제적 통합을 하는 방식이다.**

또 독일은 경제적 비용이 전체의 19.5%에 그쳤지만, 우리는 경제적 투자비용이 전체 통일비용 가운데 90%를 차지할 전망이다. 이 같은 통합 방식은 통일 비용을 절반이나 3분의 1 수준으로 줄여줄 것으로 통일연구원은 분석했다.

우리는 현재 가동 중인 개성공단 등 남북 경협을 통해 북한의 자생적 경쟁력을 높이는 기여할 것으로 보이고 사회보장성 비용 등은 크게 줄이는 방향이 착수하면 독일처럼 많은 비용이 들지 않을 것으로 보는 것이다. 남북통일 국가의 국제경쟁력 등의 문제는 완전히 무시하고 고려한 것이다.

또 한국은 통일 과정에서 독일의 1대 1 화폐통합과 같은 정책적 실수는 피할 수 있을 것으로 보인다. 당시 독일의 화폐 교환은 동독 주민의 소득을 보전해주기 위해 일종의 보조금을 지원하기 위한 대등한 화폐통합을 해 준 것이기 때문이다. 통일 접근 방식에 따라 다르겠지만 우리는 1대1 화폐 교환보다는 북한 기업에 임금 보조금을 지원, 기업의 생산성을 악화시키지 않도록 하는 방향으로 길을 찾으면 될 것이다.

또 점진적 화폐 통합을 추진하고, 유연한 노동정책을 통해 생산성에 맞는 북한 임금정책을 시행하면 북한 기업 제품의 가격 경쟁력을 확보할 수 있다. 동독 경제 재건은 주로 서독이 책임졌다. 그러나 북한은 현재 한국, 중국 · 러시아 · 일본 국제기관, 구미 선진국 등에서 투자를 개방한다면 한반도 통일 비용을 더 줄일 수 있을 것 이다[조선일보, 안준호 기자, 2014.1.6].

18. 남북 통일비용은 한국의 경제능력을 초과한다.

남북한의 경제교류협력에서 가장 중요한 것은 무역, 자본, 노동 등이 활발하게 교류하고 협력하는 것이다. 이것은 북한경제의 재건을 통해 일정수준으로 끌어올릴 것이다. 그러나 북한경제를 일정 수준으로 올리는 것은 막대한 비용이 들어가야 한다. 소요비용의 규모에 대해서는 전문가마다 견해가 다르다.

북한경제를 남한경제 수준으로 끌어올리는 소요비용은 1인당 소득을 일정 수준까지 끌어올리는 소요투자비를 산출하는 방식으로 산출한다. 여기에는 사회보장비, 사회간접비, 민영화 과정 중 적자보전비용, 사유화 과정에서 발생하는 소요비용 등의 제비용과 국방비 감축, 저임금 노동력에 따른 기업생산성 향상 등의 편익계산을 포함한다. 최근 영국 바클레이즈 캐피탈의 발표에 의하면 20년간 북한의 소득수준을 남한의 국내총생산물(99년 GDP 기준)의 50% 수준까지 끌어올리는데 대략 5,628억 달러(달러 당 1,000원 기준 562

조8천억 원)가 소요되고 75%수준까지 끌어올리는 데는 남한GDP의 190%가 소요될 것으로 추산하였다.

그 밖에 소요비용으로는 한국개발연구원(91년) 2조5천억 달러, 황의각(90년) 2,632억 ~ 2,736억 달러, 하버드대학 2,500억 ~ 5,000억 달러, 일본장기신용은행 2,000억 달러, 영국 이코노미스트(EIU) 1조 879억 달러, 미국 경제연구소 25년간 2조4백억 달러, LG연구원 10년간 2백억 달러가 소요될 것으로 추정하였다[매일경제 2000.4.17]. 이러한 소요 비용은 남북경제교류협력을 통해 이루어지고 있는 경제통합과정의 정도와 수준, 남북 통일되기까지 북한경제의 복구속도와 경제상황이 진전되는 속도에 따라서 자금조달비용 및 통일비용은 크게 변동될 수 있다.

남북통일이 성사 된다면 2050년 한반도 경제의 미래는 어떤 모습일까? 남북한이 통일되면 2050년 통일한국의 국력이 전 세계 10위로 올라간다. 한국만으로는 14위지만, 북한과 합치면 생산가능인구와 지하자원이 늘어나고 국방비는 아낄 수 있다. 남북한이 2012년 경제통합해 정치적 통일을 이루면 2050년 국력지수 세계 10위가 된다.

통일은 한국의 부담이 아니라 한국 경제의 새로운 성장 동력이라는 것을 보여준다. 저출산 고령화가 빠른 속도로 진행되고 있는 한국으로서는 통일의 가장 큰 수확은 인구증가다. 2050년 한국만으로는 인구 41위에 그치겠지만 통일 한국은 7350만 명을 달성해 26위에 오를 수 있다. 2050년 15~64세의 생산가능인구는 58%로 분단 상태에 비해 4%포인트 늘어난다.

7000만 인구의 노동인구뿐만 아니라 내수시장이 확대돼 경제성장 동력도 한층 커질 수 있다. 이에 따르면 2050년 통일한국의 명목 국내총생산(GDP)은 6조560억 달러로 세계 8위로 올라설 수 있다. 1인당 GDP는 8만6000달러로 영국이나 러시아, 프랑스, 일본도 웃돌 것으로 전망한다.

북한 국토의 약 80%에 광물자원이 광범위하게 분포돼 있다는 점도 경제규모를 키울 수 있다. 북한의 주요 광물자원 잠재가치는 3조 9033억 달러로 한국의 24.3배에 달한다. 따라서 한국 내수의 절반만 북한에서 조달해도 연간 153억9000만 달러의 수입 대체효과를 누릴 수 있다. 통일이 되면 군사력을 지금처럼 가져갈 필요가 없으니 국방비도 아낄 수 있다. 내년부터 2050년까지 국방비 지출을 연간 0.1%포인트씩 줄인다고 가정하면 국방비 절감 효과는 1조8862억 달러에 달한다.

이밖에도 남북한이 풍부한 역사문화유산을 보유하고 있어 통일시 문화재 강국으로 발돋움할 수 있고, 스포츠 강국으로도 거듭나 올림픽 등에서 남북한 단일팀을 구성하면 5위 이내의 성적을 거둘 것으로 전망했다. 세계 전체 GDP와 인구, 군사력 등에서 각국이 차지하는 비율을 종합해 측정한 국력지수를 보면 2050년 통일한국은 1.71을 기록, 세계 10위에 오르게 된다[이데일리, 2012.8.12., 권소현 기자 / 이해정 현대경제연구원 선임연구원; 통일 한국의 미래상].

남북한이 통일되면 2050년 통일한국의 국력이 전 세계 10위로 올라갈 것이다. 한국만으로는 14위에 머물지만, 북한과 합치면 생산가능인구와 지하자원이 늘어나고 국방비는 아낄 수 있기 때문이다. 남북한이 2012년 경제통합을 실현해 단계적으로 통일을 이루면 2050년 국력지수 세계 10위가 될 것이다. 통일은 한국의 부담이 아니라 한국 경제의 신성장 동력이다.

저출산 고령화가 빠른 속도로 진행되고 있는 한국으로서는 통일의 가장 큰 수확은 인구증가다. 2050년 한국만으로는 인구 41위에 그치겠지만 통일 한국은 7350만 명을 달성해 26위에 오를 수 있다. 2050년 15~64세의 생산가능 인구는 58%로 통일하지 않았을 경우에 비해 4%포인트 늘어난다. 7000만 인구를 달성하면 노동인구뿐만 아니라 내수시장이 확대돼 경제성장 동력도 한층 커질 수 있다. 이에 따라 2050년 통일한국의 명목 국내총생산(GDP)은 6조560억 달러로 세계 8위로 올라설 수 있다. 1인당 GDP는 8만6000달러로 영국이나 러시아, 프랑스, 일본도 웃돌 것으로 전망한다.

통일이 되면 군사력을 지금처럼 가져갈 필요가 없으니 국방비도 아낄 수 있다. 내년부터 2050년까지 국방비 지출을 연간 0.1%포인트씩 줄인다고 가정하면 국방비 절감 효과는 1조8862억 달러에 달한다. 이밖에도 남북한이 풍부한 역사문화유산을 보유하고 있어 통일시 문화재 강국으로 발돋움할 수 있고, 스포츠 강국으로도 거듭나 올림픽 등에서 남북한 단일팀을 구성하면 5위 이내의 성적을 거둘 것으로 전망했다.

북한 국토의 약 80%에 광물자원이 광범위하게 분포돼 있다는 점도 경제규모를 키울 수 있는 요인이다. 북한의 주요 광물자원 잠재가치는 3조9033억 달러로 한국의 24.3배에 달한다. 따라서 한국 내수의 절반만 북한에서 조달해도 연간 153억9000만 달러의 수입 대체효과를 누릴 수 있다.

북한에 매장된 지하광물 자원의 잠재가치가 7천조 원에 달한다. 개발 가치가 있는 **북한의 지하광물 자원은 모두 20여종으로 이를 금액 가치로 환산하면 6천986조로 추산된다**는 것이다. 이는 남한의 지하광물 자원 가치 319조원의 22배에 달하는 수치다. **특히 마그네사이트 매장량은 40억t으로 세계 2위, 흑연은 200만t으로 세계 3위, 중석은 16만t으로 세계 6위 수준이다.** 현재 북한에는 한국, 중국, 일본 등 6개국의 기업들이 진출해 26건의 광물 개발 사업을 추진 중이다. 이 중 20건은 중국 기업이 추진하는 사업이며, 한국 기업의 개발 사업은 1건에 그쳤다. **북한에 매장된 마그네사이트나 아연 등은 우리나라가 100% 수입에 의존하는 자원이다.**

이처럼 다른 나라들이 한반도의 재생 불가능한 광물 자원을 무분별한 개발을 막기 위해서라도 한국은 지하자원 개발 협력을 위해 북한과 적극적으로 대화에 나서야 한다. 지금까지 이명박-박근혜 보수 정부는 대북강경정책을 고수하면서 북한의 자원개발 기회를 실기한 것은 아닌지 되돌아보아야 한다[서울=연합뉴스, 임형섭 기자, 2013.9.19]. **세계 전체 GDP와 인구, 군사력 등에서 각국이 차지하는 비율을 종합해 측정한 국력지수를 보면 2050년 통일한국은 1.71을 기록, 세계 10위에 오르게 된다**[이데일리, 2012.8.12.,권소현 기자/이해정 현대경제연구원 선임연구원 ; 통일 한국의 미래상].

독일식 흡수통일은 쪽박이 될 수 있기 때문에 중국과 홍콩 같은 점진적인 통합이 바람직하다. 흡수 통일로 북한 주민에 대한 모든 연금을 감당하면 통일은 쪽박 차는 기로 가는 상황이다. 경제나 시장 쪽에서 보면 독일식의 급속한 흡수통일은 아예 고려 대상이 아니다. 특히 독일식 흡수통일은 거의 불가능하다는 것을 의미한다. 통일 대박과 쪽박의 차이는 독일식 보조금을 통한 급속한 통일을 하느냐 안 하느냐에 달려있다. 남북 통합 비용은 통합 속도와 정책에 따라 GDP(국내총생산)의 2~25%까지 차이가 있을 수 있다. 적절한 정책을 하면 비용이 감당할 만한 수준으로 줄어들 수 있다[머니투데이, 디지털미디어부, 2014.2.18 / 골드만삭스 한국 수석 이코노미스트인 권구훈 전무 / 새누리당 김무성 의원 ; 통일경제교실].

19. 미국은 어떤 나라인가?

미국은 아메리카 합중국 United States of America(약어 ; USA)이라고 부른다. 미국의 땅덩어리는 거대하다. 미국의 총면적은 952만 평방킬로미터이다. 미국은 남한의 총면적 9만9373 평방킬로미터 보다 약 95배나 큰 나라이다. 미국의 인구도 3억1천5백5십만 명(2012년)에 이른다. 미국의 주민 수는 세계에서 중국, 인도 다음으로 가장 많다. 잘 사는 선진국 기준으로 치면 미국이 유일하게 가장 인구가 많은 나라이다. 미국의 인구밀도는 1평방킬로미터 당 34명(2012년)이다. 거대한 나라인 미국의 인구밀도는 한국의 인구밀도 472명과는 비교할 수 없을 만큼 인구밀도가 낮다는 것을 알 수 있다.

이 거대한 미국은 본토 48개 주(State)와 알래스카 · 하와이의 2개 주로 구성된 연방공화국을 형성하고 있다. 한국은 연방국가가 아니다. 구미 선진국은 대부분 연방국가체제이다. 미국은 50개 주 외에 해외속령(海外屬領)으로 푸에르토리코 · 사모아 제도(諸島) · 웨이크 섬 · 괌 섬과 국제연합(國際聯合)의 신탁통치령(信託統治領)인 캐롤라인 제도 등을 보유하고 있다. 미국의 국토는 동쪽의 대서양 연안에서 서쪽의 태평양 연안까지 걸쳐 있다. 한국의 국토는 미국에 비해 얼마나 쥐꼬리마나 한 나라인가를 알 수 있다. 미국의 광활한 국토 면적으로 봤을 때 한국은 참으로 적다는 것을 볼 수 있다.

미국은 광대한 평야와 목초지를 가지고 있다. 농목업이 잘 발달될 수 있는 여건이다. 이러한 지리적인 여건 덕분으로 미국은 세계 제2위의 농업생산국으로 자리 잡고 있다. 또한 석탄 · 철광 · 석유 등 지하자원도 풍부하다. 미국은 일찍부터 국내 자원을 개발하여 공업화를 이룩하였다. 제1 · 2차 세계대전 때에는 모두 전승국(戰勝國) 쪽에 가담하여 물자와 자본을 공급한 유일한 국가였다. 미국은 양차 세계대전 기간 동안 방대한 자본축적을 달성할 수 있었다.

미국은 각종 물자와 인명을 파손하는 전쟁을 통해 무한정 생산 공급할 수 있었던 운 좋은 기회를 100% 활용할 수 있었다. 미국은 제국주의가 판치던 시절 자본심화를 최고수준으로 끌어 올렸다. 그 결과 미국은 제2차 세계대전 이후 자본주의 국가의 지도국으로서 뿐만 아니라 누구도 넘볼 수 없는 경제 대국으로서의 지위를 구축할 수 있었다. 그 이후 미국은 초강대국으로서의 위치를 계속 유지할 수 있는 기반을 튼튼히 구축한 것이다.

미국은 세계 유일의 슈퍼파워로서 앞으로 수십 년 이상 유지할 것으로 전망한다. 세계는 음악, 영화 등 오락산업, 의류스타일부터 성 풍속까지 미국문화를 모방하고 있다. 군사, 기술혁신, 경제력 역동성 등 거의 모든 부문에서 미국을 상대할 나라는 없다. **중국의 경제부흥, 일본의 경제대국으로의 출현, 유럽연합의 부흥과 부활 등으로 세계 판세가 새롭게 짜여 져 가고 있긴 하지만 미국을 추월하는 것이 쉽지 않다.** 미국은 여러 분야에서 세계적인 주도권을 계속 쥐고 모든 분야를 선도할 것으로 보인다. 미국은 일본과 유럽 보다 10~15년 앞서 있고 앞으로 수십 년간 월등한 세계적 강대국(pre-eminent world power)으로 유지할 것으로 본다.

미국은 많은 인구와 넓은 영토만큼 거대한 내수시장을 갖고 있다. 미국은 많은 인구와 다민족 국가답게 다양한 인종과 계층을 아우르는 시장수요를 갖고 있다. 미국 경제는 거대한 시장수요의 잠재력을 믿으며 역동적이고 실험적이며 경험적으로 앞서 가는 힘을 가지고 있다. 미국 사회는 합리주의와 기능주의를 기반으로 한 대량생산 · 대량소비를 미덕으로 보는 새로운 가치관을 창조하였다. 미국은 유럽에서 넘어온 기독교 문화에 뿌리를 박고 있다.

미국은 동양문명과 상당히 대비되고 유럽의 기독교 문명과는 다른 미국형 물질문명을 형성하였다. 미국 사회는 단일민족으로 분할된 유럽과 달리 다민족 사회이다. 미국 사회는 외국으로부터 유입된 이민자와 그의 후손이 주민의 대부분을 차지하고 있는 다민족 사회이다. 남북전쟁과 세계대전 등으로 이민족간 갈등도 있었지만, 인종과 민족의 배경을 넘어서, 미국 국민으로서의 국가의식을 뿌리 내렸다. 미국은 개방적이고 명랑하며 활기에 찬 미국인이라는 이미지도 피부색을 넘어서 미국적인 사회와 문화 위에 정착한 국민적인 공통성을 이루고 있다.

미국인들은 평균 1인당 국민소득 31,500 달러(1997년 기준)로 세계에서 가장 풍요로운 수준을 과시한다. 미국 국민들은 77%가 도시에 살고 있다. 미국인들은 도시들 가운데에서도 인구 100만 이상의 대도시에 63%의 인구가 집중하여 살고 있다. 미국 국민들은 세계에서도 가장 도시화된 사회 환경에서 생활하고 있는 셈이다. 대도시 교외의 주택지에서 넓은 잔디밭에 산뜻한 집을 짓고 살며, 주말과 휴가 때에는 야외의 레크리에이션을 즐기는 생활이 시민들의 소망이다. 도심지에는 초고층 빌딩들이 늘어서 있고 그 곳으로부터 사방으로 뻗은 정비된 고속도로, 그 연변에 펼쳐져 있는 나무가 우거진 주택지의 풍경은 현대 미국의 전형적인 경관이다.

그러나 이러한 풍요한 미국사회의 이면에는 다민족 사회에서 생기는 인종차별과 자본주의적인 시장경제가 안고 있는 빈부계층의 대립이 존재한다. 인종문제는 전체 인구의 12.7%(1997년)를 차지하는 흑인, 4.7%를 차지하는 인디언과 아시아인종에 대한 차별문제가 존재하고 있다. 그 밖에 아시아인과 유대인 등 소수민족 문제가 있다. 특히 흑인과 황색인은 결코 백인과의 융화를 허용할 수 없다는 숙명적인 차이가 있다. 이런 차별감과 함께 흑인들은 교육수준이 낮고 기술을 습득하지 못했기 때문에 북부의 여러 도시에 유입해도 일자리가 없어 하층사회에 침전하여 그 곳에 슬럼을 형성한다. 그리고 이 빈민굴에서는 자녀들도 충분한 교육을 받을 수가 없고, 성장한 후에도 취업의 기회마저 얻을 수 없다는 악순환이 되풀이되고 있다. 미국의 자유로운 경쟁적인 자본주의 사회가 만든 그늘이다.

미국 헌법은 자유와 평등을 밝히고 있지만 앵글로색슨의 우월성은 암암리에 존재하고 있다. 흑인과 황색 인종에 대한 백인의 차별의식도 강하게 살아남아 있다. 빈곤 문제는 흑인 사회뿐 아니라, 빈곤 백인(貧困白人)이라고 불리는 새로운 이민들 사이에서도 심각하다. 대도시의 슬럼은 빈곤에 기인한 도시 범죄의 온상이 되어 범죄 발생률도 해마다 증가하는 경향이다. 그러나 이러한 부정적인 측면이 미국사회를 위기로 몰 만큼 심각하지 않다. 미국 사회 전체적으로 봤을 때, 부정적인 요소는 미미한 수준에 있다고 볼 수 있다.

전체 미국사회는 잘 짜여 진 고도로 안정된 사회이다. 이런 사회 분위기 속에서 살고 있는 미국인들은 매사에 치밀하고 꼼꼼하게 생활하는 것이 습관화되어 있다. 미국인들은 일처리를 정확하고 꼼꼼하게 처리하는 것이 일상화되어 있다. 미국인들은 성격 급한 한국인 습성으로 봤을 때, 대체로 속셈을 빨리 못하고 일 처리가 느려 보이기까지 한 면이 있다. 그들은 일을 서두루지 않고 기한 내에 예정된 업무를 정확하게 처리하는 것이 습관화되어 있다. 이러한 생활습관은 유럽인들에게서도 엿볼 수 있다.

미국인들은 이성과 합리주의, 실용주의를 추구하는 성향을 가지고 있다. **특히 미국의 실용주의 정신은 유럽인에 비해 강하게 보인다. 미국의 전통과 문화풍토는 아주 개인주의적이며 정부간섭을 싫어한다. 이런 점도 유럽 국가들과는 상당히 다른 면이다.** 미국인들은 권력은 분산될수록 좋다는 건국이래의 강한 신념을 가지고 있다. 이러한 전통의 면면은 한 정당이 정부와 의회를 전부 장악하지 못하는 사실에서도 엿 볼 수 있다. 미국인은 시장원리만이 사회의 효율성을 극대화시킬 수 있고 성장을 최대로 높일 수 있다고 생각하며 그것은 결국 사회의 안정을 가져온다고 믿는다.

유럽인들은 미국 사회의 불안정한 단면과 이윤만을 추구하는 현상을 비판적으로 직시하면서 미국식 질서를 부분적으로 수용해 자기 시스템에 맞추고 있는 것과는 상당한 차이를 엿볼 수 있다. **미국은 시장원리가 원활하게 작동하고 관철시키려는 사회이다. 미국은 세계경제에 경쟁 질서를 전파하는 원조국으로서 철저한 시장원리가 관철되고 있는 사회다.** 시장원리의 밑바탕이 되는 자유주의와 개인주의 정신은 개인생활에서도 개인이 철저하게 책임진다는 자기책임

원칙이 강하다. 개인생활에 대한 정부의 개입을 극도로 꺼리는 이유가 여기에 있다.

미국의 자유주의 전통은 유럽대륙보다 더 강하다. 이런 사회분위기는 미국의 사회보장제도가 유럽에 비해 포괄적이지 못한 사회 분위기를 낳고 있는 요인이기도 하다. 또한 미국 노동조합의 힘이 유럽에 비해 약 한 한데에서도 미국사회의 분위기를 투영한 것으로 보인다. 이것은 미국 자본주의 문화와도 관련된다. 미국인들은 자신들이 미래를 공적 부조에 의존하기보다 민간보험에 크게 의존하는 체제다.

그렇다고 미국의 경쟁원리가 무자비한 정글의 약육강식원리가 사회에 그대로 적용되는 질서와는 질적으로 다르다. **미국의 자유경쟁원리는 철저한 개인의 능력에 바탕을 둔 공정한 게임규칙에 따라 움직이고 있다는 점이다. 미국의 공정한 게임의 규칙은 철저한 준법과 가차 없는 처벌, 엄격한 법집행이 미국사회를 지켜주고 있다. 능력과 실적은 연령, 성별, 인종 등 모든 것에 앞선다.**

미국에서는 한국처럼 인맥과 부정부패, 지역감정이 판치는 사회를 상상할 수 없다. 좋은 아이디어와 추진력만 있다면 사회는 능력있는 자에게 기꺼이 거액의 돈을 대는 사회이다. **미국에는 60~70년대에 창업한 기업들이 세계적인 기업으로 성장한 기업들을 많이**

찾아 볼 수 있다. 애플은 삼성전자의 창업 연도와 비교하면 그야말로 신생기업에 속한다. 그러나 애플은 자유로운 미국기업풍토에서 잘 자라 삼성전자보다 훨씬 앞선 세계적인 기업으로 성장했다. **미국은 한국처럼 특정 지역 출신의 소수 재벌집단이 국민경제를 장악하고 있지 않다.**

미국은 실패한 기업가를 위해 효율적이고 신속한 화의, 도산, 절차제도를 운영하여 기업가의 신속한 재기를 돕는 제도적 장치가 잘 구비되어 있다. **현재 미국 사회는 2차 대전 이후에 태어난 전후세대들이 주도해 가고 있다.** 이들의 베이비부머(baby boomer)들은 전쟁이 끝나면서 흩어졌던 가족이 재결합하고 미루어 왔던 결혼이 한꺼번에 이루어지면서 전후 10년 동안 출산 붐 속에서 태어난 세대들로 미국인구의 35%를 차지하는 7~9천만으로 추산되고 있다. 이들의 성향은 노후 대비 연금 및 투자신탁에 적극적으로 자금을 투입하고 실용적인 주거 문화를 선호하고 있다.

미국은 연방국가로서 지방자치가 고도로 발달한 나라이다. 미국의 중앙정부(central government)는 연방정부(federal government)이다. 그 아래에 8만여 개의 지방정부(sub-national government)로 구성되어 있다. 주(州)정부는 51개(50개 주와 district of columbia), 군(county)은 3.042개, 시(municipalities)는 18.858개, 읍면(township and town)는 16.822개, 교육 구(school district)는 15.260개, 특별 구

(special district)는 16.140개로 구성되어 있다.

중등교육은 교육구가 담당하고 대학교육은 주(州)정부가 맡고 있다. 각 주(州)는 인구나 지역 규모에 관계없이 모두 동등하게 취급되고 있다. 이를 반영한 대표적인 정치제도는 연방의회구조에서 그대로 나타나고 있다. 미국 연방의회는 연방의회의 상원이 각 주의 2인 대표자로 균등하게 구성한 점이다. 미국은 가까운 정부야말로 좋은 정부, 정부는 적을수록 좋다는 것을 실현하고 있다.

20. 미국은 면적과 인구에서도 초대형 국가이다.

미국은 왜 초강대국인가는 여러 측면에서 종합적으로 접근해 볼 수 있다. 초강대국의 조건에서 중요한 요소는 인구와 면적이다. 인구와 면적의 양면에서 미국은 단일국가이자 미합중국으로서 다른 나라들을 압도한다. 미국의 면적은 러시아, 중국, 캐나다, 브라질을 제외하면 풍요한 고소득의 구미 선진국들과 개발도상국들을 모두 제치고 크게 뛰어 넘는 규모이다.

국가	수도	거주자 수	면적	인구밀도
Russia	Moskau	143.200.000명	17.098.242km²	8,2명
미국	Washington	313.900.000명	9.826.675km²	31,6명
China	Peking	1.358.100.000명	9.596.961km²	138,6명
Canada	Ottawa	34.900.000명	9.984.670km²	3,4명
Brazil	Brasília	194.300.000명	8.514.877km²	23,6명
India	Neu-Delhi	1.259.700.000명	3.287.263km²	356,9명
Australia	Canberra	22.000.000명	7.741.220km²	2,8명
Mexiko	Mexiko-City	116.100.000명	1.964.375km²	57,3명
Indonesia	Jakarta	241.000.000명	1.904.569km²	127,6명
영국	London	63.200.000명	243.610km²	255,9명
Germany	Berlin	81.800.000명	357.121km²	230,5명

Japan	Tokio	127.600.000명	377.915km^2	335,5명
Malaysia	Kuala Lumpur	29.000.000명	329.847km^2	85,7명
Vietnam	Hanoi	89.000.000명	331.210km^2	270,4명
필리핀	Manila	96.200.000명	300.000km^2	333,0명
Norway	Oslo	5.000.000명	323.802km^2	14,4명
Finnland	Helsinki	5.400.000명	338.145km^2	15,5명
Norway	Oslo	5.000.000명	323.802km^2	14,4명
Schweden	Stockholm	9.500.000명	450.295km^2	20,2명
Poland	Warschau	38.200.000명	312.685km^2	123,0명
Italy	Rom	60.900.000명	301.340km^2	192,8명
Spain	Madrid	46.200.000명	505.370km^2	92,0명
Israel	Jerusalem	7.900.000명	22.072km^2	333,2명
스위스	Bern	8.000.000명	41.277km^2	184,7명
네덜란드	Amsterdam	16.700.000명	41.543km^2	404,0명
Denmark	Kopenhagen	5.516.000명	43.094km^2	128,0명
Portugal	Lissabon	10.600.000명	92.090km^2	116,6명
Tunesien	Tunis	10.800.000명	163.610km^2	64,7명
Turkey	Ankara	74.900.000명	783.562km^2	99,3명

인구와 면적이 크다는 것은 그 만큼 생산과 수요의 양면에서 잠재력이 크다는 함축한다. 생산과 수요의 양면을 조직하고 운영하는 효율성이 추가되면 미국의 국가경쟁력을 배가될 것이다. 이것은 미국의 국민경제가 산출하는 국내총생산의 규모와 변화가 세계경기와 성장을 선도하는 점에서 잘 나타나고 있다.

미국은 다민족이 함께 어울려 사는 사회이다. 미국은 철저히 개인이 자주 독립적으로 자유롭게 살 돼 개인이 책임을 지는 것을 최우선하는 사회이다. 미국은 자유경쟁이 최대한 확장된 사회이다. 그래서 국가와 사회가 공동으로 사회복지를 분담하는 수준이나 규모가 유럽 국가들에 비해 상대적으로 매우 취약하다. 이러한 사회

분위기를 가진 미국 땅에 가장 비극적인 인종차별이 공공연하게 벌어지고 있다.

21. 미국 경제가 흔들리면 세계경제가 불안하다.

2013년 10월 15일 연방정부 폐쇄(셧다운)가 보름째를 지나가고 있었다. 디폴트 위기를 24시간여 정도 남겨놓은 미국은 물론 전 세계에서는 미국 발 재정위기의 경고등이 일제히 켜졌다. 상원과 하원, 백악관은 디폴트를 피하기 위한 정치적 타협을 모색 중이지만 미래는 여전히 불투명하였다.

미국이 앞으로 몇 주는 디폴트를 피할지라도 진짜 문제는 내년이었다. 재정위기의 타임 존이 내년 1~2월 쪽으로 빠르게 이동하고 있었다. 15일 뉴욕채권시장에서는 10년 만기 미국 국채 수익률은 4bp 상승한 연 2.731%를 나타냈다. 미국 국채는 더 이상 안전자산이 아니라는 것을 보여주는 반응이다.

실제로 시장에서는 단기 국채금리가 시중금리를 웃도는 금리역전 상황도 발생했다. 미국 국채 1개월물 금리가 지난 8일 0.337%로 치솟아 0.174%에 그친 1개월물 리보(런던 은행 간 금리)를 웃돌기 시작해 14일까지 금리 역전 현상이 벌어졌다. 미국 국채 1개월물의 금리역전은 관련 자료가 2001년부터 비교되기 시작한 이후 처음이다. 현재 전 세계 채권시장에서는 투자자들이 미국의 단기 국채를 처분하기 시작한 것으로 전해졌다.

원인은 16조7000억 달러에 달하는 미국의 국가부채 규모다. 미국이 국가부채 한도를 상향조정해 일단 디폴트를 피한다고는 해도 재정건전성을 확보하지 않으면 계속 돌아오는 국채이자를 감당할 길이 없다. 정부 지출 규모를 유지하기 위해서는 계속 국채를 발행해 돌려막기를 해야 한다.

미국의 재정위기는 외교 안보 정책에도 직격탄을 날리고 있다. 버락 오바마 대통령은 아태경제협력체(APEC) 정상회의 등을 취소했다. 그는 아시아 중심 정책의 빛도 바랬다고 공개적으로 선언했다. 미국이 안고 있는 내부 근본 문제를 해결해야 해외에서 미국이 개입할 능력도 제고될 있다고 강조했다.

전문가들은 달러화 지상주의가 미국의 패권과 함께 종언을 고하고 있다고 논평한다. 세계경제실서의 대혼란을 사선에 막기 위해 가능한 빨리 중단돼야 이유다. 미국이 확고히 중심에 서 있을 때 국제관계는 또 다른 신세계를 꿈꿀 수 있을지 모른다[워싱턴 = 이제교 특파원, 문화일보, 2013.10.16].

22. 미국 국채와 달러는 세계경제를 떠받치고 있다.

채권 왕 빌 그로스는 미국 국채와 달러가 가장 깨끗한 더러운 셔츠라고 비유한 바 있다. 이 비유는 최고 수준인 미국의 AAA 신용 등급이 지난 2011년 스탠더드 앤드 푸어스(S&P)에 의해 AA 플러스로 한 단계 강등됐음에도 미 국채 인기가 상승하는 것을 두고 하는 말이다[서울 = 연합뉴스, 선재규 기자, 2013.10.18].

달러 대안은 금융 혼란밖에 없다는 것 같다고 푸념할 정도다. 미국이 베트남 전비 때문에 달러를 대거 찍어냈을 때처럼 이번에도 경기 부양을 위해 막대한 유동성을 풀었던 것은 미국 달러 발행 국가만 할 수 있는 일이다. 당시는 브레턴우즈 체제를 깨는 것으로 귀결됐다.

그러나 지금은 여건은 또 다른 환경에서 도전받고 있다. 성장이 완연히 둔화됐으며 양극화도 훨씬 심각해졌다. 이와 함께 미국이

전 세계 금융시장과 밀접하게 연계되었다. 이런 상황에서 미국 연방준비제도(연준)가 지난 9월 예상과는 달리 '출구 전략'에 착수하지 않아 전 세계 시장을 당혹스러웠다.

달러를 기반으로 구축돼온 국제 금융 시스템에 달리 대안이 없는 것은 여전히 변치 않고 있다. 그런 점에서 재정 위기가 일단락된 것을 시장이 반길 수밖에 없다. **남는 건 달러의 대안은 금융 혼란밖에 없다는 점이다. 그 위험이 여전히 존재한다는 것이다.**

지금 세계는 유로와 엔화 및 위안화가 달러 대안일 수 없는 상황이다. 이들 통화가 달러와 경쟁하기에는 아직 벅차다. 두 통화는 심각한 구조적 결함을 갖고 있기 때문이다. 한 예로 위안은 태환이 여전히 자유롭지 않다는 점이다.

달러 자산은 역설이다. 미국이 재정 위기의 한복판에 있어도 투자자가 달리 갈 곳이 없는 것이 현실이다. 이와 관련, 미 국채 10년물 수익률이 미국의 셧다운 전날 2.62%이던 것이 2주 이상 계속된 셧다운과 부채 상한 조정 기싸움 와중에도 2.73%를 초과하지 않았다는 점을 들 수 있다.

중국이 위안 국제화에 초점을 맞추고 있으나 달러 영향력에 대처하는 것은 여전히 역부족이며 앞으로도 이루기 어려운 꿈일 것이다. 중국은 워싱턴이 실질적으로 아무것도 한 것이 없다고 비판하며 위기 해결을 다시 한 번 미룬 것뿐이라고 비난할 뿐이다. 미국 채권 폭탄의 도화선이 또다시 1인치 연장된 것이라고 표현하고 있다[서울=연합뉴스, 선재규 기자, 2013.10.18].

23. 미국 금융은 세계 금융의 지배자다.

세계경제는 지난 400년 동안 상업, 산업, 독점, 다원화 자본주의의 길을 차례로 걸어왔다. 그 사이 금융패권은 네덜란드에서 영국으로 다시 미국으로 옮겨갔고, 동인도회사, 로스차일드, 록펠러, JP모간 등이 금융시장의 권좌를 다투며 금융역사를 만들어가고 있다. 때에 따라 시장이 막강한 금력으로 정부를 배후조정 하기도 했고, 정부가 강력한 공권력으로 시장을 통제하기도 했다. 이 질문은 세계경제의 헤게모니가 다원화된 오늘날에도 여전히 관심을 끌고 있다. 지구촌은 지금 돈의 전쟁으로 몸살을 앓고 있다.

화폐의 전쟁은 세계 금융을 주름잡고 있는 미국의 연방준비제도(Fed)에 시작됐다. Fed는 지난 2008년 부동산 거품과 함께 와르르 무너진 금융세계를 재건하기 위해 마른 논에 물대듯 돈을 살포하고 있다. **Fed의 대규모 돈 살포는 글로벌 금융위기(2008년) 이후에만 세 차례나 이뤄졌다. 뒤따라 주요 선진국의 중앙은행들도 양적완화**

정책에 경쟁적으로 뛰어들었다. 늘어난 유동성은 성장 잠재력이 높은 개도국으로 밀려들었다. 개도국은 힘이 부치지만 할 수 있는 데까지 해볼 욕심으로 자국 통화의 가치 인플레를 막으려 경쟁적으로 맞서고 있다.

한국만 해도 660조원에 이르는 유동자금이 시중에 떠돌고 있다. 이른바 **저성장 · 저금리 하에서 벌어지는 환율전쟁이 전 세계를 뒤덮고 있다. 세계 기축통화를 발행하는 Fed를 발원지로 하는 돈의 홍수가 세계 곳곳을 범람시키고 있는 현 상황은 새삼스럽게 Fed 천하라 불릴 만큼 심대한 영향력을 실감한다.**

지난 1996년부터 2005년까지 미국 경제가 '골디락스(고성장 · 저물가)'의 대호황을 누릴 때만 해도 금융 권력의 추는 시장으로 기우는 것처럼 보였다. 씨티그룹, 골드만삭스, 조지소로스의 퀀텀펀드 등 글로벌 금융 플레이어들은 천문학적인 수익을 기록하며 돈의 지배자로 군림했다. 그러나 금융시장이 무너진 2008년 이후 세계의 돈줄을 쥐락펴락하는 건 Fed와 주요 선진국 중앙은행들이고 정부들의 규제강화가 뒤 받침해 주고 있다. 역시 미국의 중앙은행이 세계의 경제 대통령으로서 영향력을 행사하고 있다. 세계는 지금 Fed를 바라보는 세계의 시선이 긍정적이지만은 않다.

경제 회복의 이름으로 자행되는 Fed의 화폐 남발은 미국의 재정을 한층 악화시키고 신용위기를 부추기고 있다. 연이은 양적완화로 풍선처럼 부풀어 오른 유동성도 부메랑으로 되돌아올 수 있다. 그러나 미국이 손 놓고 있을 수도 없지 않는가. 미국이 세계 각국의 경제사정을 두루 고려할 수도 없지 않는가? 상황이 어렵다 보니 전임 의장인 그린스펀의 저금리 기조와 부동산 거품 붕괴의 연관성을 기억한다면 천문학적인 선진국의 유동성 회수 과정에서 파생될 후폭풍이 어떻게 불똥이 튀지 알 수 없지만 Fed가 장기적인 물가안정보다는 지나치게 단기적인 경제현상을 개선하는 데 치중한다고 지적한다. **분명한 것은 Fed는 지금 세계 금융의 우뚝 선 지배자로, 국제 금융시장에서 찾아볼 수 없었던 전대미문의 실험을 하고 있다는 점이다**[해럴드경제, 2013.3.22.].

24. 미 달러의 불신이 가시지 않고 있다.

글로벌 경제 불안이 확산되면 달러에 대한 불신이 커진다. 중국, 일본, 한국은 금융시장 안정을 위해 미 국채 매입을 유지하는 등 달러에 대한 지지를 보내고 있다. 그렇지만 미국 국채의 안정성에 의문이 제기되면서 달러 = 기축통화라는 등식이 흔들리고 있다.

기축통화는 과거엔 영국의 파운드화가 역할을 담당했다. 제2차 대전 이후부턴 미국 달러가 그 자리를 이어받았다. 그 동안 미국 달러는 기축통화로서 세계경제에 원활히 유통될 수 있도록 풍부한 유동성을 공급할 수 있었고 믿고 사용할 수 있는 가치를 유지해 왔다. 기축통화는 경제력 뿐 아니라 정치력, 군사력까지 뒤받쳐 주었다.

이론상으로 기축통화 국가는 외환위기에 직면할 위험이 없다. 기축통화 국가는 시뇨리지(화폐 주조 차익. 화폐의 액면가에서 제조비용을 뺀 이익) 효과를 누린다. 즉 미국이 100억 달러를 찍어내 이를 외국상품 수입에 쓸 경우 화폐 발행 비용에 해당하는 푼돈으로 100억 달러 가치의 실물 상품을 얻게 되는 효과이다.

글로벌 경제 불안으로 미국 달러화가 다시 기축통화로서의 지위에 대한 도전받고 있다. 이유는 미국의 경제력약화 때문이다. **미국은 경상수지 적자와 재정 적자 등 쌍둥이 적자에 시달려 왔다.** 2008년 글로벌 위기 때에는 정부 돈을 대량으로 퍼붓는 경기 부양책을 실시했다. 그 결과 2003~2009년 국내 총생산(GDP)의 1~4% 수준이던 재정적자는 2009년 10%, 2010년 8.9%로 치솟았다. 이는 국가 부도 위기를 맞은 그리스(8.3%) 보다 높다. 또 재정적자 규모도 2008년 4586억 달러에서 2009년 1조4127억 달러로 3배 이상 불어났고, 2010년에도 1조4000억 원 이상 적자다.

미국은 불어나는 재정적자를 달러 표시 국채를 발행해 메워왔다. 그 국채 소화는 중국, 일본, 한국 등 주로 아시아 국가들이 해 왔다. 미국의 국채 발행 잔액은 2008년 말 10조247억 달러였지만, 지난 2월 현재 14조252억 달러로 40% 급증했다. 미국이 맘 놓고 국채를 발행하는 데는 기축통화국가라는 자신감과 미국 국채만은 안전할 것이란 배경이 자리 잡고 있다. 세계 각국은 달러를 싸 들고 와서 미국 국채를 매입했다. 아시아가 가장 열심히 사들였다.

S&P는 미국의 국가신용등급을 최고 수준인 AAA에서 한 단계 아

래인 AA+로 낮췄다. 이는 더 이상 달러화나 미국의 국채가 더 이상 안전자산이 아니라는 것을 보여주는 보기 드문 조치가 됐다. 신화를 깬 것이다. 현 시점에서 각국은 금융시장 혼란을 줄이기 위해 미국 국채 매입을 유지하겠다고 밝혔지만, 앞으로도 이 같은 흐름이 계속 이어질지는 장담할 수 없다.

그렇다고 현 시점에서 당장 달러화 = 기축통화의 등식이 바뀔 가능성은 낮다. 달러화의 기축통화 역할을 대신할 수 있는 마땅한 대안 통화도 아직 없기 때문이다. 하지만 대안 모색을 위한 목소리는 커질 것은 확실하다. 무엇보다 미 국채를 많이 보유한 일본, 중국, 한국을 비롯한 신흥국들이 이번 등급 조정으로 막대한 손실을 봤기 때문이다.

중국이 그 선봉에 나설 것이다. 중국은 위안화 국제화 프로그램을 통해 달러 패권에 도전할 채비를 꾸준히 갖춰왔다. 한편 오래 전부터 새 기축통화로 국제통화기금(IMF)의 특별인출권(SDR) 역할을 확대하자는 제안도 해왔다.

그러나 이 제안에 대해 국제 사회는 회의적 시각이 많다. SDR이 그만한 기능을 할 수 있을 만큼 IMF가 막강한 힘과 조직을 갖고 있지 않고 기금 규모도 충분치 않다는 것이 그 근거다.

하지만 이번 사태로 또 다시 대안 통화를 찾을 수밖에 없게 됐다. 이번 상황이 보여주듯이 달러화, 유로화 가치의 동반 하락은 피할 수 없다는 점에서 새 기축통화=SDR 제안이 다른 길이 없는 한 재조명 받을 공산이 커졌다.

러시아는 루블화의 기축통화 가능성을 제기하면서 달러화 흔들기에 나섰다. 러시아는 달러가 아닌 다른 기축 통화가 나타나야 한다고 목소리를 높이고 있다. 루블이 지역 단위에서의 기축통화가 될 수 있으며 이는 충분히 가능한 일이라고 강조하고 있다. 루블은 중국 위안화와 달리 매우 안정적이고 신뢰할 수 있으며 자유롭게 교환할 수 있는 통화라며 치켜세우고 있다. 프랑스도 오래전부터 기축통화 재편을 강조해 왔다[이데일리, 2011.8.10].

미국 달러의 경쟁자는 유일하게 금뿐이다. 금값은 2013년에만 24% 떨어져 온스 당 1천300달러 밑에서 움직이고 있으나 반등의 기미는 보이지 않고 있다. 앞으로 금값은 2014년 1천200 달러 수준으로 떨어질 것으로 전망한다. 2013년 10월 17일 뉴욕상품거래소(COMEX)의 12월 인도분 금 선물 가격은 올해 들어 24%나 떨어졌다. 금값은 2001년 이후 한 번도 마이너스 수익률을 보인 적이 없었다. 2007년에는 금값이 31.8% 상승했고, 대부분 해에 10~20%대의 상승률을 보여 왔다. 질주하던 금값은 올해 폭락을 시작해 멈출 기미를 보이지 않고 있다[서울=연합뉴스, 신재우 기자, 2013.10.17].

금값이 폭락한 이유는 기본적으로 인플레이션 헤지(위험 분산)에 대한 수요가 크게 감소한 탓이다. 지난 몇 년간 주요국이 경기 부양을 위해 대규모로 돈을 풀었음에도 물가상승률은 그리 높지 않았다. 이런 상황에서 미국의 경기가 회복세에 접어들면서 안전자산인 금의 투자 매력은 크게 떨어지기 시작했다.

연방준비제도가 양적완화 규모를 축소하면 달러화의 가치가 높아진다. 이 때문에 **달러화와 반대되는 방향으로 움직이는 금을 보유하려는 심리가 더욱 약해질 수밖에 없다.** 또한 최대 금 소비국인 인도와 중국 정부가 금 소비를 억제할 수 있는 규제를 밝힌 것도 금값 약세를 부추긴 요인이다.

금값이 빠지기 시작하자 상장지수펀드(ETF)를 통해 금에 투자하던 이들도 크게 줄면서 금값은 더욱 하락했다. 세계최대 금 관련 ETF인 SPDR골드트러스트의 금 보유량은 2012년 1천300t에서 10월 현재 800t 수준으로 급감했다. 금값은 미국이 디폴트(채무불이행)에 빠지지 않는 한 반등이 어렵다[서울=연합뉴스, 신재우 기자, 2013.10.17].

25. 세계제국의 몰락은 2008년이 원년

미국은 2008년 글로벌 금융위기의 소용돌이에 빠지면서 과연 20세기의 세계제국 미국의 몰락을 알리는 원년이 될 것인가? 미국은 2008년 대공황에 가까운 금융위기를 맞으면서 다시 한 번 미국의 패권에 도전을 받았다. **제2차 세계대전 이후 대영제국은 미국에 패권을 내주었다. 1905년 영국은 보아 전쟁에서 엄청난 인력과 재정의 손실을 입었고 과도한 금융산업 발전에 비해 낮은 경쟁력의 산업과 학교 경쟁력의 상실 등으로 결국 40년 뒤 미국에 패권을 넘겨주었다**[아시아투데이, 2008.10.19].

최근 현재 미국은 과거 영국과 비교한다. 미국 금융의 비대화와 미국 교육시스템의 부실을 걱정한다. 금융위기와 이라크, 아프가니스탄 전쟁의 장기화, 쌍둥이 적자 누적과 달러화의 약화와 급등락, 거대금융기관의 몰락에 따른 사상최대의 공적자금 투입, 세계적인 우량기업 GM의 파산, 폭증하는 의료비 등이 미국 경제력을 약화시키고 있다. 그러나 세계는 미국의 탁월성과 초국가적 지도력을 폐기하기 어려운 궁지에 있다는 점이다. 미국 발 글로벌 금융위기에도 달러가치가 빛을 발하는 기현상이 미국의 힘을 말해준다. 세계 각국의 증시는 미국 증시를 피해 갈 수 없다.

미국 증시가 폭락하면 주요 증시들이 폭락하는 동조 현상이 위기 전이나 후나 똑 같다. **불행하게도 미국을 대체할 국가가 없다는 것도 오늘의 현실이다. 지금 세계는 영국이 1905년 미국에 넘겨주어야 할 때처럼 바통을 넘겨줄 나라가 없다.** 1970년대 중반과 1990년대 초에 각각 미국을 대체할 것 같았던 유럽과 일본은 이후 성장 동력을 잃었고 버블붕괴에 시달렸다. 대타가 나올만한 잠재력을 가진 국가들이 세계무대에서 아직까지 나타나지 않고 있다. 최근 중국이 떠오르고 있지만 세계적인 패권을 쥐기에는 너무 많은 내부 약점을 안고 있다.

26. 미국의 쌍둥이적자는 세계경제를 돕는다?

미국의 경상수지적자와 재정 적자는 1980년대 크게 우려됐다. 1990년대 들어서 쌍둥이 적자는 개선되는 듯했지만 2000년대에 다시 악화되었다. **미국의 경상수지 및 재정 적자는 1980~1990년대 기록적으로 증가했다. 미국의 쌍둥이 적자는 1980년대처럼 국제자본의 이동과 기축통화 간 환율에 심각한 변동을 초래하였다. 우리나라를 비롯한 세계 경제에 커다란 영향을 미쳤다.**

1990년대 쌍둥이 적자는 상황과 원인 및 전개 측면에서 1980년대와 크게 달랐다. 재정적자가 1993년 이후 개선되었고 재정수지도 1998~2001년 흑자를 기록하였다. 2002년 재정적자는 1,578억 달러로서 GDP대비 1.5%를 기록하였고 2003년 재정적자는 약 4,500억 달러로서 GDP대비 4.2%로 늘었다. 경상수지는 1987년 이후 적자규모가 축소되어 1991년 소폭의 흑자를 기록하였으나 1992년부터 다시 적자로 돌아섰다. 그 이후 경상수지 적자가 지속적으로 확대되어 2002년에는 5,033억 달러로 GDP대비 4.8%를 기록하였고 2003년에는 5,700억 달러 내외로 GDP대비 5.0%를 상회하였다. 미국의 쌍둥이 적자는 2002년부터 다시 적자로 전환된 후 계속 확대되는 추세이다.

미국의 쌍둥이 적자 문제를 살펴보기 위해 다음과 같은 소득균형조건식에서 출발해 보자 ; (1) Y = C + I + G + (EX - IM). 앞 식은 소득 = 소비 + 투자 + 정부지출 + (수출-수입)을 나타낸다. 상기 식은 아래의 식으로 전환시킬 수 있다 ; (2) Y - C - G - (EX - IM) = I. 식(2)에서 좌변에 조세(-T)변수를 대입 조작하면 아래와 같은 식이 된다 ; 민간저축 + 정부저축 + 해외저축 = 총투자 ; (3) (Y - T - C) - (G - T) - (EX - IM) = I. 식(3)의 좌변은 민간저축 (Y - T - C)과 정부저축 (G - T) 및 해외저축 (EX − IM)을 나타내고 식(3)의 우변은 총투자를 나타낸다. 식(3)의 총저축은 다음과 같다 ; 총저축 = 민간저축 + 정부저축 + 해외저축; (4) S = (Y - T - C) - (G - T) - (EX − IM). 따라서 식(1)의 소득균형조건식은 최종적으로 총저축과 총투자가 서로 일치한다는 식으로 다음과 같이 전환시킬 수 있다 ; 총저축 = 총투자 또는 총저축 - 총투자 = 0 ; (5) S = I 또는 S - I = 0. 식(5)에서 (총저축 - 총투자) 〉 0 인 경우, 정(+)의 저축투자 갭(정의 순저축)을 나타내고 (총저축 - 총투자) 〈 0 인 경우, 부(-)의 저축투자 갭(부의 순저축)을 나타낸다. 이제 식(1) ~ 식(5)을 통해 1980년대 중반 미국의 쌍둥이 적자에 대해 설명해 보자.

1980년대 중반 미국의 쌍둥이 적자 즉 재정적자와 경상수지 적자의 누적적인 발생은 민간저축(Y - T - C)이 불충분한 상태에서 감세 및 재정지출이 확대되면서 재정수지 [(G - T) 〈 0]를 악화시켰다. 이와 같은 재정수지 적자는 경상수지 적자 [(EX - IM)〈0] 를 악화시키는 요인이 되었다. 특히 강력한 감세정책과 사회복지비 및 국방비 등은 재정지출의 확대를 심화 시켰다. 이러한 재정적자[(G - T) 〈 0] 는 일부 국채 발행을 통해 민간저축 (Y - T - C)으로 되고 일부는 해외저축 (EX - IM)으로 흡수되었다.

미국의 추가 국채발행은 국내저축과 해외저축을 통한 흡수 되는 과정에서 금리 상승을 초래한 것이 경상수지 적자[(EX-IM)〈0]를 유발했다. 다시 말해서 미 정부의 추가 국채발행은 전부 민간저축으로 흡수하지 못한 체 국내금리를 상승시키면서 국제자본의 유입을 촉진한 결과 자본수지 적자를 가져왔다. 부족한 민간저축이 추가 국채발행을 흡수하지 못한 것과 동시에 민간소비성향 증대한 결과 추가 국채발행 → 국채수요 〈 국채 공급 → 초과공급 초래 → 국채 가격하락 / 국내금리(채권유통수익률) 상승 → 국제자본 유입으로 이어졌다. 자본유입은 달러 수요 증대를 부추기면서 미 달러화 가치가 크게 상승하였고 이는 수출 및 수입대체 산업의 대외경쟁력을 약화시킴으로써 그렇지 않아도 미국기업의 국제경쟁력 약화로 경상수지 적자를 유발하는 경상수지 상태를 부추기는 악순환을 초래하였다.

1990년대 쌍둥이 적자의 배경은 1980년대 쌍둥이 적자 시대와 사정이 달랐다. **1990년대 이후 미국의 대규모 경상수지 적자는 1980년대와 마찬가지로 원천적으로 미국 국내저축이 국내투자를 하회함에 따라 負의 저축투자 갭이 발생한 데는 동일한 요인이었지만 그의 내용과 성격은 상당히 달랐다.** 다시 말해서 국내저축 〈 국내투자 → 負의 저축-투자 갭 발생 즉 (국내저축 - 국내투자) 〈 0 으로 이어졌지만 1980년대와 같이 대규모 재정적자 요인에서 발생한 것이 아니라 개인저축률의 지속적인 하락과 첨단산업을 중심으로 한 민간투자의 증대로 인해 負(−)의 저축투자 갭이 확대된 측면이 컸다. 즉 저축률의 지속적인 하락과 민간투자의 확대가 負(−)의 저축-투자 갭을 확대시킨 것이다.

다른 한편으로는 1980년대 전반처럼 1990년대에도 특히 1996~2001년의 경우, 미국경제는 고성장과 고금리에 따른 자본유입으로 미 달러화 강세가 유지되면서 경상수지 적자를 촉진시켰다. 이 기간 중 미국의 고금리는 재정적자 보전을 위한 대규모 국채발행보다는 장기호황에 따른 미연준이 경기과열을 우려하여 보수적인 통화정책 기조를 유지한 데 따른 요인이 컸다.

1993년 이후 꾸준히 개선되었던 재정수지는 2002년부터 다시 악화되기 시작했다. 이와 같은 현상은 경기침체, 감세조치 등에 따른 세수 감소와 9.11 테러사태 이후 안보관련 지출 증대 등 중대한 요인으로 재정수지 적자가 계속 확대되었다. 이는 경기 동행적인 비용 감소보다는 구조적 비용 증대를 유발했고 이것이 재정적자 확대로 이어지면서 연방채무지급이자의 누적적인 증대 → 재정적자 확대를 가져왔다. 그 결과 미 달러화 가치는 경상수지 적자 누적에 따른 대외채무 증대와 유로지역보다 낮은 금리 등의 영향으로 약세였다. 이러한 미 달러화의 약세 지속에도 불구하고 미국의 경상수지는 개선되지 못했다.

달러화 약세정책의 양면성으로 인해 1980년대와 같이 경상수지 불균형 해소를 위해 쌍둥이 적자는 미 달러화 약세화, 주요 지역 간 환율갈등의 심화, 미국의 보호무역주의 강화를 일으킬 소지가 컸다. 2011회계연도 미국의 재정적자가 계속 쌓이고 있다. 미국의 재정적자는 2011회계연도(2010년 10월 ~ 2011년 9월)까지 9천705억 달러에 달했다. 이에 따라 7월중에 총 재정적자는 1조 달러를 돌파할 것으로 예상된다. 미국은 금융위기의 직접적인 영향을 받은 2009회계연도에 연간 재정적자가 1조 달러를 넘어섰으며 2011회계연도까지 3년 연속 1조 달러 이상의 적자를 달할 것으로 보였다. 앞으로 미국경제와 세계경제가 순조롭게 회복되지 않는 한 미국의 재정적자는 줄지 않고 오히려 더 늘어날 가능성이 매우 높아 보였다[연합뉴스, 2011.7.14.].

그러나 미국의 쌍둥이 적자 즉 무역수지적자와 재정적자는 일본,

한국, 중국 등 아시아 국가들을 먹여 살리는 공급처 역할을 한다. 미국의 재정적자를 보충하는 재원은 미국국채를 사들이는 중국, 일본, 중국이 주로 당당하고 있다. 중국, 일본, 중국, 한국은 미국의 달러화와 달라 표시 국채를 외화보유고로 축적하고 있다. 이 네 나라가 보유한 외화보유고는 세계 자본시장을 흔들 수 있을 만큼 막강한 규모이다. 미국의 무역수지 적자는 일본과 중국, 한국이 미국시장에 내다파는 수출 덕으로 발생하고 있다.

27. 미국경제는 붕괴될까?

미국경제가 망할 것인지 염려하는 사람들이 있다. 미국의 국가 채무가 현재 14.3조 달러에서 향후 10년 후 22조 달러에 달하게 되면 미국경제가 파산할 수도 있다고 말한다. 2011년 8월 S&P사가 미국의 신용등급을 AAA 로부터 AA+로 한 단계 내리자 전 세계증시가 요동을 쳤다. 미국 정부가 돈이 없어서 사회보장연금을 연장자들에게 제 때 발급하지 못할 것이란 진단이 나오면서 연금에 의존하는 노년층 시민들은 불안에 떨고 있다. 실업률은 좀처럼 내려갈 줄 모르고 9%를 상회하고 있으며 부동산 시장은 여전히 활력을 찾지 못한 가운데 경제 성장도 기대치를 훨씬 밑돌고 있다. 이런 상황을 두고 미국의 경제가 언제가 몰락할 수 있을 것이라고 예측한다.

그러나 정작 미국인 자신들은 미국은 역사적으로 단 한 번도 채무불이행을 한 적도 없었고 앞으로도 절대로 그런 사태는 오지 않을 것이라고 확신한다. 이러한 미국인들의 확신은 미국의 채무통계에서도 뒤받침 해주고 있다. 미국의 재무자산의 87%와 미국국가 채권의 69%를 미국과 미국인들이 소유하고 있다. **미국과 미국인들은 세계의 기축통화인 달러 표시 재무자산과 국채를 각각 87%, 69% 소유하고 있다**는 뜻이다. 중국은 아시아의 강력한 신흥국가로서 미국의 재무자산의 1%를 그리고 미국국채의 8% 만을 보유하고 있다. 이 통계에서 볼 수 있듯이 미합중국은 미국과 미국인에 의해 관리되고 있다는 것을 확인시켜주고 있다. 따라서 미국의 장래에 대해 걱정할 필요는 없으며 외국인들은 미국에 계속 투자해도 문제가 없다는 것이다.

미국은 중국에 연간 1,100억 달러 상당의 수출을 하여 중국은 미국의 두 번째로 큰 시장이다. 미국 정부의 채무는 미국인이 보유하든 중국이 보유하든 채무는 채무일 뿐이다. 이런 국가채무에 대해 미국 정부가 지불하는 이자지출은 정부예산 중에서 가장 큰 항목이다. 이렇게 미국정부가 지불하는 이자지출은 개인에게 지불되든 기관에 지불되든 곧바로 미국경제를 돕는 역할을 하고 있다고 볼 수 있다. 따라서 미국의 국가채무 누적과 늘어나는 이자지불을 부정적인 요소로 간주할 것이 아니라 긍정적인 시각으로 바라봐야 한다는 것이다. 일반소비자들은 소득원이 이자로부터 오든 임금으로부터 오든 결국 소비지출로 쓰이게 된다.

미국 경제의 80%는 국내소비지출에 의하여 좌우되고 있다. 그 만큼 미국인들의 내수 구매력이 크다는 것을 의미한다. 다시 말해서 미국경제는 국내흡수의 힘이 큰 슈퍼국가라는 것을 의미한다. 미국의 소비자들은 상품이건 이자 돈이건 밖에서 들어온 수입한대로 소비되는 한, 소비 지출되는 수요 구매는 파급효과의 확산과정을 거치면서 사용액수의 몇 배가 되는 승수효과적인 경제적 팽창효과를 낸다. **미국경제의 팽창적인 활성화는 곧 바로 다른 해외국가들의 경제 활성화로 이어진다.**

미국의 재정적자와 경상수지 적자 덕분에 외국인들은 미국 부동산과 자산을 보유하고 있다. 그러나 부동산, 국채 등 미국의 자산을 소유한 외국인들이 대거 판매할 수 없다. 만약 대량으로 매각 한다면 자기들의 보유 자산가치가 급락할 수 있기 때문이다. 이 때문에 외국인들은 함부로 매도를 하는 것도 쉽지 않다. 부동산에 투자한 외국인들은 자신들이 소유한 부동산을 갖고 미국 밖으로 나갈 수도 없다. 이래서 미국에 투자를 한 돈은 어떤 형태로든지 미국 땅에 자리 잡고 미국경제를 돕게 돼 있다. 결론적으로 정리하면 미국은 늘어나는 국가채무와 이자지출 및 재정적자와 경상수지 적자 문제를 안고 있지만 앞으로 미국경제가 상황에 따라 등락 변동을 보일 것이다. 그러나 개인이 파산하듯 미국이 무너지는 일은 결코 없을 것이라고 단언한다. 바로 이점이 다른 어느 국가와도 대체할 수 없는 미국 국가만이 갖는 슈퍼국가로서의 힘을 갖고 있다고 볼 수 있다.

28. 미국의 공정한 경쟁질서와 집단소송제도

미국경제는 공정하고 치열한 경쟁을 기반으로 한 자본주의 시장경제를 대표하는 나라이다. 미기업의 자금조달은 증권시장을 통한 자금조달이 압도적이다. 미국은 주식 및 채권시장이 잘 발달돼 있다. **미국에서는 불법 상거래행위에 대해 철저하게 규제하는 관련법이 존재하고 엄중하게 처벌한다.**

미국에서는 사업보고서 허위기재, 예측정보 오류, 회계기준 위반, 내부자거래 등이 집단소송 대상이다. 미국의 법 집행은 한국과 달리 매우 엄격하다. 미국에서 제기된 집단소송 건수는 2006년 110건에 이른다. 전체 상장기업 수 대비 1.5%에 해당한다.

1998년 이후 매년 줄어드는 추세지만 적지 않은 기업이 집단소송에 시달리고 있다. 집단소송에 말려든 기업은 화해와 그 밖에 간접손실 등으로 입은 지금까지 지불된 금액은 총260억 달러에 달한다.

건별 평균 3500만 달러로 약 330억 원에 달한다.

미국 엔론(에너지 회사)과 회계를 담당했던 아서앤더슨 등은 증권집단소송으로 부담한 금액은 72억 달러(약 6조7천억 원)에 달했다. 양 회사는 결국 문을 닫았다. 미국 2위의 통신회사 월드 컴은 분식회계로 파산에 직면했다.

미국에서는 사업보고서 허위기재, 예측정보 오류, 회계기준 위반, 내부자거래 등의 순으로 집단소송 제기 건수가 많았다. 미국 증권집단소송법은 영국보다 투자자 보호와 기업 보호의 양 측면에서 더 우수하다[시암 선더 미국회계학회회장, 예일대 교수].

영국에서는 투자자가 기업에 대해서만 소송을 제기할 수 있다. 회계법인은 회사 측의 고의적인 분식회계가 아닐 경우 회사가 회계법인에 책임을 묻을 수 있다. 미국은 사베인-옥슬리법 규정을 완화 방안을 마련 중이며 공정가치(fair value)에 근거한 원가주의와 현재 시장가치(current market value) 평가 논쟁이 일고 있다. 전문가들은 각국 문화나 기업 환경을 고려한 여러 기준을 제시하고 선택할 수 있는 회계기준이 필요하다고 말한다.

29. 미국은 세계적인 기업들이 많다.

미국은 모든 분야에서 초강국으로서의 국가경쟁력을 갖추고 있지만 미국의 국가 경쟁력은 수많은 민간기업의 국제경쟁력이 뒤 받침해 주고 있다. 미국은 제조 기업이든 서비스 기업이든 수많은 민간 기업들의 탄탄한 국제경쟁력이 받쳐주고 있다. 미국의 금융이 세계 금융의 중심지 역할을 담당할 수 있는 것도 미국의 실물경제가 받쳐주고 미국의 민간 기업들이 국민경제를 이끌고 가고 있기 때문이다.

미국의 경제는 1950년대와 1960년대 제네럴 모터스, 유에스 스틸, 제너럴 일렉트릭 등 소위 대규모 기업이 대량생산을 주도하면 최고의 번영을 누렸다. 그러나 **1980년대 들어서면서 미국 경제는 고용인 20인 이하의 소기업들이 주도하였다.** 1980년대에 GM등 거대 기업들의 고용인원이 4백만 명 정도일 때 소기업은 1천 6백만 명의 일자리를 창출 했다. 새로운 고용 창출의 80%를 소기업이 맡은 것이다.

미국의 경제학자들은 최근 들어 1980년대의 소기업 주도 시대는 이미 1990년대 들어 쇠퇴하고 있으며 1990년대는 중간 규모의 기업이 미국 경제를 주도해 나갈 것으로 본다. **초대형 규모의 기업이 대량생산의 이점을 이용하여 자동차, 철강, 전자 등의 각 분야에서 대규모기업이 눈부신 발전을 이루었다. 그러나 이러한 대기업은 개성을 강조하는 시대에 접어들면서 환경의 변화에 따른 적응 능력이 뒤떨어져 몸을 재빠르게 움직일 수 있는 소기업들에게 주역의 자리를 내주었다.**

1990년대 들어 미국의 인구분포가 정상으로 돌아오고 국제적 경제 환경이 좀 더 어려워짐에 따라 소기업들이 경쟁을 뚫고 나갈 수 없게 되었다. 소비의 붐이 일고 있을 때는 웬만한 기업들도 생존이 가능 했지만 경쟁이 극심해지면서 경쟁에 이길 수 있는 힘을 가진 기업만이 살아남을 수 있게 된다. 그런 점에서 자본이 약하고 경영면에서 취약한 소기업이 쇠퇴하고 소기업과 대기업의 장점을 모두 살릴 수 있는 중간 규모의 기업이 소기업의 자리를 메워 갔다. 미국의 다수 중소기업들은 대기업들이 들어가지 못하는 틈새시장에서 꾸준히 성장하고 있다.

그리고 중소기업은 대부분 조그만 서비스업체일 것이라는 일반의 인식과는 달리 이들은 제조업분야에서도 힘을 발휘하고 있다. 컴퓨터 산업, 특히 PC나 소프트웨어분야 역시 중소기업들이 힘을 발휘하는 분야이다. 가격경쟁이 워낙 심해서 대기업들은 고기술-고품질-고가격으로 나가는데 비해 중소 컴퓨터 업체들은 저가격경쟁시대를 열어가고 있다. 특히 컴퓨터를 원하는 소비자들이 자신의 취향이나 목적에 맞는 이른바 "주문 형 컴퓨터"를 원하는 추세이기 때문에 이 같은 다양한 소비자들의 취향에 맞추는데 대량생산을 하는 대기업보다 지역시장을 기반으로 하는 중소기업들의 경쟁력이 더 강하게 되었다. 경쟁이 치열해지고 소비자들의 욕구가 다양해지다 보니 대량생산 위주의 대기업들로서는 도저히 따라잡을 수 없는 틈새가 생긴 것 이다.

경제적 의미에서 중소기업은 안정성과 만족, 기회의 보장, 아이디어와 창의의 원천이며 국민의 생계기반일 뿐만 아니라 미국의 활력의 근원으로 까지 보고 있다. 특히 독과점 시장구조에서 오는 비능률을 막고 시장효율, 즉 자본주의 체계적 장점을 높이기 위한 산업조직을 실현하기 위하여 중소영세기업의 존립조건 형성과 광범위 존립분야의 확충이 적극적 기능을 하는 것이다.

실리콘 밸리로부터 시작된 창조적인 에너지의 힘찬 물결이 널리 알려진 것은 1970년대 이후의 일이지만 그 시작은 1890년대 까지 거슬러 올라간다. 당시 상원의원이었던 릴랜드 스탠포드가 팔로알토에 대학을 설립한 것을 그 시초로 볼 수 있다. 스탠포드는 학생들이 단지 지식을 얻는 것에 그치지 않고 그 지식을 현실에 적용시킬 수 있도록 유도했다. 스탠포드는 과학이나 엔지니어링 부문을 중심으로 대학 설립 초기부터 인근의 산업체와 공동으로 연구하고 제품을 개발해내는 풍토를 만들었다. 20세기 들어서면서 무선 라디오가 등장하고 전보와 전화가 대중 앞에 선을 보이기 시작하면서 실리콘 밸리의 신화는 펼쳐지게 되었다.

반도체와 전자공학은 나날이 발전을 더해갔으며 야심에 찬 공학자, 창업가, 경영인들은 실리콘 밸리를 주목하면서 경영기법은 수백 가지의 새로운 경영기법을 탄생시켰고 그 중 몇 개는 좋은 본보기가 되고 있다. 오늘날의 실리콘 밸리는 주요 산업 분야에서 세계 최정상에 우뚝 서 있다. 반도체, 생산 마이크로프로세서, 반도체, 설비 제조, 컴퓨터 저장 시스템, 레이저, 논리회로, PC네트워킹 설비 그리고 이밖에도 수많은 분야에서 밸리는 독보적인 경쟁력을 보유하고 있다. 실리콘밸리 쇠락에 관한 논쟁은 실리콘 밸리 최고의 성숙한 대기업 HP(휴렛팩커드)의 성공으로 논쟁을 종식시켰다.

미국은 20세기의 수많은 발명품들이 성공적으로 활용되도록 세계를 이끌었고 또한 지난 20년간 실리콘 밸리는 그러한 미국을 이끌었다고 말할 수 있다. 현재의 실리콘 밸리는 창조적인 회사 풍부한 첨단인력 재정적 기반, 연구능력, 노하우가 뭉친 세계에서 가장 거대한 첨단과학의 집합체가 되었다. 또한 벤처캐피탈리스트, 전문화된 법률, 회계법인, 경영마케팅 전문가 등의 지원 기반을 가지고 있다. 모든 사람들은 실리콘 밸리의 기업가정신과 창조적인 추진력은 21세기 경제를 이끌어 갈 것으로 기대하고 있다.

미국 경제발전의 계기를 만들어 낸 6대 버블

전신	1840년대	전선 확충 10배 이상 급증, 새로운 통신인프라스트럭처 구축
철도	1880년대	철도 가설 2배 급증, 물류비 절반 감소, 대규모 수송
대공황	1920년대	자동차 주택 가전제품 등 신용구매 붐, 금융 산업 주도
인터넷	1990년대	닷컴과 광섬유기업에 자금 집중, 인터넷 인프라스트럭처 구축
부동산	2000년대	주택지수 6배 폭등, 주택구매자의 28%가 투자목적
대체에너지	2000년대	잠재적 가능성 커져 벤처자본 대체에너지 분야로 이동

미국의 6대 버블은 경제발전의 계기를 만들어 냈다. 미국 경제는 지난 150년 동안 6대 거품을 극복하는 과정을 거치면서 발전의 계기를 이룬 것이다[CNN머니, 매일경제, 2007.5.18]. 1840년대 불었던 전신 분야 거품은 통신 인프라스트럭처를 구축하는 계기가 됐다. 사상 처음으로 정보시장을 만들어 냈고 통신을 이용한 송금도 가능해 졌다. 1880년대 철도 거품도 물류비를 절반으로 감소시키는 결정적인 기회를 만들어 냈다. 1920년대 말 대공황은 금융 산업 정비를 통해 이후 미국이 전 세계 금융 산업을 주도하는 계기가 됐다.

1990년대 후반에 불었던 닷컴 열풍은 인터넷인프라스트럭처의 광범위한 구축을 가져왔다. 실제로 미국인 중 42%가 초고속 인터넷을 사용하고 있고 물품구매와 서비스 문화를 만들어 냈다. 닷컴 열풍은 1990년대 말 고스란히 부동산과 주택신용분야의 거품으로 옮겨

갔으며 최근 부동산 거품이 상당히 진행됐다. S&P주택관련지수는 2001년 이후 2005년까지 무려 6배 이상 폭등했다. 2006년 이후 기업과 벤처 자본이 최근 대체에너지 쪽으로 대거 이동하면서 거품 징후를 보이고 있다. 친환경적인 기술의 확산으로 투자자들이 관심이 몰리면서 거품징후가 나타나고 있다.

1950~60년대 미국 경제는 제네럴 모터스, 뉴 에스 스틸, 제네럴 일렉트릭 등 초대형 기업들이 주도하였고 대량생산체제가 지배하는 경제구조였다. 1980~90년대에는 20인 이하의 소기업과 중기업이 주도하면서 고용창출의 80%를 담당하는 경제구조로 바뀌었다. 1970~80년대 미국 경제는 유럽과 일본의 경제력에 위협 당하면서 세계경제의 주도권까지도 의심받았다. 1990년대에 들어와 9년 이상의 장기호황을 구가하면서 다시 세계경제의 패권을 확실히 붙잡게 되었다. 10년 가까운 장기호황으로 국가 경쟁력도 1970~80년대 유럽 및 일본으로부터의 위협을 압도하였다.

1990년대 장기 호황을 누린 미국경제는 1980년대에 근본적인 체질개선을 성공적으로 달성한데서 비롯된 것으로 다음과 같은 원인을 든다.

1. 노후시설 개체와 기업개편 등 기업구조조정
2. 냉전 종식 후 막대한 군사자금을 산업경쟁력 향상에 투입 전환
3. 국가의 기술진흥 대책

4. 컴퓨터 통신 분야의 기술개발
5. 인건비 상승에 대비한 지속적 감량경영 추구
6. 가격 및 비가격경쟁력의 향상; 제품가격의 저렴, 제품에 대한 만족지수 향상, 고장발생 건수의 획기적 개선
7. 시장경제활동의 극대화; 자유경쟁, 규제 완화, 독과점 규제 강화, 경제 개방 등을 통해 기민한 신축성, 공정한 경쟁, 진입 퇴출용이, 경쟁력 촉진으로 경제효율성 극대화
8. 기업경영혁신: 종래 업종 다각화에서 업종전문화로 전환, 예를 들면 자동차 제조사는 계열 금융회사 매각, J. P. Morgan의 도매금융 전념 기업내부조직의 수직구조에서 수평구조로 개편 전환; 신속한 의사결정과 시장변화에 대한 기민한 대처 발휘 외부 발주(outsourcing)의 적극적 활용; 전산, 비서, 회계, 제품 개발, 생산업무 등으로 외부발주를 확대하여 경영자원을 집중한 결과 비용 절감 정보관련 투자의 확대
9. 노사관계의 안정; 노동 생산성 증대, 임금 상승률 적정 유지, 시간당 평균임금 감소
10. 정부의 적절한 경제정책 - 재정 건전화; 90년대 전반 G7국가 중 GDP 대 적자비율은 최하위 수준, 99년도 연방재정 수지의 최대 흑자 기록, 2000년도 흑자 규모도 급증 예상 - 물가 상승률의 안정적 유지; 90 ~ 94년간 년 평균 3.5% - 외국의 시장개방 유도; EU대항 NAFTA 창설, 불공정 관행과 제도에 대해 적극적 협상 - 달러의 약세를 지속적으로 유도; 86년 ~ 90

년 기간 동안 9.5% 절하, 91 ~ 95년 기간 동안 8.3% 절하 - 산업정책 ; 연방 차원에서는 특정 분야를 지원하는 산업정책은 실시하지 않고 대신 발전 방향, 규제완화, 관민 공동연구 등을 통해 공정 경쟁여건을 개선하는데 집중하고 주정부 차원에서 고속 정보통신망 구축 등의 적극적인 산업정책이 실시되었음

11. 중앙은행의 시의적절한 통화금융정책의 작용. 미국 중앙은행의 독립성과 의장의 영향력은 막강하고 세계적인 신뢰를 받고 있다. 88년 레이건 대통령이 이자율을 낮추도록 압력을 가했을 때도 몇 달 후 이자율을 높이는 조치를 취하는 것과 95년 클린턴 대통령의 반대를 무릅쓰고 이자율을 인상하는 강단을 보이는 것 등에서 독립적인 정책을 볼 수 있다.
12. 대외경제 여건의 유리한 작용과 해외쇼크의 부정적 영향 미미 ; 달러 강세, 동남아세아 위기로 저렴한 수입품의 유입과 국내물가의 하향 안정화 기여, 해외자금 유입.
13. 국가 경쟁력의 부단한 제고 노력 스위스 국제경영개발연구원의 평가 순위에서 선두 지위 확보
14. 낮은 인플레이션과 주가의 지속적 상승, 부의 증대로 인한 국내소비의 폭발적인 증가

독일과 일본이 1950년대 후반에 들어서면서 경제 대국으로 급부상하고 있을 때 미국 경제는 전후에 가졌던 압도적 지배력이 서서

히 약화되어 가기 시작했다. 미국의 국제수지는 1958년 이후 적자로 돌아섰다. 1973년 1월에는 유럽과 일본의 외환시장에서 달러화 투매 현상이 벌어지는 사태가 발생하였다. 결국 달러화는 국제적인 협상을 통해 평가절하를 가져오게 되었다. 전후 세계통화의 기준 역할을 했던 달러화의 신화는 무너졌다.

1980년대 미국 경제는 높은 인플레이션 속에서도 달러화의 약세 정책과 제3국에 대한 시장개방 압력 등을 통해 연평균 3%의 높은 성장을 달성했다. 물가도 안정되었고 기업투자도 활발하게 늘었다. 미국의 경제력은 1990년대 들어서 장기 호황을 누리며 다시 가장 부유한 초강국의 자리를 회복하였다.

2000년대 들어서도 미국경제는 1990년대 경제 번영을 바탕으로 계속 세계경제를 이끄는 견인차 역할 수행하고 있다. 2000년대 미국 경제상황은 신기할 정도로 90년대 경제상황과 너무 흡사하다[로버트 고든 노스웨스턴 대학교 경제학 교수, 매일경제, 2007.2.15]. 90년대 경제성장세 초반 5년 동안 경제성장률은 2000년대 초반 5년간의 경제성장과 비슷한 궤도를 걷고 있다. 1990년대 경제성장 궤도는 빌딩 붐에 의해 경제가 확장된 반면 2000년대 초반 경제성장은 주택경기 호조에 힘입은 점에서 다르다. 또한 2000년대는 90년대 있었던 생산성을 기대하기 힘들다는 점이다[뉴욕타임스, 고든 교수].

30. 미국 기업들은 강한 국제경쟁력을 갖춘 전문기업들이다.

미국의 최대기업이자 세계적인 기업으로 우뚝 올라 선 애플은 1970년대에 설립된 신생 기업으로 한국이 내 놓으라 하는 재벌계열 대기업들이 대부분 역사가 짧다. 하지만 애플은 넓은 미국 시장과 자유롭지만 경쟁이 치열한 기업 풍토 속에서 세계적인 기업으로 성장했다. 애플은 미국의 기업풍토에서 자라날 수 있는 창조적인 혁신기업들이다.

대부분의 미국 기업들은 어느 업종이 속한 기업이든 애플과 같이 한 종류 상품 군에 수직 및 수평으로 특화한 기술혁신 전문기업들이 주류를 이루고 있다. 우리가 바로 주목할 점은 이와 같은 미국의 기업 풍토다. 1970년에 창업한 기업이 경쟁이 치열한 미국사회에서 성공하였다는 점이다. 미국 기업들은 한국의 기업들처럼 문어발식으로 거느린 수많은 계열사들이 다양한 각종 제품을 생산하고 있지 않고 특정 제품계열에 집중적으로 수직수평적으로 특화한 전문기업들이란 점이다.

세계에서 가장 기업가치가 높은 회사는 주로 미국기업들이 차지하였다. 세계에서 가장 기업가치가 가장 높은 회사로는 애플이 시가총액 4642억 달러로 1위, 구글이 3910억 달러로 2위를 차지했다. 구글은 지난해 기업 가치 3위를 기록했으나 실적개선으로 엑슨모빌을 제치고 2위에 올랐다.

구글은 2012년 10월 마이크로소프트를 제치고 4위에 오른 이후 매년 한 단계씩 성장했다. 구글은 1위 애플과 700억 달러로 큰 차이를 보이지만 지속적인 성장세에 있어 올해에도 차이를 좁힐 것으로 예상된다. 마이크로소프트는 3007억 달러로 4위를 차지했으며 제너럴 일렉트릭이 2544억 달러로 5위를 차지해 상위 5위권 내에 4개 기업이 IT업체였다[디지털타임스, 2014.2.9 / 비즈니스위크].

미국의 주식시장에 상장된 대표기업들은 국제경쟁력을 갖춘 세계적인 전문기업들이 많이 포진하고 있다. 미국기업들은 상장기업들만 대충 보아도 한국의 대표 상장기업들처럼 방대한 다양한 계열사를 거느리고 있는 기업을 찾아 볼 수 없다. 30개 기업들을 한국의 대기업과 비교해 보아도 비교할 수 없을 만큼 세계 최고의 브랜드, 세계 최고의 국제경쟁력, 가장 선진화된 기업지배구조를 가지고 있다는 점에 주목해야 한다.

미국의 국가경쟁력은 세계적인 민간 기업들이 받쳐주고 있다. 미국이 강력한 국가경쟁력을 가질 수 있는 배경은 강력한 국방력과 기술혁신 능력, 강력한 국제경쟁력을 갖춘 민간 기업들, 창의적인 아이디어를 개발할 수 있는 대학교육 기관들이 받쳐 주고 있다. 미국 기업들은 발달된 미국 주식시장 즉, 직접금융을 더 많이 활용하고 있다. 미국기업들은 필요한 소요자금을 은행차입에 의존하기 보다는 주로 주식시장을 통해 조달 한다. 미국기업은 주식시장을 통해 공개적으로 평가 받는 기업가치의 변동을 통해 주식 발행해 조달하거나 기업의 인수합병 시장을 통해 거래한다.

31. 미국 경기 흐름은 세계경제에 크게 영향을 미친다.

현재 미국 경기는 2008년 이후 점진적으로 개선되고 있다. 앞으로의 시장 상황에 대해서는 알 수 없다. 특히 연방준비제도이사회(FRB)의 양적 완화(Quantitative Easing) 정책은 2008년에 겪은 경제 위기에 대한 대응이었다. 어떤 정책도 완벽하지는 않지만 합리적으로 위기를 벗어나고 있다. 특히 위기를 벗어나고 있는 속도가 느리지만, 위기는 그 어떤 때보다 더 심각한 것이었다.

계속 쇠락할 것 같았던 미국 제조업이 부활하고 있다. 2008년 금융위기 그리고 GM과 크라이슬러의 잇단 파산, 미국 자동차의 성지라던 디트로이트는 그대로 무너지는 듯했지만 그로부터 5년. 상처는 아물어가고 있다. 많은 실직자들이 돌아왔고 새로운 조립라인이 문을 열었다. 공장에서는 주로 미국 동부 캐나다 등 북미시장에 판매될 차량을 생산하고 있다. 최근 자동차 판매대수가 크게 늘면서 작업 분위기는 한층 더 활기를 띠고 있다. 경기 회복세와 맞물린 소형차 위주 시장전략이 먹혀들면서 최근엔 250명의 신규고용도 이뤄졌다. 일자리 효과는 얼어붙었던 지역경기에도 온기를 불어넣고 있다.

더 주목할 것은 해외 생산거점을 속속 본국으로 옮기는 미국 기업들의 이른바 리쇼어링이다. 중국에서 많은 제품을 생산해 오던 애플이 20년 만에 결단을 내렸다. 애플 컴퓨터를 미국에서 만들기로 했다. 구글도 신제품 '구글 글래스' 공장을 실리콘밸리에 짓기로 하는 등 귀향선언이 잇따르고 있다.

중국의 가파른 임금상승, 셰일가스개발로 인한 미국 내 생산비 감소와 함께 소비자들의 미국 산 제품 선호도가 높아진 요인도 가세하고 있다. 3년 동안 '리쇼어링'으로 만들어진 일자리는 3만 5천 개다. 제조업 일자리의 증가 추세 속에 미국 제조업 경기 지수는 3년 만의 최고치로 올라섰다. 미국의 이런 변화는 제조업의 뒷받침 없는 경제는 사상누각일 뿐이란 것을 오랜 불황과 금융 위기에서 뼈저리게 체험했기 때문이다[SBS, 2013.4.27.].

32. 미국공업은 세계 산업을 선도한다.

미국의 공업은 영 · 미 전쟁(1812 ~ 14)으로, 영국으로부터의 공업제품 수입이 단절된 것을 계기로 섬유공업을 중심으로 발달하기 시작하였다. 남북전쟁으로 공업에 기반을 둔 북부의 승리로 끝난 후 공업 입국(立國)의 방향을 설정하는 기초가 되었다. 여기에 풍부한 지하자원과 제1,2차 세계대전에서 비롯된 국제적 우위를 배경으로 경제발전을 계속하여 오늘날 세계 최강국으로 성장하였다.

미국의 공업생산량은 일본 · 독일 · 프랑스의 합계에 필적하고 항공기 · 전자계산기 · 우주산업 등 기술은 최첨단을 걷고 있다. 공업은 국민총생산의 26%, 취업인구의 25%를 차지하는 이 나라 최대의 산업으로 세계에서 그 생산성이 가장 높다. 중화학비율은 51%로서 독일 · 영국보다 낮으나 일본보다 높다. 미국 공업의 특징은 거대한 자본에 의한 과점(寡占)에 있다.

미국기업은 세계적인 순위에서 상위에 드는 기업이 많다. 대표적인 기업으로는 자동차업종에서 GM · 포드 · 크라이슬러, 전기업종에서는 제너럴 일렉트릭 · IBM · 웨스턴 일렉트릭, 석유업종에서는 엑슨, 철강업종에서는 유에스 스틸, 화학업종에서는 뒤퐁, 항공여객업종에서는 보잉사(社) 등이 있다. 상위 50개사는 전국 생산량의 65%, 취업자의 75%를 차지하고 있다. 그러나 철강, 자동차, 가정용 전기제품에서는 일본 · 독일 등이 눈부신 진출을 보여 미국의 국제적 점유 비중이 대폭 낮아졌다. 그 대신 보다 고도 기술을 요하는 항공기·우주산업·컴퓨터 등의 산업에서 경쟁력을 확보하고 있다.

미국은 컴퓨터 세계시장을 석권하고 있는 것이 그 좋은 예이다. 그리고 이들 공업은 정부의 국방지출에 의하여 지탱되는 군수산업으로서 산군복합체(産軍複合體)가 새로운 기술개발의 추진력이 되고 있다. 미국 공업은 원래 자원입지 형(資源立地型)으로 북동부에서 5대호 연안에 이르는 지역에 석탄과 철광자원에 의존한 공업지대를 형성하여 왔다. 그러나 제2차 세계대전 후 새로운 지식 · 기술집약형 공업이 주류를 이루면서 텍사스 주나, 애리조나 주 등의 남서부, 또는 캘리포니아 주나 워싱턴 주와 같이 태평양 연안의 쾌적한 지역에 공업이 분산 입지하여 새로운 공업지대를 형성하고 있다.

2012년 유럽 발 재정위기로 세계경기가 극도로 침체되고 유럽경제가 불안한 상황을 맞고 있지만 미국 제조업은 부활하고 있다. 미국 제조업이 부활의 신호탄을 쏘는 걸까? 해외로 눈 돌렸던 미국 기업들이 다시금 미국을 주목하고 있다. 전 세계적으로 성장은 정체되고 있는 반면에 생산 비용이 올라가면서 미국 제조업에 대한 투자가 늘고 있다. 중국의 성장이 정체되고 유럽 대부분이 슬럼프에 빠져들면서 미국 기업들이 미국 내 있던 기존 노후 설비를 새 것으로 바꾸고 있으며, 일부 기업들의 경우에는 해외에 있던 생산 설비를 미국 내로 들여오고 있다. 이제 빼앗긴 제조업의 일자리를 다시 찾아올 수 있는 절호의 기회를 맞고 있다.

미국은 그 기회를 붙잡고 있는 것이다. 미국 정부는 제조업 부양을 위해 세금 감면에 나서고 있다. 미국은 틈날 때마다 제조업의 부활을 강조한다. 실제로 일자리를 해외에서 만들어내는 기업들에 대해서는 세제상의 혜택을 중단하고, 미국 내에서 고용을 늘리는 기업들에 대해서는 각종 혜택을 제공하겠다고 밝히고 있다. 미국은 미국 내 제조업 유치를 위해 총력을 기울이겠다는 의지다.

세계 최대의 장비 렌탈 업체인 **유나이티드 렌탈**은 설비투자를 3분의 1 늘려 10억달러를 투자할 예정이라고 밝혔다. 올해 기업들이 지게차나 백호로더(건설용 장비) 같은 장비들의 렌탈이 늘어날 것으로 기대하고 있기 때문이다. 중장비 엔진 전문 업체인 **커민스**도 2년전에 비해 설비투자를 두 배로 늘리기로 했다. 타이어 생산에서부터 레스토랑 사업에까지 다양한 부분에 참여하고 있는 **칼라일 그**

룹은 최근 미국에 두 개의 공장을 세우기로 했고, 중국에 있던 타이어 공장은 미국으로 옮기기로 결정했다.

유니온퍼시픽은 올해 기관차를 두 배 더 사들일 것을 감안 전년보다 4억 달러 이상을 지출할 예정이다. 미국 자동차 업계도 그동안 놀려놨던 공장에 새로운 장비를 설치하느라 부산하다. 자동차 판매가 늘어남에 따라 곳곳에서 추가로 생산설비를 늘리고 있다. 일부 자동차 매체의 경우 아시아와 유럽 수출용 자동차와 차량부품의 생산기지로 미국을 고려하기 시작했다.

미국 기업들이 2012년 12월에 투자를 늘리고 있는 것으로 나타났다. 기업들의 설비 투자를 확인할 수 있는 지표로 이용되는 방산품을 제외한 자본재 주문이 보면 12월 주문량이 11월 보다 2.9% 늘어났다. 실제 기업들의 생산설비를 늘어나면서 취업 상황도 개선되는 모습을 보이고 있다. 지난해 4월 이후 고용은 최대치로 늘어났고, 실업률은 5개월 연속 줄어드는 모습을 보였다. 다시금 미국의 제조업의 굉음이 세계에 울리게 될 것으로 보인다[아시아경제 나주석 기자, 2012.2.8.].

33. 미국 달러화는 세계통화이자 기축통화이다.

미국 달러화는 2차 세계 대전 이후 전 세계 준비통화의 역할을 담당해 왔다. 그러나 기축통화로서 달러의 지위와 위상이 불안스럽게 움직였다. 2007년 중반 이후 미국 달러의 위상이 크게 흔들렸다. 달러 약세에도 불구하고 달러는 거래규모, 외환보유액 통화, 채권시장 비중에서 전혀 위축되지 않고 있다. 2007년 말 현재 국제외환시장에서 하루 평균 달러화 거래 규모는 3조2000억 달러를 기록하며 전체의 86%에 달했다. 세계 주요 은행 외환보유액에서 달러화 표시 자산비중이 2007년 말 현재 64%를 차지했다. 여기에는 중국과 걸프만 국가들이 제외돼 있어 실제 비중은 더 클 것으로 추정한다.

각국 중앙은행들이 유로화 등으로 외환보유액을 다변화하고 있지만 세계 무역에서 미국이 차지하는 비중이 워낙 크기 때문에 추세는 바꾸지 않을 것으로 보인다. 전 세계 채권시장에서도 달러는

44%를 점유하고 있다. 유로화와 엔화는 각각 31%와 5%를 차지하였다. 교역 현장에서도 달러화의 우위 현상은 다른 통화를 압도한다. 인도네시아, 태국 등 아시아 국가들의 수출품은 대부분 달러화로 결재되고 있다. 알제리 같은 석유 산유국들도 대부분 달러화 결재를 선호하고 있다.

선진국과 경제 신흥국 모임인 G20에서는 각국이 대달러 환율 제도를 국제 의제로 자주 다루었다. 석유수출기구(OECD)는 달러 대신 대체 통화를 채택하자는 공식 제안도 나온 적이 있었다. 그러나 기축통화로서 달러화를 대신할 금융시스템이 아직 세계 어디에도 없는 실정이다. 달러화의 지속적인 약세에도 불구하고 세계 경제 불균형이 계속되는 이유는 개별 국가가 외환거래와 자산운용 시 다른 나라들이 많이 사용하는 통화로 운용하기 때문이다. 한편 미국은 달러 가치의 변화를 시장에 맡겨두는 입장을 취하고 있다. 끊임없이 떨지는 달러가치를 막기 위해 인위적인 시장개입을 할 수 있지만 별로 관심이 없다.

현재 달러 대체 통화로 유로화와 엔화, 위안 화 등이 거론되고 있다. 그러나 달러를 위협할 만큼 급성장한 통화는 아직 없다. 비록 글로벌 통화로서 달러화가 끊임없이 시험대에 올라 있지만 아직까지 달러를 대체할 수 있는 다른 국제통화가 나타나지 않고 있다. 우선 달러 대체는 글로벌 금융시스템을 다시 짜야 하는 방대한 작업이 요구되기 때문이다. 유로화는 유럽 내에서는 글로벌 통화이지만 유럽 밖을 나가면 힘을 쓰지 못하고 있다. 전 세계 외환보유액에서 유로화 비중은 25%로 출범 연도인 1999년 18%에 비해 크게 증가했다. 그러나 이는 마르크와 프랑화 등이 차지한 비중에 비하면 뒤 떨어진 수치다. 달러화의 대안으로 위안화가 될 수 있지만 아직은 시기상조다.

34. 미국 농림수산업은 세계 최고수준이다.

미국은 광대한 국토의 대부분이 온대기후에 속하는데다가 평지도 넓어 자연조건의 혜택을 받은 세계적인 농업지대를 이룬다. 그리고 남북전쟁 후의 공업화와 노동력 부족은 일찍부터 기계화 농업을 발달시켰으며, 대규모의 합리적인 기업적 농업이 주가 되었다. 국민총생산에서 차지하는 농·림·수산업의 비율은 불과 3%이며, 취업인구 비율에서도 4.3%에 불과하나, 그 생산규모는 세계 최대의 물량을 자랑한다.

경지(耕地) · 수원지(樹園地)의 면적은 약 2억ha로 러시아 연방에 버금가는 세계 제2위이고 목초지는 2.4억ha로 오스트레일리아 · 러시아연방에 이어 세계 제3위이다. 밀은 세계의 12.6%로 세계 제2위이고, 옥수수 46%(1위), 콩 66%(1위), 귀리 20%(2위), 담배 17%(2위), 목화 23%(1위), 포도 67%(1위), 귤 19%(1위), 파인애플 19%(1위), 사과 14%(1위) 등 세계 제1~2위를 다투는 생산량을 올리고 있다.

축산에서도 우유 · 버터 · 육류 · 치즈 · 달걀의 생산량도 세계 1~2위를 다툰다. 임업은 태평양 연안 북부의 워싱턴주 · 오리건주 및 로키산맥 지역이 성하며, 용재(用材) 생산량은 세계 25%, 펄프 생산은 세계 37%를 차지하여 모두 세계 제1위이다. 조림사업에 의한 2차림(二次林)은 극히 적고, 원생림(原生林)의 벌채 단계를 벗어나지 못하고 있으나, 삼림의 보호 관리에 노력하고 있다.

수산업은 북태평양 · 북대서양의 세계 4대 어장 중에서 2개의 연안 어장을 가지고 있으나, 어획량은 270만 t으로 세계의 4%(6위)에 그쳐 세계 최대의 수산물(가공품을 포함) 수입국이다. 미국은 식량의 완전자급이 가능한 몇 나라일 뿐만 아니라 수출능력도 높고 대형 농업기계나 비행기까지 사용하는 고도의 기술로 생산성도 높다. 또한, 밀이나 쌀은 가격안정 등 원활한 수급을 위해 경작제한 등 미국 정부는 생산 억제정책까지도 취하고 있다. 미국 농림업의 지역분포는 기업적 경영과 적지적작(適地適作)업이 특징이다. 중서부의 옥수수지대, 남부의 목화지대, 프레리의 밀지대, 그레이트플레인스의 기업적 방목과 건조·관개 농업, 캘리포니아의 과수농업, 로키산맥과 태평양 연안의 해안산맥 지대의 침엽수림, 멕시코만안의 원교농업 등이 그 대표적 예이다.

35. 미국은 지하자원과 에너지 자원을 보유하고 있다.

미국은 넓은 국토에 풍부한 광산자원을 보유하고 있다. 니켈 등 극히 한정된 일부의 비철금속을 수입하는 이외에는 자급률이 높은 광업국이다. 석탄은 확인 매장량이 세계의 17%로 러시아 연방에 버금가며 생산량도 러시아와 수위를 다투고 있다. 애팔래치아 산맥 중의 펜실베이니아 탄전에서 생산되는 양질의 역청탄은 철강업 및 공업번영의 조건이 되었다. 석유 매장량은 세계의 6%에 지나지 않지만 산유량은 19%로 세계 제1위이며, 천연가스도 1위이다. 그러나 석유의 소비량도 많아 세계 석유소비의 30%를 차지하는 수입국이기도 하다. 석유자원의 고갈을 예견하여 근년에는 국내 산유량을 억제하고 수입을 확대하는 한편 서부에 널리 매장되어 있는 오일셰일(oil shale : 油母頁岩)에서 석유를 추출하는 기술의 개발이 진행되고 있다.

철광은 세계적으로 유명한 메사비 광산이 있으며, 5대호를 천연의 운하로 삼아 애팔래치아 산맥의 석탄을 이용, 세계 제1의 철강업을 육성하였다. 비철금속(非鐵金屬)으로는 구리가 세계 생산량의 22%를 차지하는 것을 비롯하여 납 15%(1위), 바나듐 42%(1위), 몰리브덴 64%(1위), 아연 8%(3위) 등을 생산하며, 경금속 마그네슘도 47%로 1위이다. 에너지 소비량은 미국의 1인당 전력 소비량은 세계 제1위이다. 전국 생산의 약 3/4이 풍부한 석탄자원에 기초한 화력발전으로 이루어지며, 수력과 원자력에 대한 의존도도 높다. 특히 TVA를 비롯한 컬럼비아 강, 콜로라도 강 등의 전력· 관개· 용수· 홍수 조절· 관광을 포함한 하천 종합개발은 세계에서도 선구적인 업적으로서 높이 평가되고 있다. 컬럼비아 강의 그랜드 쿨리댐(최대출력 201만 kW : 1942년 완공), 콜로라도 강의 후버댐(135만 kW : 1936년 완공) 등은 규모가 대단하다.

그레이트플레인스의 관개농업, 캘리포니아 분지에서의 대규모 관개에 의한 과수와 벼농사도 수자원 개발의 성과이며, 시카고를 물리치고 미국 제2의 도시로 성장한 로스앤젤레스의 발전은 콜로라도 강의 종합개발에 의하여 상수(上水)가 공급되면서 비로소 가능하게 된 것이다. 많은 전력을 소비하는 알루미늄공업에서도 미국이 세계의 33%(1위)를 생산할 수 있게 된 것은 TVA계획 이후의 일이다. 1992년 가동 중인 원자력 발전소는 109기(基)로 1억 455만kW이며, 계획 또는 건설 중인 것이 8기나 되어, 모두 완성되면 117기로 1억 1456만kW의 전력을 공급할 예정이며, 원자력 발전의 연료가 되는 우라늄석도 세계의 53%를 산출하고 있다. 1996년 현재 전체 전력 생산량은 3조6290억kwh이고 전력 생산의 비율은 화력 발전 65.1%, 수력 발전 9.6%, 원자력 발전 18.59%, 기타 6.71%이다.

36. 미국 무역은 세계무역의 흐름을 주도한다.

세계 제1의 물적(物的) 생산력을 가진 미국은 세계교역시장에서 제1위의 지위를 차지하고 있다. 그러나 세계교역시장은 독일과 일본이 경제대국으로 성장하면서 비중이 저하되고 있다. 전 세계 무역에서 미국이 차지하는 비중은 1947년에 33%로 높은 비율을 차지했으나 1955년에는 17%로 떨어져 제2차 세계대전 전의 수준으로 되돌아갔다. 최근에는 12%로 떨어져 독일(11.3%)과 비슷하다.

미국은 유럽에서 가졌던 절대적 지배력을 독일에 물려주었으며, 아시아에서는 일본에 그 지위를 넘겨주고 있다. 국제수지에서도 미국은 무역수지흑자 국가로서 대외투자와 경제원조 등의 자본유출로 흑자를 상쇄시켜 국제수지의 균형을 유지하여 왔었다.

그러나 1960년대 중반부터 무역수지가 약화되기 시작하고 자본수지도 악화되어, 1971년에는 최초의 적자를 기록하게 되었다. 이는 산업경쟁력의 약화와 달러화의 과대평가 및 생산능력을 넘어선 지나친 소비성향에 기인한 것이었다.

주요 수출국은 캐나다, 서유럽, 일본, 멕시코 등이고, 수입국은 캐나다, 서유럽, 일본, 멕시코, 중국 등이다. 수입품은 원유, 석유제품, 기계류, 자동차, 소비재, 원자재 등이고, 수출품은 자본재, 자동차, 원자재, 소비재, 농수산물 등이다[부록 참조].

37. 미국은 세계 최고의 사회간접자본을 축적했다.

미국은 철도 · 수운 · 자동차 · 항공기 등 각종 교통수단을 이용하여 광활한 국토를 효율적으로 이용하고 있다. 개척시대, 광활한 지역에 걸쳐 대규모 개척은 철도이용으로 시작하였으며, 독립 후에는 영국 · 멕시코와 싸우면서 볼티모어 · 오하이오철도(1830)를 개통시켰다, 남북전쟁 4년 후에는 최초의 대륙횡단철도(1869)가 개통되었다. 철도가 19세기를 통하여 미국의 산업자본 형성에 미친 영향은 대단히 크다. 미국은 이제 세계 제1의 철도왕국을 이룩하였다. 1970년대 미국은 철도여객업무를 전담할 미국철도여객공사(AMTRAK)를 창설하여 전국 500여 개 정거장을 운영하고 있으며, **영업철도 연장 33만 8,000km는 세계 제1위이며,** 현재 철도의 기능은 여객수송보다 화물수송으로 명맥을 유지하고 있으며, 연간 1조 1억t 이상의 화물을 수송하고 있다.

화물수송에서는 내륙수로도 큰 몫을 차지하고 있다, 5대호와 미

시시피강은 천혜(天惠)의 수로로서 미국의 발전에 크게 공헌하였다. 5대호와 허드슨강을 연결하여 뉴욕의 발전을 촉진한 이리 운하(運河)와 대서양 항로의 외항선박이 직접 5대호에 드나들 수 있게 한 세인트로렌스 수로(水路) 등은 많은 내륙운하가 있다. 자동차가 출현하면서 자동차 산업의 획기적인 발전으로 교통정책은 철도에서 도로로 전환되었다. 제2차 세계대전 전까지 간선국도(幹線國道)였던 US **하이웨이는 40만km의 포장도로이다.** 전후에는 증가하는 교통량에 대처하기 위하여 아주 새롭고 완전한 중앙분리대를 형성하여 평면교차가 없을 뿐만 아니라 편도(片道)가 최소 2차선인 도로 6만 8,000km의 주계간 고속도로(州界間高速道路:Interstate Highway)를 1956년에 착공하여 1975년 완공하였다. 이들 도로와 대형화된 고성능 자동차가 보급되면서 도시가 교외로 확산되어 자동차 없이는 살 수 없는 미국사회가 출현하게 되었다. **인구 1.7인에 1대라는 세계 제1의 자동차 보급률은 잘 알려진 사실이다.**

그러나 최근 도시의 교통체증과 지나치게 자동차에 의존하는 생활, 그리고 자원낭비 등에 대한 반성이 싹트기 시작하여 도시의 대중 교통기관의 필요론(必要論)이 대두되어 새로운 교통기관의 개발이 시작되고 있다. 지상 교통의 발달뿐만 아니라 높은 국민소득에 의하여 항공교통도 전후 급속도로 보급되었다. 대도시는 서로 다투어 거대한 비행장을 건설하였으며, 지방의 소도시까지 항공로로 연결되어 있다. 1960~70년 동안에 플로리다, 텍사스, 애리조나 주

(州) 등이 높은 인구증가율을 보이고, 메갈로폴리스의 인구증가의 둔화가 눈에 띄게 되었는데, 이와 같은 인구분산을 촉진한 원인의 하나로 항공교통의 보급을 들고 있다.

미국의 민간항공은 500개가 넘는 공항이 전국 각지에 산재해 있어서 2,453억 명의 여객과 80억 톤의 화물을 운반하고 있다. **이 여객 수는 전 유럽의 항공여객 총계의 3배 이상이나 된다.** 미국의 통신은 우편을 제외하고 모두 민영화되어 있다. 1876년 A.G.벨에 의해서 전화가 발명되고 1878년에 벨 전화회사가 설립되었다. 1885년에 미국 전화전신회사(ATT)가 되었으며, 그 후 벨 시스템은 전국 전화대수의 80% 이상을 지배하는 동시에 웨스턴 일렉트릭을 비롯한 많은 기업을 산하에 두고 있다. 전신사업은 1851년에 설립된 웨스턴 유니온 전신회사에 의하여 거의 독점되고 있다.

38. 미국은 세계 최고수준의 교육시스템을 보유하고 있다.

미국의 교육제도는 주에 따라 다르나 대부분의 주에서 12년제의 의무교육을 실시한다. 의무교육은 초등학교 6~8년, 중학교 4년, 고등학교 2~4년으로 나누어진다. 고등학교 과정에는 대학진학 준비과정 · 상업과정 · 교직과정 · 일반교양과정의 4개 과정이 있다. 대학은 4년제와 2년제의 초급대학이 있다. 유명 종합대학으로는 하버드 · 예일 · 프린스턴 · 스탠퍼드 · 캘리포니아 대학이 있고, 공학계로는 매사추세츠공과대학(MIT)이 있다. 한편, 성인교육은 전국적으로 보급되어 사회인의 지적 향상, 직업재훈련, 이민의 미국화에 주력하고 있다.

미국의 각종 학교 수는 11만 여개이며, 총학생수는 약 6,000만 명에 이르고 있다. 또 대학의 하기강좌, TV강좌, 통신교육·야간대학 등이 많이 있다. 중등교육기관의 취학률이 1950년대에서 60년대 사이에 대폭 증가하였고 베이비붐으로 인하여 1970년대에는 절정을 이루었다. 1971년에서 84년까지 전체 초중등교육기관의 취학률은 취학 아동이 감소하여 낮아졌다가 1985년부터 1990년대 중반부터 다시 높아졌다. 공립 유치원의 등록 인원이 1988년 2850만 명에서 1998년 3350만 명으로 증가하였으며 초중등교육기관의 재학인원은 1998년 1330만 명이 달했다. 1997년 현재 45만 8천명의 외국학생들이 유학하고 있고, 그 중 57%가 한국을 비롯한 동아시아 지역 출신이다.

최근 미국의 공공투자가 2차 세계대전 이후 가장 저조했다. **국내총생산(GDP)대비 공공투자는 3.6%로 2차 대전 후 평균치인 5%를 밑도는 수치다.** 공화당이 버락 오바마 정권이 추진하는 공공사업을 방해하면서 정부의 공공투자 규모를 줄이고 있는 탓이다 오바마 정부는 10월 연방정부 셧다운(부분 업무정지)을 가져온 정쟁에도 실질적인 양보를 거의 하지 않았으나 당초 목표로 했던 공공부문 투자규모를 지키지 못하고 있다. **공화당과 민주당의 예산전쟁이 미국 경제성장을 저해하고 있다. 중요한 것은 공공투자 실적 저하가 미국의 장기성장전망을 어둡게 한다**는 점이다. **학교와 도로 네트워크는 국민경제의 기초로서 여기에 투자하지 않으면 장기성장전망에 부정적인 영향을 미친다는 점이다**[세계일보, 2013.11.04 / 파이낸셜타임스(FT)].

39. 미국 경기는 세계 경기의 흐름을 주도한다.

미국 경기는 내수시장과 국내수요가 이끌고 간다. 다시 말해서 미국의 경기흐름은 국내 소비와 투자가 주도하며 이끌고 있다. 2013년의 경우, 미국의 1·4분기 성장률은 소비지출 덕분에 3.1%를 기록했다. 이 같은 소비지출의 급증은 2년 동안 꾸준히 오른 주가상승과 주택가격 상승에 따른 부의 효과에 기인한다. 2013년 1분기 성장률 예상치 3.1%는 2012년 4·4분기 0.4%에 비하면 매우 높은 것으로 주가와 주택가격 상승에 힘입어 소비자들이 지출이 늘어난 결과이다.

미국 GDP의 70%를 구성하는 소비지출은 2.8% 증가했을 것으로 추정한다. 이는 2011년 1분기이후 가장 높은 수치다. 소비지출은 지난해 4분기에는 1.8% 증가했다. 기존주택 구매는 1분기 중 0.4% 증가한 연율 환산 500만 채로 2009년 말 이후 최고치를 기록했다. 500만 채를 초과한 것은 생애최초주택 구매자에 대한 세액공제가 시행된 2009년 11월이 마지막이었다. 그러나 이 같은 성장세가 지속될지는 일부 전문가들은 의문을 제기한다.

성장의 다른 견인차인 투자는 3월1일부터 시작된 월 850억 달러 규모의 자동예산삭감(시퀘스터)의 영향을 직접 받을 것으로 예상됐다. 최소 3개월간 계속되는 내구재 예약은 3월에 3% 감소해 전달 5.6%의 증가에 비해 크게 감소했다. 컴퓨터와 엔진 등 미래 기업투자의 잣대로 쓰이는 비(非) 방산부문 내구재 주문은 0.3% 증가한 것으로 추정했다. 1분기 자동차 판매량은 연간판매량으로 환산할 경우 1530만대에 해당하는데 이는 2008년 같은 분기 이후 가장 많이 팔린 것이다. 일자리와 주택, 주식시장 실적 등 다른 모든 것은 괜찮다. 그러나 유일한 진짜 부정적인 역풍은 높아진 세금과 정부지출 삭감이다. 2013년 1분기 성장률은 매우 더뎠던 지난 해 전 분기에 이은 따라잡기 성격이 강하며 모멘텀이 느려지고 있다[아시아경제 박희준 기자, 2013.4.22.].

40. 미국의 과학기술은 최첨단기술을 주도한다.

미국의 과학자들은 해마다 노벨상을 받고 있다고 해도 과언이 아니다. 그만큼 기초적인 과학연구, 특히 원자력, 우주관계 등의 기술개발 부문에서 미국은 세계의 첨단을 걷고 있다. 그 원인은 설비의 완비, 풍부한 연구비는 물론, 기초연구의 세분화에 따른 전체의 뚜렷한 진보, 외국학자의 영입 등에 의한 발전도 간과할 수 없다. 이것은 러시아연방과의 미사일·인공위성 등의 경쟁에서 특히 두드러지게 나타난다.

미국의 세계전략에 직접 · 간접으로 쓸모 있는 연구계획에는 군부를 중심으로 하는 각 기관으로부터 풍부한 자금이 지원되고 있다. 원래 미국은 과학기술면에서도 유럽으로부터 큰 영향을 받았다. 미국인들은 노동이 성공에의 지름길이라고 생각하며, 광대한 황야를 개척하려면 여러 가지 기술을 필요로 하게 되었다. 초기에는 영국과 프랑스 등의 도구 · 기계 · 기술로 각종 수공업이 비롯되었으나 유럽의 모든 기술이 조국에서는 꽃을 피우지 못하고 미국에서 그 가치를 발휘하게 되었다. 그 이유는 미국의 자본주의가 기술혁신을 받아들이는 조건을 구비하고 있었기 때문이다. 더구나 신대륙에서는 기술혁신이 정체할 줄 모르고 끊임없이 촉진되고 있었다.

미국은 개인의 창의력과 능률을 존중하고 사기업을 바탕으로 발전하였다. 미국은 H.포드(자동차), T.에디슨(전력), A.G.벨(전신전화), E.H.게리 및 J.P.모건(제철) 등 탁월한 기업인들이 오늘날 미국 산업의 기반을 구축하였다. 미국은 항공기·인공위성 등 과학기술에서 보듯이 거대한 종합 과학인데 이를 달성하는데 필요한 다수의 연구원을 조직화하고 거대한 장기적 재정투자를 실천하고 있어 당분간 세계의 무대에서 독주할 것 같다.

41. 세계 100대 기업들 중 미국기업이 가장 많다.

미국의 강력한 힘은 세계적으로 활동하는 전문기업들의 국제경쟁력에서 나온다고 말할 수 있다. 이들 미국 기업들은 세계 100대 상장기업 중에서 가장 많이 이름을 올리고 있다. 이들 상장기업들은 세계적인 국제경쟁력을 갖춘 전문기업들이고 세계시장을 선도하고 있다. 미국 기업들은 여러 산업분야에서 세계시장을 선도하는 강력한 지배력을 행사하고 있다[부록1 참조].

1. PetroChina 북경 2. ExxonMobil 미국 3. Microsoft 미국 4. ICBC 북경 5. Apple 미국 6. BHP Billiton 런던 7. Wal-Mart 미국 8. Berkshire Hathaway 미국 9. General Electric 미국 10. China Mobile 홍콩 11. China Construction Bank 중국 12. Nestlé 스위스 13. Petrobras 브라질 14. Procter & Gamble 미국 15. Johnson & Johnson 미국 16. Bank of America 미국 17. JP Morgan Chase 미국 18. BP 영국 19. Royal Dutch Shell 네델란드 20. HSBC 영국 21. IBM 미국 22. Vale 브라질 23. Wells Fargo 미국 24. AT&T 미국 25. Chevron 미국 26. Bank of China 중국

27. Cisco Systems 미국 28. Novartis 스위스 29. Hoffmann-La Roche 스위스 30. Google Inc. 미국 31. Pfizer 미국 뉴욕 32. Toyota Motor 일본 33. Gazprom 러시아 34. Total 프랑스 35. Rio Tinto 영국/호주 36. Sinopec 북경 **37. Oracle 미국 38. Coca-Cola 미국 39. Hewlett-Packard 미국 40. Intel 미국** 41. China Life 중국 42.Vodafone 영국 43. Samsung Electronics 한국 **44. Merck 미국 45. Citigroup 뉴욕** 46. Banco Santander 스페인 **47. Pepsico 미국** 48. Telefônica 스페인 49. EDF 프랑스 50. Glaxo Smith Kline 영국 51. Sanofi-aventis 프랑스 **52 Philip Morris International 미국** 53. Eni 이탈리아 54. Siemens 독일 55. BNP Paribas 프랑스 **56. Goldman Sachs 미국** 57. Itaú Unibanco 브라질 **58. Verizon 미국** 59. GDF Suez 프랑스 60. China Shenhua Energy 중국 61. Unilever 로테르담/런던 62. Rosneft 러시아 63. Royal Bank of Canada 캐나다 **64. Abbott Laboratories 미국** 65. Anheuser-Busch InBev 벨기에 66. Saudi Basic Industries 사우디아라비아 67. Commonwealth Bank 호주 68. Reliance Industries 인도 **69. Conoco Phillips 미국** 70. Westpac 오스트레일리아 71. Schlumberger 네덜란드 72. Mitsubishi UFJ Financial 일본 73. E.ON 독일 74. Statoil 노르웨이 75. CNOOC 홍콩 **76. McDonald's 미국 77. Qualcomm 미국 78. United Technologies 미국** 79. British American Tobacco 영국 **80. Occidental Petroleum 미국** 81. Arcelor Mittal 룩셈부르크 **82. Walt Disney 미국** 83. NTT DoCoMo 일본 84. NTT 일본 85. Barclays 영국 86. Sberbank 러시아 87. Honda Motor 일본 88. Astra Zeneca 영국 89. Toronto-Dominion Bank 캐나다 90. Lloyds Banking Group 영국 91. France Télécom 프랑스 92.

L'Oréal 프랑스 93. Canon 일본 94. Credit Suisse 스위스 95. Amazon.com 미국 시애틀 96. 3M 미국 97. SAP 독일 98. Teva Pharmaceutical 이스라엘 99. Deutsche Telekom 독일 100. ANZ Banking 호주

42. 미국의 IT산업은 세계 최고수준이다.

미국은 세계적인 IT 산업의 힘을 주도하고 있고 하드웨어(제조)에서 소프트웨어(프로그램)로 이동시키는 주역을 당당하고 있다. 미국은 주력사업인 컴퓨터 시장의 장악에 그치지 않고 소프트웨어(SW) 개발 시장을 선점해 앞서 가고 있다.

소프트웨어와 프로그램산업에서 세계 10대 기업에 든 미국 기업은 다음과 같다(2012년 기준) : Microsoft(미국) / Oracle(미국) / SAP(독일) / Symantec(미국) / CA(미국) / NTT Data(미국) / Adobe Systems(미국) / Intuit(미국) / Amadeus IT / Check Point(이스라엘).

세계 최대 정보기술업체는 다음과 같다 : 이들 기업들은 모두 자신들의 본업에 computer hardware, software, electronics, semiconductor, internet, telecom equipment, e-commerce and computer services등의 정보 기술 산업을 접목시킨 업체들이다. Note : The list is limited to companies with annual revenues exceeding 50 billion USD.

순위	업체	산업	수입	연도	고용자수	시장가치	본사
1	Samsung	Electronics	$188.1	2012	221,726	$227.58	Seoul, South Korea
2	Apple	Electronics	$156.5	2012	76,100	$427.62	California, U.S.
3	HP	Hardware	$120.3	2012	331,800	$32.46	California, U.S.
4	Foxconn	Electronics	$119	2011	1,230,000	$27.2	New Taipei, Taiwan
5	IBM	Computer services	$104.5	2012	433,362	$229.45	New York, U.S.
6	Panasonic	Electronics	$99.65	2012	327,512	$22.7	Osaka, Japan
7	Microsoft	Software	$73.72	2012	94,000	$224.8	Washington, U.S.
8	Dell	Hardware	$62.07	2012	106,700	$22.97	Texas, U.S.
9	Amazon.com	Internet	$61.09	2012	88,400	$120.03	Washington, U.S.
10	Fujitsu	Hardware/Software	$54.46	2012	173,155	$125.83	Tokyo, Japan
11	Intel	Semiconductor	$53.34	2012	104,700	$105.26	California, U.S.
12	Google	Internet	$50.17	2012	53,546	$248.31	California, U.S.

미국은 시스템반도체, 메모리반도체 시장을 선도한다. 세계 1위인 미국 인텔은 반도체 매출액이 474억2천만 달러로 전년 대비 2.7% 감소했으며, 시장점유율도 15.7%에서 15.6%로 줄었다. 2위인 삼성전자의 2012년 반도체 매출액은 312억6천400만 달러로 2011년(285억6천300만 달러)보다 9.5% 증가하면서 처음 300억 달러를 넘어섰다. 시장점유율은 2011년 9.2%에서 지난해 10.3%로 늘어 세계 2위 자리를 굳게 지켰다.

삼성전자의 반도체 시장점유율은 2002년 5.4%, 2003년 5.3%, 2004년 6.8%, 2005년 7.4%, 2006년 7.5%, 2007년 7.2%, 2008년

6.5%, 2009년 7.5%, 2010년 9.2%로 상승했다. 삼성전자는 1위인 인텔과의 점유율 격차를 2011년 6.5%포인트에서 지난해 5.3%포인트로 좁혔다. 퀄컴은 131억7천700만 달러(4.3%) 3위, 텍사스인스트루먼트 120억3천500만 달러(4.0%), 도시바 111억3천100만 달러(3.7%) 등이 뒤를 이었다.

지난해 세계 반도체 시장의 전체 매출액은 3천41억4천400만 달러로 2011년(3천110억4천100억 달러)보다 2.2% 감소했다. 삼성전자의 시스템반도체 매출액은 111억5천200만 달러로 2011년(76억600만 달러)보다 46.6% 급증했다. 덕분에 시장점유율이 3.3%에서 4.9%로 확대, 4강에 진입했다. 1위 인텔은 시스템반도체 매출액이 같은 기간 2.5% 줄었다. 점유율도 20.6%에서 20.3%로 낮아졌다. 모바일 AP에서 강세를 보이는 퀄컴도 지난해 시스템반도체 매출이 29.2% 늘면서 점유율이 4.5%에서 5.8%로 높아졌다. 텍사스인스트루먼트(5.1%)가 그 뒤를 이었다.

메모리반도체 부문에서는 삼성전자가 부동의 1위 자리를 지켰다. 삼성전자의 지난해 메모리반도체 시장점유율은 35.4%로 전년(35.7%)보다 소폭 줄었다. 지난해 PC시장 침체 등 IT(정보기술) 업황이 악화되면서 주요 업체들의 메모리반도체 매출이 일제히 감소한 가운데, 삼성전자는 모바일 D램과 낸드플래시 기반 솔리드스테이트드라이브(SSD) 등에서 선전했다는 평가다. 2위 SK하이닉스는

16.6%로 전년(15.8%)보다 높아져서 3위 마이크론테크놀로지(12.8%)와의 격차를 더욱 벌렸다. 지난해 메모리반도체 전체 매출액은 528억8천800만 달러로 2011년(586억7천400만 달러)보다 9.9% 감소했다. 시스템반도체 전체 매출액은 2천262억3천900만 달러로 전년(2천286억2천900만 달러) 대비 1.0% 줄었다[서울 = 연합뉴스, 이웅 기자, 2013.4.2./시장조사기관인 아이서플라이].

43. 미국은 신기술 의료기기 시장을 선도한다.

미국은 세계 의료산업과 시장에서 신제품 개발에 최선두를 달리고 있으며 시장을 선점하고 있다. GDP 대비 의료산업 비중에서 볼 때 미국 15.3% 스위스 11.6% 프랑스 10.5% 포르투갈 10.0% 노르웨이 9.7% OECD평균 8.9% 헝가리 8.3% 일본 8.0% 터키 7.7% 멕시코 6.5% 슬로바키아 5.9% 한국 5.6%로 초 선두에 서 있다[자료; OECD, 헬스테이타 2006 / 매일경제, 2007.4.23.].

미국 의사들은 유럽과 일본 의료서비스 수준을 인정해 학회에 참석하고 교류도 활발하다. 미국의 의료산업이 월등히 앞서 있다는 사실은 다음의 수치에서도 그대로 나타나고 있다. 1인당 건강지출(ppp 기준)규모를 보면 미국 6,102달러 프랑스 3,165 달러 일본 2,249 달러 포르투갈 1,824 달러 체코 1,361 달러 한국 1,149 달러를 나타내고 인구 1000명 당 의사 수에서도 그리스 4.9명 체코 3.5명 슬로바키아 3.1명 미국 2.4명 일본 2명 한국 1.6명을 보이고 있으며 인구 1000명 당 간호사 수에서도 노르웨이 14.9명 독일 9.7명 영국 9.2명 일본 9명 멕시코 2.2명 한국 1.8명 수준으로 미국은 선진국 중에 가장 앞서 있음을 알 수 있다[매일경제, 2007.4.23.].

세계 주요 의료기기 Biomedical engineering (BME) / Medizinaltechnik 제조업체는 주로 미국계 기업들이 차지하고 있다; Roche, 스위스/ Abbott, USA/Johnson & Johnson, USA/General Electric, USA/ Fresenius Medical Care, 독일/Siemens, 독일/Medtronic, USA/Baxter International, USA/Covidien, USA/Tyco International Philips, 홀란드/ Boston Scientific, USA/Becton Dickinson, USA/B. Braun Melsungen, 독일/Zimmer Holdings, USA/ St. Jude Medical, USA/Synthes, 스위스, 미국/Smith & Nephew, 영국/Dräger, 독일/Biomet, USA

세계 의료기기 산업은 미국, 일본, 독일 3국이 주도하고 있다. 의료산업의 매출은 1995~2003년 기간 매년 평균 5.5% 성장했다. 경제 전체적으로 볼 때 독일은 의료테크닉 분야의 기여는 매우 작은 편이다. 같은 기간 독일의 의료 관련 산업은 전체 산업 총매출 및 총고용의 3%, 전체 보건경제의 8.5%를 차지하였다. 2010년 독일의 의료테크닉제조업체 Medizintechnikhersteller 1.138개에 근로자 113.000명, 총매출 21,7 Milliarden Euro에 이른다. 여기에 의료관련 소기업과 유통기업 및 관련 지점업체 11.200개가 173.000명 근로자를 고용하고 있다. 또한 의료기기 및 인공의료기구 품목을 취급한 소매업체가 35.000명을 고용하고 있다. 의료산업분야의 종사자는 중산계층을 형성하고 있다. 1.138업체 중 64%가 250명 이하의 근로자를 고용하고 있으며 2/3가 외국에서 매출을 올린다. 이 산업의 주요 이익단체들로는 BVMed, SPECTARIS, Fachverband für Elektromedizinische Technik des ZVEI이 있다.

의료기기 제조업체의 매출 순위(2007년 기준)는 다음과 같다; Roche, 스위스 : 31,2 Mrd. Euro / Abbott, 미국 18,5 Mrd. Euro / Johnson & Johnson,미국 15,8 Mrd. Euro / General Electric, 미국 : 12,4 Mrd. Euro / Fresenius Medical Care, 독일 : 10,6 Mrd. Euro / Siemens, 독일 : 9,9 Mrd. Euro / Medtronic,미국 : 9,0 Mrd. Euro / Baxter International, 미국 : 8,2 Mrd. Euro / Covidien, 미국 : 7,3 Mrd. Euro / Philips, 네덜란드 : 6,5 Mrd. Euro / Boston Scientific, 미국 : 5,7 Mrd. Euro / Becton Dickinson, 미국 : 4,6 Mrd. Euro / B. Braun Melsungen, 독일 : 4,4228 Mrd. Euro / Zimmer Holdings, 미국 : 2,5 Mrd. Euro / St. Jude Medical, 미국 : 2,4 Mrd. Euro / Synthes, 스위스 / 미국 : 2,3 Mrd. Euro / Smith & Nephew, 영국 : 2,0 Mrd. Euro / Dräger, 독일 : 1,9 Mrd. Euro / Biomet, 미국 : 1,0 Mrd. Euro

44. 미국은 세계 신약 및 제약시장을 주도하고 있다.

미국은 특히 신약개발에서 세계적인 선두를 달리고 있다. 세계 제약시장의 절대규모는 매년 증가하고 있지만 성장률은 계속 줄어들고 있다. 절대 시장규모는 1999년 3340억 달러, 2003년 4980억 달러, 2006년 6430억 달러로 증가했고 성장률은 1999년 14.5%, 2001년 11.8%, 2003년 10.4%, 2006년 7.0%로 계속 둔화 추세를 보이고 있다[중앙경제, 2007.10.4.].

세계 주요 제약업계 healthcare companies / pharmaceutical companies 와 시장은 주로 미국계 제약업체들이 장악하고 있다 ; Johnson & Johnson(미국) / Pfizer(미국) / Roche(스위스) / Glaxo-SmithKline(영국) / Novartis(스위스) / Sanofi(프랑스) / AstraZeneca(영국, 스웨덴) / Abbott Laboratories(미국) / Merck & Co.(미국) / Bayer HealthCare (독일) / Eli Lilly(미국) / Bristol-Myers Squibb(미국) 이 있다.

45. 미국은 종자 전쟁에서 절대강자이다.

1970년대 배럴 당 2달러 중반이던 원유가가 1년 사이 11달러를 넘어서며 4배 이상 치솟았고, 국제 곡물가격도 하루가 다르게 폭등했다. 곳곳에서 아사자가 속출했다. 1970년대 당시 이미 미국은 식량에 대한 통제권을 더욱 강화하는 데 모든 정책을 동원하였다. 미국은 **카길 · 콘티넨탈** 등 민간 곡물메이저 기업을 앞세워 세계 식량 시장을 독점해갔다. 이후 이들을 뒷받침 한 것이 **몬산토**를 비롯한 미국계 종자회사다.

세계 종자전쟁에서 미국은 세계 시장의 절반 이상을 점유하고 있다. 몬산토, 듀퐁, 랜드오레이크, 다우 아그로사이언스 등 미국계 종자 기업이 세계 종자시장의 절반 이상을 장악하고 있다. 이들 4개 기업이 종자를 팔아 얻은 수익은 그 해 125억7,311만 달러(약 13조원)에 달했다. 특히 몬산토는 1990년대 유전자조작종자(GM)를 판매하면서 세계 종자시장의 23%를 장악한 1위 종자 기업으로 발돋움

했다[국제 환경단체 ETC그룹].

1901년 인공감미료인 **사카린**을 만들어 코카콜라에 전량 납품하는 사업으로 출발했던 **몬산토**가 종자 산업에 눈을 돌리기 시작한 건 1980년대다. **몬산토**는 1982년 세계 최초로 식물세포의 유전자 변형에 성공했고, 이후 GM종자 개발에 집중했다. **몬산토**의 대표적 전략은 **자사 제초제와 그것에 내성을 가지는 GM종자**를 패키지로 판매하는 것인데, **몬산토**의 **세계 GM종자 시장 점유율은 80%**를 넘어선 지 오래다. 전 세계적으로 유전자변형식품(GMO) 의 유해성 비판이 거세지면서, 유럽을 중심으로 '프랑켄푸드'라는 악명이 붙은 GMO 생산이 금지되기도 했다. 하지만 **미국에서 생산하는 콩의 97%가 몬산토 종자**일 정도로 시장을 빠르게 잠식하고 있다.

세계 종자시장은 2000년대 후반부터 빠른 속도로 커지고 있다. 인구 증가에 따른 식량수요 증가, 기후변화에 따른 농산물 생산 불안정, 농산물을 활용한 바이오연료 개발 등이 맞물린 결과다. 하지만 몬산토를 비롯한 듀퐁, 랜드오레이크, 다우아그로사이언스 등 미국계 종자기업과 신젠타(스위스), 리마그레인그룹(프랑스), KWS AG·바이엘 크롭사이언스(독일), 사카타(일본), DLF-트리폴리움(덴마크) 등 세계 10대 종자기업의 독과점도 강화되는 추세다. 이들 기업의 세계 종자시장 점유율은 1996년 14%에서 2004년 49%, 2009년 74%로 급격히 늘고 있다.

눈 여겨 봐야 할 부분은, 세계적 제약회사들이 이들 기업의 상당한 지분을 갔고 있다는 점이다. 몬산토는 미국 제약회사 파마시아가, 신젠타는 스위스 제약회사 노바티스가 각각 대주주로 있다. 생명공학 기술에서 새로운 가능성을 발견한 글로벌 제약업체가 종자산업에 뛰어들고 있다는 것은 종자 산업이 고부가가치 지식집약 산업으로 변화하고 있다는 뜻이다. 일례로 지난 2002년 미국 시사간 타임지가 선정한 '올해의 발명품' 중 의료분야 최고 발명품으로 설사 치료제로 쓸 수 있는 토마토 종자가 선정될 정도로 종자산업의 위상이 높아지고 있다. 신종플루 치료제인 타미플루는 스타아니스(팔각나무) 종자에서 성분을 추출한 신약이다. 이 밖에도 엉겅퀴에서는 간기능 개선제, 은행잎에서는 혈액순환 개선제를 만들고 있다.

종자 주권을 둘러싼 국가 간 갈등은 끊이질 않는다. **미 종자회사 포드너스**는 1994년 멕시코에서 다양한 색의 강낭콩 한 자루를 구입, 노란색 콩만 골라 개량한 뒤 1999년 '에놀라'라는 이름으로 종자 및 식물 육종권 특허를 취득했다. 포드너스는 2년 뒤 멕시코에서 수 백년간 재배해왔던 노란 강낭콩에 대해 로열티를 내라며 멕시코 농부들과 콩 수출업체를 상대로 소송을 냈다. 9년을 끌던 분쟁은 미 연방고등법원이 2009년 포드너스의 특허권을 취소하면서 마침표를 찍었다.

하지만 종자자원국이 승리하는 경우는 극히 드물다. 미 특허청은

로린 밀러가 1999년 아마존에 자생하는 약용 넝쿨식물 '아야후아스카'에 대한 특허를 취득한 것 관련, 아마존유역토착민기구연합(COICA)이 낸 이의신청을 기각하고 독점권을 인정했다. 남아프리카산 부족의 **약초 '후디아'**는 식욕억제 효과가 있는데, 수십억 달러의 경제적 가치가 있다고 추정되는 특허권이 1995년 **제약회사 파이토팜(영국)과 화이자(미국)**로 넘어가기도 했다[한국일보, 이동현 기자, 2014.5.9].

46. 미국은 방위산업을 장악하고 있다.

세계 무기시장 규모는 442억 달러에 달한다. 그 중 중동시장은 60억 달러 규모다. 세계 무기시장은 미국이 70% 이상을 차지하리만큼 압도적이다. 방산수출액은 러시아와 미국은 알려져 있지 않다. 방산수출액은 프랑스 연간 100억 달러, 영국 90억 달러, 이스라엘 40억 달러, 한국은 2004년 최고 4억2000만 달러에 달했다[매일경제, 2007.2.20.]. 미국은 국방비 지출규모에서 세계 최고수준을 유지하고 있으며 다른 나라들이 따라올 수 없을 만큼 큰 격차를 유지하고 있다. 다음 표는 국가별 국방예산 규모와 세계 비중을 보여주고 있다[부록 참조].

순위	국가	국방비지출(10억 달러)	세계비중(%)	GDP(2011년)
1	United States	711.0	41.0	4.7
2	China	143.0	8.2	2.0
3	Russia	71.9	4.1	3.9
4	United Kingdom	62.7	3.6	2.6
5	France	62.5	3.6	2.3

6	Japan	59.3	3.4	1.0
7	India	48.9	2.8	2.5
8	Saudi Arabia	48.5	2.8	8.7
9	Germany	46.7	2.7	1.3
10	Brazil	35.4	2.0	1.5
11	세계 전체	1735	74.3	2.5

미국은 군사적인 절대우위전략을 통해 미국의 패권주의를 강화할 뿐만 아니라 세계지배를 실현하고자 한다. 미국은 군사적인 수단으로 미사일방어(엠디) 체제 개발을 통한 군사력의 질적 비약을 이루고 있다. 미국 군사력의 절대우위전략은 어느 지역을 지배함으로써 그 자원을 발판으로 강대국의 지위에 오를 수도 있는 모든 적대적 국가를 저지하고, 미국의 리더십에 도전하거나 기존 정치·경제 질서를 무너뜨리려고 기도하는 선진국을 저지하며, 앞으로 등장할 수 있는 어떤 총체적 경쟁자도 사전 방지한다는 전략을 구사한다. 미국은 가상의 적을 구실로 삼아 군사 첨단기술 개발을 촉진하는 명분을 내세워 국방예산을 계속 확대하고 있다. 미국의 국방 예산은 미국의 적대국이라고 지목한 모든 나라의 국방예산을 합한 것보다 많다.

미국 국방부는 5대 지역사령관 Territories under a Command과 합동공군사령관, 특수작전사령관, 수송사령관, 전략사령관을 거느리고 있다. 지역사령관은 작전과 재정에서 상당한 자치권을 가지고 있다 ; 북부사령관 Territories under a Command are : the Northern

Command (NORTHCOM) (Peterson Air Force Base, Colorado), 태평양사령관 the Pacific Command (Honolulu, Hawaii), 남부사령관 the Southern Command (Miami, Florida), 중부사령관 The Central Command (CENTCOM) (MacDill Air Force Base, Florida), 유럽사령관 the European Command (Stuttgart-Vaihingen, Germany), 합동공군사령관 the Joint Forces Command (Norfolk, Virginia), 특수작전사령관 the Special Operations Command (MacDill Air Force Base, Florida), 수송사령관 the Transportation Command (Scott Air Force Base, Illinois), 전략사령관 the Strategic Command (STRATCOM) (Offutt Air Force Base, Nebraska).

미국은 전 세계지역에서 막강한 군사력을 배경으로 지역 분쟁의 해결사노릇을 하고 있다. 해외에서 활동하는 지역별 주둔 미군과 군속근무요원은 다음과 같다 ; 아프리카 800 /아시아 (중동 중앙아시아 제외)97,000 / 한국 40,258 / 일본 40,045 / 인도양의 Diego Garcia Base 491 / 필리핀 100 / 싱가포르 196 /타이랜드 113 / 호주 200 / Afloat 16,601 / 유럽 116,000(독일 75,603) / 중앙아시아 ; 1,000 Ganci(Manas) Air Base Kyrgyzstan, 38 Kritsanisi), 현지군 훈련 미군 파견요원 Georgia / 중동 6,000(이락 제외) ; 3,432 Qatar, 1,496 Bahrain / 서반구 ; 관타나모 700, 온두라스 413, 캐나다 147.

미국 태평사령관 United States Pacific Command (USPACOM)은 US

Army Pacific (USARPAC) / Commander, US Pacific Fleet (COMPACFLT) / US Marine Forces Pacific (MarForPac) ; 3. US-Flotte, Pearl Harbor (Hawaii), 7. US-Flotte, Yokosuka (Japan) / US Pacific Air Forces (PACAF) / US Special Operations Command Pacific (SOCPAC) / PACOM에는 3개 소지역 연합사령관(Sub Unified Commands) : US Aalaskan Command/US Forces Japan / US Forces Korea을 거느리고 있다.

2013년 전 세계 및 각국의 군비지출 규모를 보면 2013년 전 세계 군비지출 규모가 14년 만에 처음으로 감소했다. 군비지출의 감소 원인은 경제위기의 직격탄을 맞은 서구 열강의 재정 긴축 때문으로 보인다. 주요 군사강국 가운데는 중국과 러시아가 유일하게 큰 폭으로 지출을 늘렸다. 세계 172개국의 2012년 군비지출 총액은 약 1조 7천500억 달러(1천969조 원)로 전년보다 0.5% 줄었다. 군비가 감소한 것은 지난 1998년 이래 최초라고는 하나 물가상승률을 고려한 실질적 지출 규모는 냉전 때보다 더 컸다. 미국에서 발생한 2001년 9 · 11 테러 이후 조성된 테러 위기 분위기가 여전한 탓으로 보인다.

국가별로는 미국과 중국이 각각 6천820억 달러와 1천660억 달러를 쓰면서 어김없이 1 · 2위를 차지했고, 러시아는 907억 달러로 그 뒤를 이었다. 3대 군사비 지출 국가 가운데 미국은 전년 대비 6.0% 감소했지만, 중국과 러시아는 각각 약 7.8%와 16.0%씩 증가했다. 2년 연속 군비감축에 들어간 미국은 과거 미국-소련 간 냉전 시대 이후 20여 년 만에 처음으로 조사대상 전체의 40% 아래로까지 지출이 줄었지만, 여전히 유일 군사대국의 자리를 지켰다. 이 밖에 영국, 일본, 프랑스, 사우디아라비아, 인도 등이 '톱 10'에 들었다.

한국의 군비지출 규모는 전년보다 1.9% 늘어난 317억 달러로, 이탈리아와 브라질에 이어 12위에 랭크됐다. 대륙별로는 '아랍의 봄'으로 촉발된 시리아 내전 사태가 장기화하고 인접한 북아프리카로 확산하면서 두 지역 군비지출액이 각각 8.3%와 7.8%씩 크게 늘었다. 아시아의 전체 지출액은 3.3% 증가한 가운데 중국과 영토갈등을 빚고 있는 인도, 베트남, 필리핀 등에서 지속적인 군비증강이 두드러졌다.

유럽은 2008년 금융위기 이래 유럽연합(EU) 또는 북대서양조약기구(나토)에 가입한 31개 회원국 가운데 군비지출을 10% 이상 줄인 나라가 절반이 넘는다. 미국은 오는 2014년 아프가니스탄 철군과 맞물려 올해 초 발동된 시퀘스터의 여파로 대규모 국방예산 감축이 예견되는 상황이다. 서방이 각종 긴축정책과 아프가니스탄전 장기화로 허리띠를 조여 매는 사이 아시아와 아프리카 등 저개발국들은 경제발전 자금이 군비로 끊임없이 유입되는 상황이다. 이는 세계 군비 지출의 균형이 서구 열강에서 그 외 지역으로 이동하는 전조로 보고 있다. 다만 나토 회원국들의 지출 규모만 합산해도 1조 달러 수준이며 미국과 그 동맹은 여전히 전 세계 군비의 절대과반을 차지하고 있다[서울 = 연합뉴스, 류미나 기자, 2013.4.15. / 스웨덴 스톡홀름국제평화연구소(SIPRI) ; 연례보고서].

세계 주요 군수무기제조업체들을 보면 대부분 미국계 업체들이 압도적으로 많고 시장을 지배하고 있음을 알 수 있다 ; Lockheed Martin(미국) / Boeing(미국) / BAE Systems(영국) / General Dynamics (미국) / Raytheon(미국) / Northrop Grumman(미국) / EADS(유럽연합) / Finmeccanica(이탈리아, 전투기, 탱크, 군함) / L-3 Communications (미국) / United Technologies Corporation(미국) / Thales Group(프랑스, 탄도미사일) / SAIC(미국) / Huntington Ingalls Industries(미국) / Honeywell(미국) / SAFRAN(프랑스, 로켓) / Computer Sciences Corp. (미국) / Rolls-Royce(영국, 전투기) / United Aircraft Corporation(러시아, 전투기) / Oshkosh Corporation(미국) / General Electric(미국) / ITT Corp.(미국) / Almaz-Antey(러시아, 미사일).

47. 미국의 군사적 우위에 도전할 수 있는 나라가 없다.

미국은 위협이 있다고 생각하면 국가안보를 지키면서 자유 민주주의를 고양하고 국제적으로 군사력 과시와 세계 평화, 인권 보호를 선도할 수 있는 유일한 초강국으로 군림하고 있다. 미국은 다양한 최첨단 무기를 보유하고 있다. F-22전투기와 F-117 스텔스기는 미국의 최첨단 무기 중의 하나이다. F-22전투기는 어떤 공중전에서도 적의 전투기보다 먼저 보고 먼저 쏘며 먼저 격추시키는 능력을 갖춘 전투기이다[부록 참조].

미국은 **광선무기** heating-bearing weapon **개발**에도 적극적이다. **광선무기**는 획기적인 무기로서 재래식 무기와 달리 **인체에 큰 해를 주지 않으면서 전자파**로 순간적으로 신체기능을 무력화시키는 무기다. 신병기의 사거리는 500m에 이른다. 미 공군이 B-2 스텔스 폭격기의 성능 개량과 **신형 장거리 핵 순항 미사일(LRSO)** 개발에 착수했다. 현재는 **B-2 폭격기**에 B-52H 폭격기 전용 핵 순항미사일을 탑재할 수 없지만, 2014년 회계연도에 따르면 신형 장거리 핵 순항 미사일은 **B-2A 스텔스 폭격기, B-52H 폭격기, 차세대 장거리 타격 폭격기**에도 장착이 가능할 것으로 본다. **LRSO**는 **구형 공중발사 핵미사일(ALCM)**의 후속 모델이 될 것이다. 이 미사일은 B-2 폭격기, B-52H 폭격기, 차세대 장거리 타격 폭격기에도 호환이 가능하다. 2014년 회계연도 공군 예산 자료에 따르면 B-2 스텔스 폭격기에 대한 성능 개량이 '유연 타격(Flexible Strike)'이란 프로그램의 일환으로 이미 시작됐다. 미 공군은 **B-2 스텔스 전투기**에 **신형 열핵폭탄(B61-12), LRSO** 등을 장착하기 위한 **각종 통신·전자·소프트웨어 개발**에 본격적으로 들어갔다.

2016년부터 2017년까지 진행되는 유연 타격 1단계 생산과 배치 계획에 따라 미 공군은 **신형 열핵폭탄(B61-12)을 2019년에, LRSO를 2020년대 중반이나 후반에 공급받게 된다.** 향후 5년 간 진행되는 미사일 설계 및 개발에 편성된 비용만 10억 달러가 넘게 편성됐으며 2020년 중후반까지 무기 생산과 납품이 본격적으로 시작되면 그 비용은 상당히 늘어갈 것으로 예상 한다. 미사일 개발에 드는 비용 외에 **핵탄두 생산**에 따른 비용도 추가될 것으로 보인다. 미 공군은 **W80-1, W84, B61 등 기존 핵탄두**의 수명을 연장한 핵탄두를 사용할 계획이다. 미 공군이 추가 수명 연장 프로그램을 진행한다며 LRSO 탄두 프로그램에서도 수십억 달러의 예산이 투입될 것으로 보인다[서울=뉴시스, 이수지 기자, 2013.4.29.].

48. 미국은 전 세계 항공모함의 절반 이상을 보유하고 있다.

미국은 현재 가장 앞선 기술을 접목시킨 **제럴드 포드급 항공모함**을 공개했다. 전투기 90대를 싣고 공중과 해상에서 동시 작전을 펼칠 수 있는 움직이는 군사기지다. 제럴드 포드 전 미국 대통령의 이름을 딴 최신예 **핵추진 항공모함**이 7년 만에 완성됐다. **제럴드포드급 항공모함**은 축구장의 3배 크기의 갑판에 **FA18 슈퍼호넷**이나 **F35전투기, 대잠수함 헬기** 등 **최신예 항공기 90대**를 싣고 **하루 220회의 작전을 수행**할 수 있다[워싱턴 MBC 박범수 특파원, 2013.11.10].

기존의 미국 **니미츠급 항공모함**보다 항공기를 30대나 더 실을 수 있을 뿐 아니라 훨씬 **소음이 적은 원자로**에다 함교에는 **스텔스 기능**까지 갖춰 적의 추적을 교란시킬 수 있습니다. **이지스 구축함과 원자력 잠수함**들이 항공모함을 호위하며 동시에 기동 작전을 하기 때문에 **중소규모 국가의 공군력과 해군력을 합친 것 보다 큰 위력**

을 발휘한다는 평가다. 항공모함 한 척의 값은 무려 13조원에 이른다. **미국은 전 세계 항공모함 수의 절반 이상인 11 척을 가지고 있다.** 미국은 2050년까지 제럴드 포드급으로 세대교체까지 완료하고 압도적인 해상 패권을 유지할 계획이다[워싱턴 MBC 박범수 특파원, 2013.11.10].

49. 미국은 최첨단 무기를 보유하고 있다.

미국은 꿈의 구축함, 항공모함 킬러로 불리는 미국의 차세대 구축함 줌왈트(DDG-1000)호가 조만간 실전 배치한다. 줌왈트호는 스텔스 기능을 갖춰 레이더망에 포착되지 않는 데다, 위성위치확인시스템(GPS)으로 유도되는 장거리포를 30분에 600발 이상 발사할 수 있는 막강한 화력을 갖췄다.

또 155㎜ 구경의 함포는 사정거리가 160km로, 웬만한 단거리 미사일보다 멀리서 적을 공격할 수 있다. 배 뒷면 갑판에서는 헬리콥터와 무인비행기의 이착륙이 가능하고 엔진 소음을 차단해 대테러 작전, 기습 공격 등의 은밀한 임무를 수행할 수 있다. 배 앞면은 고속 항해 시 흔들림을 최소화하기 위해 아래쪽으로 뾰족하게 설계됐다.

배의 길이는 기존 구축함보다 30m 더 길다. 첨단 자동 항해 기능을 갖췄기 때문에 필수 승선 인원은 기존 구축함의 절반에 불과하다. 미 국방부는 원래 줌왈트급 구축함을 20척 이상 건조하려 했지만 막대한 건조 비용 때문에 3척만 만들기로 했다.

줌왈트호의 건조 비용은 기존 구축함의 3배인 35억 달러(약 3조 7000억원)로 추정된다. 미국 국방부는 줌왈트호를 아시아 · 태평양 지역에 배치할 계획이다. 군사 대국화에 나선 중국을 견제하고 핵 미사일 개발 프로그램을 진행 중인 북한을 감시하기 위해서다[뉴욕=나지홍 특파원, 조선일보, 2013.10.22].

미국은 적을 원거리에서 제압하는 미사일의 최대 보유국이다. 현대 전쟁의 최종병기로 불리는 미사일은 2차 세계대전 때 첫 선을 보인 뒤 70여 년간 눈부시게 진화했다.

초기 300km에 불과했던 사거리는 1만km 이상으로 대폭 늘어났고 정확도가 떨어져 목표물을 제대로 못 맞히고 엉뚱한 곳에 떨어지기도 했지만 이제는 정확도가 뛰어난 병기다[국민일보, 최현수 군사전문기자, 2013.10.16].

미사일을 전쟁에서 처음 사용한 나라는 독일이다. 2차 세계대전 시 영국 공군에게 제공권을 장악당해 곤경에 처했던 독일은 절치부심해 만들어낸 신무기 V-1과 V-2로 영국에 무차별적인 보복을 했다. V는 보복을 의미하는 독일어(Vergeltungs)의 머리글자다. '쉬잇' 소리를 내며 초음속으로 비행해 느닷없이 날아오는 미사일을 막을 수 있는 방법은 없었다.

V-1은 비교적 작은 크기로 '날아가는 폭탄' 수준이었지만 V-2는 고도 100km 이상의 외기권까지 비행할 수 있는 길이 약 15m의 대형 로켓이었다. 신무기 개발로 영국을 비롯한 연합국을 긴장시켰지만 신무기의 파괴력은 크지 않아 독일은 기울어가는 전세를 뒤집을 수는 없었다.

전쟁에 패한 독일은 천재 과학자 폰 브라운이 주도한 앞선 미사일 기술을 미국과 구(舊) 소련에 넘겨줘야 했다. 당시 독일이 개발한 대형액체추진로켓엔진기술과 초음속공기역학기술, 추력조종기술은 지금도 미사일 제작에 핵심적인 역할을 할 만큼 뛰어난 기술이었다. 미국은 노획한 V-2와 폰 브라운 팀을 활용해 앨라배마주 레드스톤 병기창에서 자체 기술로 만든 첫 미사일 '레드스톤'을 선보였다. 이후 아틀라스, 나이키-허큘리스, 퍼싱, 토마호크 등 중단거리 미사일에서 사거리가 1만km가 넘는 대륙간탄도미사일(ICBM) LGM-30 미니트맨 500여기를 배치한 세계 최고의 첨단 미사일 보유국이 됐다 [부록 참조].

미국에 맞서 미사일 개발에 총력을 기울인 나라는 구소련이다. 구소련 역시 2차 세계대전 때 연속되는 폭발음이 마치 오르간 건반을 두드리는 것 같다고 해서 '스탈린의 오르간'으로 불렸던 다연장 로켓 BM-13을 퍼부어 독일군을 궤멸시키기는 했지만 초기 미사일 기술은 독일 기술진에 의존해야 했다.

소련은 V-2를 모방한 R-1 로켓을 개발한 뒤 독자모델 개발에 들어가 현재 전 세계에서 가장 많이 쓰이고 있는 **스커드 미사일**을 제작했고 SS-57 TOPOL-M 등 사거리가 1만3000km에 달하는 27종의 **대륙간탄도미사일**ICBM 560여기를 배치해 놓았다.

최근 미사일 강국에 진입한 중국은 초기에는 소련의 기술 지원을 받았지만 미국 로켓기술 개발에 깊숙이 개입했던 과학자 첸쉐썬(錢學森)의 노력으로 자체 기술을 개발할 수 있었다. 첸쉐썬은 2차 세계대전 말 독일에 파견돼 폰 브라운으로부터 기술을 전수받기도 했다. **중국은 현재 DH-41 등 미국을 위협하는 대륙간탄도탄도 제작하고 있다.**

일본은 공식적으로는 미사일을 보유하고 있지 않지만 대형 액체 및 고체 추진로켓을 제작해 오고 있어 언제든 미사일 제작이 가능하다.

북한은 소련으로부터 미사일을 도입한 뒤 모방 개발을 통해 자체 기술을 발전시켜 실크웜 대함미사일뿐 아니라 스커드·노동·무수단·대포동 등 단거리 미사일에서 장거리 미사일까지 확보하고 있는 미사일 강국이다.

한국은 1978년 9월 사거리 180km의 백곰미사일을 개발해 세계에서 7번째로 독자적인 미사일 개발에 성공했지만 한·미 미사일지침에 묶여 개발이 제한됐다. 지난해에서야 미사일지침 개정으로 사거리 800km 이상의 탄도미사일 개발이 가능해졌다. 순항미사일인 현무 3C는 사거리가 1500km에 달하지만 북한과 비교하면 미사일 분야에서는 현격한 열세에 있다.

2010년 미국의 탄도미사일방어검토보고서(Ballistic Missile Defense Review)는 미사일 기술 확산에 따른 보유국 수의 증가는 물론 사거리, 정확도 그리고 사용연료 및 발사 방식의 향상으로 인해 탄도미사일의 신뢰도, 생존성, 이동성이 현격히 좋아져 미사일의 위력이 급격히 커졌다고 평가했다. **현재 미사일을 보유한 국가는 38개국 정도로 추정된다.**

공격용 무기 미사일의 창끝은 더욱 예리해지고 강해졌다. 미사일의 정확도도 높아져 오차율은 수십cm로 줄었다. 거의 모든 목표물을 명중시킬 수 있는 수준이다. 또 입력된 자료를 기반으로 이동하고 있는 목표물까지도 스스로 찾아가 타격하는 스마트형 미사일이 대부분이다.

프랑스의 대함미사일 엑조세는 82년 발생한 포클랜드 전쟁에서 맹활약했다. 작은 섬 포클랜드를 둘러싸고 벌어진 영국과 아르헨티나 간의 전쟁에서 아르헨티나는 엑조세 미사일로 영국 함대 셰필드함과 1만5000t급 대형 전함을 침몰시켰다. 아르헨티나는 전쟁에서 졌지만 엑조세 미사일은 명품 미사일로 인식됐다.

1980년 시작돼 8년간 치열한 공방이 벌어졌던 이란 · 이라크전은 전쟁이다. 이 때 소련제 스커드 미사일이 등장했고, 북한이 개량한 스커드 미사일도 다량 사용됐다. 당시 양측이 발사한 스커드 미사일은 1000발이 넘었다.

이란 · 이라크전에선 양국이 보유했던 미사일이 총동원됐다. 스커드는 물론 프로그, 실크웜, 토우, 호크, 하푼 등이 사용됐던 본격적인 미사일 전쟁이었다.

걸프전(1991년 발생)은 토마호크를 비롯해 이전 세대보다 한 단계 더 발전된 첨단 미사일들이 대거 동원된 첫 번째 하이테크 전쟁이었다. 패트리엇 미사일과 헬파이어 미사일, 에이태킴스 미사일과 공대공 미사일 스패로도 위력을 발휘했다.

2001년 9월 11일 아랍의 테러조직 알카에다의 뉴욕 맨해튼 쌍둥이 빌딩 공격이 빌미가 돼 2010년 10월 시작된 아프가니스탄 전쟁에서는 토마호크, 헬파이어, 토우 미사일이 주역이었다. 특히 주요 작전에서 결정적인 역할을 한 것은 무인기와 개량된 대전차 미사일 헬파이어였다.

현대전쟁은 적을 원거리에서 제압할 수 있는 미사일 정밀타격 체제 없이는 전쟁수행 자체가 불가능하기 때문에 미사일은 전쟁 승리의 핵심이 되고 있다[국민일보, 최현수 군사전문기자, 2013.10.16].

1991년 1월 걸프전에서 가공할 위력을 발휘한 것은 미국 구축함에서 발사된 순항미사일토마호크였다. 토마호크 미사일은 이름에 걸맞게 이라크 곳곳에 날카로운 도끼자국을 남겼다. 현대전에서 미사일이 지닌 위력을 유감없이 보여줬다. 토마호크 미사일의 당시 명중률은 83%였다.

어디서 날아오는지도 모를 끔찍한 무기에 대해 대공포로 대항하는 이라크군의 무력함은 첨단 미사일을 보유한 나라와 그런 능력을 갖지 못한 국가의 무력감을 처절할 정도로 냉혹하게 대비시켰다[국민일보, 최현수 군사전문기자, 2013.10.26].

미사일은 전쟁의 양상을 바꿔놓았다. 미사일은 전쟁 양상을 변화시킨 무기이다. 미사일은 전쟁이 벌어지는 영역을 대폭 확대시켰다. 짧게는 100km, 길게는 1만km 이상 떨어진 지역에서 적의 주요 기지 등 목표물들을 타격한다.

미사일 보유국은 그만큼 전시(戰時) 때 유리한 위치에 서게 된다. 미사일은 장거리의 목표물을 타격할 수 있는 무인(無人) 유도 무기로 아군의 인명손상을 최소화하고 작전의 목표에 따라 다양한 탄두를 장착해 목적에 부합하는 최적의 효과를 올린다.

또 미사일은 초음속의 엄청나게 빠른 속도로 날아가 상대방이 방어할 수 있는 틈을 주지 않는 것도 위협적이다. 순식간에 날아가 엄청난 파괴력을 과시하는 미사일은 상대방의 전투 의지를 약화시키는 효과도 갖고 있다.

이 때문에 정확도가 뛰어난 장거리 미사일을 보유한 국가에 맞서는 일은 상당한 피해를 각오해야 한다. 첨단 미사일을 갖고 있다는 것만으로도 다른 나라의 도발을 억제한다.

비용 문제를 차치한다면 미사일은 현대전에서 가장 바람직한 무기이다. 미사일은 종합적인 과학의 산물로 미사일을 보유하고 있다는 것은 기술적 후진성에서 벗어난 의미다.

미사일에 활용되는 로켓 기술을 비롯한 다양한 기술들이 민수산업에 미치는 영향도 크다. 미사일 개발이 가능한 나라는 우주발사

체와 인공위성 개발을 가능케 한다.

경제적인 이유도 있다. 미사일 수출은 주요한 외화 획득원이 될 수 있다. 외화부족에 허덕이는 북한은 87 ~ 92년 250기의 미사일 관련 부품과 기술을 수출해 약 5억8000만 달러를 벌어들였다. 미사일은 핵과 결합하면서 더 큰 위력을 갖는다. 핵탄두를 실은 미사일의 파괴력은 상상을 초월한다.

핵을 실은 미사일은 현대전쟁에서 절대적인 힘을 갖는 최종병기가 됐다. 미사일 보유국들은 보다 발전된 미사일을 가지려고 경쟁한다[국민일보, 최현수 군사전문기자, 2013.10.26].

50. 미국은 중국을 따돌리고 슈퍼파워 국가가 될 것이다.

중국 등 다른 나라들의 거센 도전에도 미국은 향후 25년 동안 슈퍼파워 국가로 남을 것이다. 미국이 고도로 발전된 산업구조로부터 계속 혜택을 입을 것이다. 국제경쟁력을 갖춘 미국 민간 기업들이 미국경제를 뒤 받침 하고 미국의 패권을 떠받들 것이다. 미국의 경우 일본과 달리 인구밀도가 낮아 인구도 증가하는 추세다. 이는 미국의 성장가능성이 크다는 요소이다.

미 경제는 중국과 달리 전 지역이 균형발전을 이루고 있다. 공업 · 농업 · 에너지 분야가 고루 발전하고 있다. 게다가 최근 미국에서 일고 있는 에너지 혁명이 중동에 대한 미 경제의 자원 의존도를 낮추는 데 기여고 있다[아시아경제 조목인 기자, 2014.1.22].

중국은 빠른 경제성장에도 빈곤율이 심각한 수준이다. 대국으로서의 입지를 약화시키는 커다란 약점이다. 중국인 6억 명이 하루 2달러(약 2139원) 이하로, 4억 명은 하루 2~4달러로 살아가고 있다. 어마어마한 빈부격차를 드러내고 있는 것이다. 그러면서 2만 달러 이상의 고소득자는 6000만 명에 불과하다.

또한 지난 30년 동안 놀라운 성장을 일궈낸 중국이 이제 어려운 시기에 직면했다는 것도 문제다. 저성장과 내부 문제를 어떻게 해결하느냐에 따라 중국 경제의 앞날이 결정될 만큼 내부문제 해결에 힘을 쏟아야 한다. 반면 미국은 상대적으로 이런 내부문제들보다 해외문제들에 힘을 기울일 수 있다는 점이다[아시아경제 조목인 기자, 2014.1.22/미래전략 전문가이자 미국의 민간 연구소 '스트랫포' 창립자인 조지 프리드먼].

51. 중국의 무역총액이 미국을 추월했다.

중국의 지난해 무역총액이 미국을 추월할 가능성이 높다. 지난해 중국의 수출과 수입을 합친 무역 총액이 전년보다 7.6% 증가한 4조1천603억 달러로 집계돼 미국을 제치고 세계 최대의 무역대국으로 부상한다.

지난해 중국의 무역 총액이 처음으로 4조 달러를 돌파하는 기록을 세우면서 미국의 무역총액에 비해 2천500억 달러가량을 초과할 것으로 예상했다. 미국 정부가 밝힌 지난해 1~11월 미국의 무역총액은 3조5천300억 달러였으며 12월을 포함한 연간 수치는 다음 달 발표될 예정이다. 그럼에도 불구하고 미국의 월간 무역액이 3천억~4천억 달러 규모인 점을 감안하면 연간 기준으로 중국에 세계 1위 자리를 내줄 가능성이 크다. 중국의 지난해 무역 총액이 미국을 추월하면 사상 최초가 된다.

중국이 30년가량 연평균 10% 안팎의 성장을 이루면서 대외 무역을 확대했고 미국과 상호 의존적인 쌍방무역을 발전시킨 결실을 거두고 있다. 그러나 중국의 무역이 미국을 추월할 정도로 성장했지만 지속적인 발전을 위해서는 위안화 평가 절상, 노동력 비용 상승, 유럽과 미주시장 수요 침체 등 극복해야 할 난관들이 널려 있다[상하이 = 연합뉴스 한승호 특파원, 2014.1.11 / 중국 준관영 통신인 중국신문망(中國新聞網)보도].

52. 중국 경제의 미래

중국 경제의 미래가 어느 방향으로 갈 것인가. 우선 중국의 경제 성장률이 곧 눈에 띄게 둔화될 것이라는 예상이다. 따라서 신흥 시장이 직면할 최대의 리스크는 중국에 달려 있다. 중국 경제의 둔화는 최대 우려 사항이다. **중국 경제의 리밸런스는 글로벌 경제질서가 직면하는 3대 시스템 리스크 중의 하나이다**[머니투데이 중국망, 2013.10.18].

중국 경제가 고도성장을 이어가는 것인가에 대한 뜨거운 기대와 동시에 의리심을 엿볼 수 있다. 국제 금융위기로 선진국은 큰 문제에 직면했지만, 중국 경제가 위기에 대처하는 과정에서 뚜렷한 성과를 올린 것은 부인할 수 없다. 중국은 세계 경제를 부흥시키는 중요한 공헌을 했다.

현재 중국경제의 성장률 둔화에 대한 비관적 배경에는 중국 경제의 운영 상황에 대한 정확한 상황 판단이 필요한 대목이다. 하지만 의심의 여지가 없는 것은 한 가지 있다. 당면의 세계 경제 정세는 국제 금융 위기가 발생했을 때만큼 위험한 상황은 아니지만 당시와 같이 신뢰감과 용기가 매우 중요시 되고 있다는 점이다.

신흥국의 성장률이 전체적으로 둔화되고 있는 가운데, 외부로부터의 위험이나 문제가 증가하는 상황 속에서도 중국의 경제 성장률은 계속해서 합리적인 범위 내 그리고 초기 목표 범위에 도달할 것으로 예상한다.

오랜 세월에 걸쳐 중국 경제가 힘찬 성장세를 유지한 이유는 중국이 개혁을 견지해 왔고, 대외 개방을 끊임없이 확대해 온 점이다. 개혁개방의 견지는 중국의 경제 성장에 있어서 최대의 에너지원이다.

중국 경제의 기본적인 측면과 중국이 발전을 추진하기 위해 실시하는 전략적 모델 전환의 노력을 이해하면 중국 경제의 성장 속도가 둔화한 것은 주체적인 조정의 결과이며 그 목적은 국내 수요의 잠재력, 혁신의 에너지, 개혁의 메리트를 끊임없이 자극해 중국 경제의 버전 업을 위해 힘을 쏟겠다는 의지의 부산물이라는 것을 알 수 있다.

그러하다면 세계 경제 운영의 주요 리스크가 어디에서 오는 걸까. 현재 국제 금융위기의 영향은 아직 사라지지 않았고 국경을 초월한 금융이 안고 있는 비용도 경시할 수 없다. 주요 선진국의 경제는 구조적인 문제 해결에 있어 더 멀리, 거시경제정책을 둘러싼 협력의 강화가 더 필요하다. 신흥국경제는 외부의 리스크 압력의 증대에 직면해 금융 시장의 변동 및 경제 성장 페이스 둔화에 직면하고 있다.

세계무역기구(WTO) 도하 라운드는 진전이 지지부진하며 무역과 투자를 둘러싼 보호주의가 새롭게 대두되고 있다. 이런 어려운 문제에 대해 힘을 다해 적절히 대처하는 것이 필요하다. 문제를 해결하지 못하면 중국 경제는 정말 리스크에 직면할 수 있다. 중국이 경제성장을 견인하는 국내 소비의 역할을 확대하려고 노력해도, 외부로부터의 리스크 영향을 전혀 받지 않는다는 것은 아니다.

세계 경제가 안정적으로 더 빨리 달리고 싶다면 각국이 적극적인 구조 개혁을 실행하고 시장의 활력을 환기시키며, 경제의 경쟁력을 증강하는 것이 필요하다. 세계 경제가 조정의 시기에 직면한 것처럼 중국 경제도 더 착실한 모델 전환이 필요한 중요한 단계에 접어들었다.

오늘의 성장 속도 둔화는 내일의 보다 견실하고 지속 가능한 발전이 기다리고 있다는 것을 의미한다. 중국이 세계보다 앞서 경제

구조 조정을 한 것은 타국의 위협이나 방해가 되지 않고 오히려 신흥국 전체의 모델 전환을 이끌며 최종적으로는 세계 경제의 지속 가능한 발전에 도움이 될 것이다.

경제의 글로벌화는 세계와의 연동성을 현저히 높이고 세계 경제가 힘차게 성장하려면 각국이 비슷한 성장 토대를 구축해야 한다. 한 나라의 급속한 경제 성장에 지나치게 의존하는 방식은 세계 경제의 건전한 발전에 아무런 메리트도 기대할 수 없다.

중국 경제가 거대한 영향력을 쥐고 있는 것은 사실이지만 근거 없이 영향을 과장해서는 안 된다. 중국 경제의 성장 둔화를 근거 없이 과장된 이야기를 하는 것보다 세계 경제의 부흥을 위해서 실질적인 방안을 강구하고, 실질적인 행동으로 옮기는 것이 중요하다[머니투데이 중국망, 2013.10.18].

중국은 중장기적으로 7%대 성장한다. 중국 경제가 2014년까지 7%대 초반으로 완만한 성장률 하락을 거쳐 2015년께 회복세로 돌아서는 '얕은 U자형 회복'을 이룰 가능성이 높다.[서울=연합뉴스, 박진형 기자, 2013.9.11].

얕은 U자형 회복은 중국 정부가 장기적 경제 개혁, 그리고 단기적 경기 대책을 함께 시행하는 시나리오다. 이 경우 중국의 국내총생산(GDP) 성장률은 2013 ~ 14년에 7%대 초반으로 소폭 하락한 뒤 안정됐다가 내후년 이후 회복할 것으로 예상한다. 이 과정에서 국영기업 등 기업부문의 과도한 부채를 질서 있게 줄여 중국 경제의 GDP 대비 부채 비율을 점차 낮출 수 있을 것으로 본다. 또한 개혁의 성과로 성장이 지속가능한 기반 위에서 회복할 것으로 내다본다 [모건스탠리].

깊은 U자형 회복은 정부가 경제 개혁은 시행하나 경기 하강에 제대로 대책을 내놓지 못하는 경우이다. 이 경우 성장률은 2013년 6%대, 2014년에 5%대 저성장을 겪다가 2015년에 6% 이상으로 반등할 것으로 전망한다[모건스탠리].

W자형 더블 딥 시나리오에서는 정부가 개혁을 미루는 사이에 국내외 돌발 충격으로 2013년 성장률이 5% 안팎까지 추락하는 경착륙을 겪게 된다. 이에 정부가 급히 경기부양용 재정 지출과 통화 완화 정책으로 대응하면 성장률이 일시적으로 8% 이상으로 회복하지만, 이는 오래 못 가고 2015년 이후 다시 경기 후퇴를 맞이하게 된다는 것이다. 이 경우 개혁 기회를 상실한 상태에서 GDP 대비 부채 비율은 더욱 높아져 중국 경제가 더욱 어려운 환경에 처하게 될 것이다.

중국 경제는 이 중 결국 얕은 U자형 시나리오로 갈 가능성이 높다. 중국 정부의 개혁 의지가 강하고 최근 경착륙 방지 경기 대책을 내놓고 있으며, 세계경제 수요 전망도 이러한 전망에 대응할 수 있기 때문이다.

중국 경제 불균형의 원인은 투자·국영기업 중심 성장 모델의 생산성 증가 속도가 낮아지면서 자산 증가가 부채 증가를 따라가지 못한데 있다. 그 결과 2008~2012년 기업 부채가 GDP의 108.5%에서 157.8%로 불어났으며, 부채가 특히 급증한 철강, 비철금속, 석유 등의 분야에서 과잉생산 문제가 심각하다. 중국 정부는 생산성 향상을 위해 현재의 '국진민퇴'(國進民退 : 국가부문 발전·민간부문 퇴보) 양상을 '국퇴민진'(國退民進)으로 뒤집고, 지방정부 사업의 자금 확보 채널을 정리하는 등의 개혁을 시행해야 한다[모건스탠리]. 중국의 건강·통신·금융 등 핵심 서비스업이 진입 장벽과 과도한 조세 부담을 안고 있어 향후 향상될 여지가 많다. 중국이 제조업에서 서비스업 기반 경제로 전환하면 더 빠른 생산성 증가를 이룰 수 있다.

53. 중국경제의 영향력이 갈수록 거세지고 있다.

세계 제2의 경제대국으로 떠오른 중국의 차이나 머니 China money가 세계시장을 휩쓸고 있다. 석유 · 가스 등 에너지 분야는 말할 것도 없고 영화 등 문화산업까지 손을 뻗치고 있다. 차이나 머니는 글로벌 경제가 침체를 겪고 있는 와중에 헐값에 구매하고 있다.

한국 시장도 예외는 아니다. 한국 기업과 부동산은 물론 주식과 채권 등 자본시장까지 중국 자본의 표적이 되고 있다. 세계 금융시장에서 차지하는 '차이나 파워 China Power도 날이 갈수록 거세지고 있다.

지난 2008년 금융위기 발생 당시 미국 재무장관은 중국을 방문, 중국이 보유하고 있는 미국 국채를 매각하지 말 것을 요청했을 정도다. 유럽 재정위기가 극에 달했을 때 중국은 포르투갈 국채를 사들이겠다며 영향력을 과시했다. 중국의 영향력은 더 커질 전망이다.

중국투자공사의 자산은 4800억 달러 수준으로 이 중 600억 달러를 주식에 투자하고 있다. 2012년 중국의 해외직접투자(ODI)도 772억 달러를 기록했다. 단순히 규모만 늘어난 게 아니다. 중국이 인수합병(M&A) 1건을 추진하면서 투자하는 평균금액은 2억5000만 달러로 전 세계 평균(9000만 달러)보다 3배 이상 많다.

한국에서도 차이나 머니의 파워는 점점 커지고 있다. 국내 금융시장에서 차이나 머니 보유 잔액은 2008년 4000억 원에 불과했으나 2013년 2월 말 기준 8조830억 원으로 급증했다.

앞으로 위안화는 스위스 프랑, 영국 파운드화, 일본 엔화와 같이 동등한 국제통화 위치에 오르고 달러와 유로에 이어 세계 3대 무역결제통화로 머지않아 부상할 것으로 전망한다.

중국의 한국 투자는 3대 축을 기반으로 이뤄진다. 바로 국가외환관리국(SAFE), 중국투자공사(CIC)로 대표되는 국부펀드, 적격내국인기관투자가(QDII) 등이다. SAFE는 3조3000억 달러에 달하는 중국외환보유액을 관리하고 있다. CIC는 해외 투자 유형 중 직접투자와 포트폴리오투자 모두 가능하다.

국내 시장에서 가장 주목하는 것은 QDII 펀드다. 2012년 말 기준 한국 투자비중은 6.5%로 3위를 차지하고 있다. 이 또한 증가 추세다. 향후 중국 자본의 바이 코리아 Buy Korea 행보는 더 빨라질 게 분명하다.

막대한 무역수지 흑자로 위안화 절상 압력에 시달리고 있는 중국은 자본수지를 적자로 유도할 필요성을 등에 업고 한국 시장을 공략할 채비를 하고 있다. 미 국채의 4분의 1을 보유한 중국이 미국의 위안화 절상 요구에 걸핏하면 미 국채를 팔아치우겠다며 미국을 견제하는 것처럼, 중국이 한국 경제에 영향력을 행사할 것으로 보인다[파이낸셜뉴스, 2013.3.6].

54. 위안화가 세계결제통화로 자리 잡을까?

위안화가 향후 5년 내 완전한 태환성을 갖출 수 있을까? 위안화가 글로벌 통화가 되기 위한 국내환경이 무르익고 있다. 중국의 무역 불균형 상황이 개선되고 있고 위안화 환율 역시 균형 수준에 맞춰지고 있다. 또한 중국정부는 금융 개혁을 가속화하고 중국 금리의 시장화를 촉진하는 한편 국내 금융시장을 발전시키려는 의지도 강하다. 이러한 것들이 모두 위안화의 태환성 확보에 양호한 환경을 제공하고 있는 것이다.

지난 2011년 6월 각국의 900개 금융기관에서 위안화 업무를 시작한 이후 현재는 만 여 곳으로 불어났다. 불과 3년 전에 수립된 해외 위안화 자금은 이미 9000억 위안(약 1430억 달러 상당)의 규모에 달한다. 중국에서 위안화로 결제하는 수출입 액수도 6배 가까이 증가하였다. 이는 수출입 총액 비중의 12%에 해당한다. 위안화의 국제화 속도가 빠르게 진행되고 있는 것이다. 향후 좀 더 가속화가 붙을 것으로 전망한다. 앞으로 2015년까지 중국 내 30%의 무역량이 위안화로 결제되면 위안화는 전 세계 3대 무역 결제 통화 중 하나로 부상하게 될 것이다.

그 외에, 해외 위안화 시장의 급격한 성장 역시 위안화 국제화를 촉진시키는 주요한 원인이 되고 있다. 해외 위안화 시장은 2010년 첫 발을 뗀 이후 2012년에 그 유동량이 2.5배로 급격하게 불어났다. 홍콩은 위안화 해외 허브의 역할을 톡톡히 하고 있다. 최근에는 중국 타이완과 싱가폴에서도 위안화 결산은행을 승인하여 신흥 허브로 부상 중이다. 위안화 국제화 과정에서 발생할 수 있는 위험들은 국내 시장과 해외 시장이 동시에 존재하는 점이다. 이러한 점을 노린 투기가 활성화 될 우려가 있다. 그러나 위안화 글로벌화는 국제무역에서 중국의 역할과 지위를 향상시키는 데 긍정적인 역할을 할 것이다. 이는 국내기업의 시장 개척과 환율 리스크를 낮추는 데도 장점이 있기 때문에 장기적으로는 이득이 많다[중앙일보, 2013.3.20.].

중국 인민폐(위안)의 첫 해외 청산업무지역으로 싱가포르가 결정됐다. 중국인민은행은 2013년 2월 8일 중국공상은행 싱가포르 분점에 위안 청산업무를 허가했다. **싱가포르는 영국 런던, 독일 프랑크푸르트 등을 제치고 해외 첫 위안 청산업무를 유치함에 따라 향후 위안 무역결제부터 예대출, 위안 파생상품 등까지 위안을 매개로 한 별도의 국제자본시장을 구축하는 기반을 마련하게 됐다.** 앞으로 현지 금융기관들은 중국이나 홍콩의 상업은행을 거치지 않고 공상은행 싱가포르 분점을 매개로 위안 입출금은 물론 금융기관 간 위안 자금 융통, 대체결제 등의 업무를 취급하게 된다.

중국은 2012년 7월 싱가포르와 금융협력을 강화하기로 합의하고 10월에는 공상은행과 중국은행이 싱가포르정부로부터 특별 은행업 허가를 받았다. 공상은행 싱가포르 분점의 2012년 말 현재 위안 자산은 153억 위안(약 2조6480억 원)에 이르고 2012년 한해 위안 결제 금액은 940억 위안으로 2011년 대비 107% 급증했다.

중국은 위안의 국제자본시장 내 영향력 확대를 위해 2009년 7월부터 상하이, 광둥성 4대 도시 등 자국 내 일부 지역을 대상으로 위안 무역결제를 허용했다. 이후 단계적으로 확대해 지난해에는 위안 무역결제 규모가 전년도보다 30% 정도 늘어난 4250억 달러(약 458조원)에 달할 정도로 급팽창하고 있다. **중국은 국제무역 결제통화로 위안이 자리 잡은 데 이어 달러나 유로 등과 같이 융자통화, 예비통화 등 기축통화로 역할을 할 수 있도록 하기 위해 해외 청산업무 지역을 물색해왔다.**

싱가포르 정부와 금융업계는 이번 청산업무 유치를 계기로 싱가포르의 지리적 경쟁력을 앞세워 위안예금을 더욱 유치하고 장차 위안 기반의 자본시장을 육성할 방침이다. 중국은 싱가포르가 위안

업무를 확대하는 것을 보면서 위안 국제화의 잠재력을 판단하고 향후 로드맵을 만들어 갈 것으로 본다. **싱가포르는 전 세계 4대 외환거래시장이며 아시아지역 최대 석유 및 거액거래상품 시장으로 역외 위안예금 규모는 홍콩 다음으로 많아 유력한 해외청산업무 지역으로 꼽혀왔다.** 공상은행 싱가포르 분점은 싱가포르가 위안 청산업무를 맡으면서 중국과의 교역량이 크게 증가하고 있는 동남아 각국의 무역통화가 대거 위안으로 바뀌고 싱가포르로 흘러갈 것으로 기대했다. 해외거래량이 급증하고 있는 위안이 국제간 교역결제 통화나 투자통화로서 미국 달러의 지위를 위협할 것으로 본다[파이낸셜뉴스, 베이징=차상근 특파원, 2013.2.17. / 중국 인민일보 / 월스트리트저널].

55. 중국의 자금경색은 한국경제를 흔들 수 있다.

차이나 크런치(China Crunch, 중국 돈가뭄)는 실물경제나 금융위기에서 비롯된 게 아니다. 중국 경제정책 사령탑의 작품이다. 최근 차이나 크런치가 주춤한 것 인민은행이 급전을 수혈한 탓이다. 덕분에 하루짜리 초단기 자금의 금리가 연 8%대로 떨어졌다. 전날까지만 해도 13% 선을 넘볼 태세였다. 그렇지만 현찰 가뭄은 여전하다. 요즘 글로벌 시장에서 이 금리는 0 ~ 3% 수준이다.

지금 중국은 신용거품을 잡기 위해 돈줄을 죄고 있다. 기업 · 가계 · 정부 부채는 이미 눈덩이처럼 불어나 있다. 지난해 말 기준 국내총생산(GDP)의 2.3배 정도다. 지난해 중국 GDP가 52조 위안(약 9500조원) 정도니 전체 부채 규모는 120조 위안(약 2경1960조원) 정도 된다.

중국 전체 부채는 2013년 기준 GDP의 2.4배까지 불어날 전망이다. 중국의 신용거품이 위험 수준에 도달했다. 주범은 중국판 그림자 금융(Shadow Banking)이다. 그 중심에 투신사 67곳이 똬리를 틀고 있다. 이들 금융회사는 부유층으로부터 유치한 돈에다 시중은행이나 단기자금 시장에서 빌린 돈을 더해 머니게임을 벌이고 있다. 최근 주택버블을 더욱 심화시킨 주범으로 꼽힌다.

대륙의 그림자 금융이 빌려 쓴 돈은 중국 정부가 글로벌 위기에 대응하기 위해 돈을 퍼붓던 2009년부터 급증했다. 지난해엔 전체 부채의 20% 남짓(약 24조 위안)까지 불어났다. 미국 금융을 뒤흔든 비우량 주택담보대출(서브프라임 모기지)이 전체 부채에서 차지하는 비중보다 크다.

만약 중국이 금융위기를 겪는다면 그림자 금융 때문일 것이다. 중국당국이 일으킨 자금난은 투신사 등에 뭉칫돈을 빌려주는 군소은행들을 징벌하기 위한 조치라는 시각이 있다. 과연 중국정부가 성공할까.

볼커 전 미연준의장의 충격요법이 성공하기는 했다. 1970년대 후반에 시작돼 맹위를 떨친 인플레이션이 제거됐다. 하지만 대가는 컸다. 80년대 초 더블딥(회복 뒤 재침체)이 바로 그것이었다. 중국 실물경제가 심상찮다. 핵심 성장엔진인 제조업이 불황 국면에 들어섰다는 징후가 포착된다. 이런 때 쇼크 요법이 부작용을 최소화하고 성공할지는 미지수다. 당국이 거품을 관리해 부작용을 최소화하기란 사실상 불가능한 것으로 본다. 따라서 경기침체나 주택시장 위기 등 부작용이 예상된다[중앙일보, 2013.6.22.].

56. 중국 경제는 세계경제에서 중요한 위치를 점하고 있다.

중국은 농업 중심 생산국이지만 1949년 정부수립 후 각종 산업의 생산량이 크게 증가하는 추세이다. **제2차 세계대전 후 중국 산업의 발전단계는 (1) 1949 ~ 52년의 경제부흥기 (2) 1953 ~ 57년의 제1차 5개년 계획기 (3) 1958 ~ 60년의 제2차 5개년계획기 (2년 앞당겨 달성) (4) 1961 ~ 63년의 조정기 (5) 1966 ~ 70년의 제3차 5개년계획기 (6) 1971 ~ 75년의 제4차 5개년계획기 (7) 1976 ~ 85년의 경제발전 10개년계획을 착수했으나 결함이 노출되어, 1979 ~ 81년의 경제조정기를 거쳐 1986 ~ 90년의 제7차 5개년계획에 이어 2010년까지 제9차 5개년계획에 들어갔다.**

경제부흥기에는 1952년에 이미 전전의 최고생산고에 도달하여 문자 그대로 경제재건에 성공했고, 제1차 5개년 계획기(1953 ~ 57년)에는 소련의 원조로 중공업의 확충이 단행되었다. 그러나 이 시기 말에는 (a) 중공업의 중시와 농업의 경시, (b) 중공업 편중, 경공업 경시, (c) 대규모화 · 기계화의 무리한 목표설정에서 오는 자금의 낭비와 국내기술의 부실, (d) 공업의 내륙편중 등의 결함이 노정되었다.

1958년에 시작된 제2차 5개년계획(대약진운동)에서, 마오쩌둥 전 주석의 정책으로 통제경제를 발전시키고자 했다. 경제부흥기의 미해결문제의 해결을 위해 (a) 농업과 지방공업, (b) 경공업과 중공업, (c) 중앙공업과 지방공업, (d) 대규모 공업과 소규모 공업, (e) 재래식 생산과 외래식 생산의 조화를 지향했다. 이 기간 중 공업생산 증가율은 40%에 달했다.

그러나 공업발전은 내용적으로 극히 불건전하여 (a) 생산품이 품질조악으로 사용가치가 적었고, (b) 재래식 생산 방식은 원료, 노동력, 연료의 낭비를 초래했고, (c) 기술문제가 등한시되었기 때문에 사고의 발생률이 높았으며, (d) 공업부문의 균형적 발전이 저해되었다.

농촌을 현대화시키기 위해 1958년부터 인민공사가 조직되었다. 소위 대약진기라는 이 시기에 이어 1959 ~ 61년에 걸친 연속적인 자연재해로 인민공사에 대한 회의가 고개를 들어 농업생산은 크게 줄고 공업원료는 부족하여 경공업생산도 그 파급으로 타격을 입는 등 농 · 공 사이의 균형이 크게 문제가 되었다. 게다가 1960년 7월 국경 분쟁으로 인한 중 · 소 대립의 악화로 소련의 공업전문가들이 본국으로 돌아가고 소련의 무상원조, 자재지원도 중단되어 심각한 경제위기가 찾아들었다.

그래서 1961년부터는 경제조정기가 시작되어 농업재해, 대약진의 실패, 소련의 원조중단 등에서 온 위기를 극복하는 데 노력이 집중되었다. 1961년에는 조정 · 공고화 · 충실 · 생산제고 등의 목표로 정책이 전환되어 공업의 규모는 대폭 축소되었다.

1962년부터 농업생산이 호전하여 경제 전반이 회복되기 시작했다. 같은 해에는 농업, 경공업, 중공업의 순차적인 발전이 도모되어 공업의 위치가 2차적인 것이 되었으며 공업구조 내부의 조정이 중시되었고, 농업 지원도의 재고로 공업의 내적 충실화가 모색되었다.

제3차 5개년계획(1966 ~ 70년) 실시 이후 독립되고 거의 완전한 근대공업체제의 건설단계에 들어갔다. 1967년 이후 홍위병 난동의 소용돌이 속에서 각종 산업, 특히 광공업 부문에서 생산이 상당히 저하했다. 중국의 산업건설의 기본방향은 농업을 기초로 하고 광공업에 선도구실을 시키려는 것인데, **1968년 이후 홍위병 난동이 수습단계에 들어가면 생산도 다시 호전의 기미를 보였다. 결국, 국가 성립 후 1970년대 중반까지의 경제는 대약진정책의 실패와 문화대혁명에 의하여 뒤떨어져 있었다.**

1978년에는 경제발전 10개년 계획을 수립하고 4개 현대화에 착수했으나 각종 누적된 결함이 노출되어, 1979년 조정방향이 설정되면서 본격적인 개방과 개혁정책이 추진되었다. 1980년 초에는 기업의 자율화, 외국기업의 투자 보강, 금융의 자율화, 세제 도입 등의 조치를 단계적으로 취한 후, 1984년 대규모 경제개혁을 단행했다. 이에 1985년 인플레와 과열경기현상이 나타났고, 1986년 4월 안정과 균형에 기저를 둔 지속적 성장을 목표로 한 제7차 5개년계획(1986 ~ 90년)을 채택했다.

덩샤오핑에 의한 자본주의 경제제도 도입 등의 개혁 개방 이후, 중화인민공화국 경제는 급속히 발전하여 세계의 공장으로 발전하였다. 2003년의 대 중국 직접투자는 535억 달러가 되어 미국을 제치고 실질적으로 세계 최대의 직접투자 수입국이 되었다.

세계 최대의 인구와 강한 경제력 덕분에 중국 경제는 아시아뿐만 아니라 전 세계에 영향을 끼치고 있다. 그러나 국내 노동자들은 연안부나 대도시 근교를 제외하면 지방 인민의 대다수가 빈민층이며, 농업을 할 수 없는 계절에는 지방 농민들이 도시 지역으로 유입되고 있다.

그들은 매우 저렴한 임금으로 도시 지역에서 일하기 때문에 경제발전의 원동력이 되고 있다. 값싼 노동력을 목적으로 미국, 서구,

대한민국 · 일본의 기업 진출도 활발하여 중국은 세계의 공장이 되었다.

지역별 농업 경영방식은 지역별 자연조건이라든가 사회 환경에 따라 크게 차이가 난다. 화이허(淮河)와 친링(秦嶺)선에서 수도(水稻)지역과 소맥(小麥) 지역으로 크게 둘로 나누고, 나아가서 다시 소맥지역을 창장(長江)수도 소맥구, 쓰촨(四川)수도구, 수도 · 차(茶)구, 서남수도구, 수도 2기 작구(二期作區)로 세분하고, 한편 북부의 소맥지대를 겨울보리 · 수수구, 겨울보리 · 조구, 봄보리구로 구분한다.

이러한 지역구분은 주변 지대로의 확대도 가능하여 동북지구를 콩 · 수수구로 보고 내몽골 지방과 티베트 및 칭하이(青海) 지방을 목축구로, 타이완과 하이난섬(海南島)을 2기작구로 볼 수도 있다. 종래 중화인민공화국의 농가는 주로 자급용기의 곡물과 콩 종류를 재배하고, 여력이 있으면 판매용 작물을 길렀다. 수도(벼)는 기온이 높고 강우량이 많은 화이허 이남에서 주로 생산되는데 특히 광둥 · 푸젠(廣東 · 福建) 양성(兩省) 연해 지방은 이모작(二毛作)이 가능하다.

쌀의 총생산량은 17,825만t(94년 현재)으로 방글라데시에 이어 세계 제2위이지만 국내소비가 많기 때문에 수출은 소량이다. 소맥(밀)은 중국본토 북부와 동부지구 북부를 중심으로 하며 화이허와 양쯔강에 연하여 평야지대에서도 제2기작으로서 재배된다.

산시(陝西), 산시(山西) 북부에서 옌산(燕山)산지 북서에 걸치는 지방에서는 기후가 한랭한 관계로 춘경보리가 재배된다. 총생산 3,200만t(1994년 현재)으로 만주, 바오즈 등을 주식으로 하기 때문에 대부분 국내에서 소비된다.

고구마는 산둥(山東), 허베이(河北), 허난(河南)에서 재배되고 조, 수수 등은 동북과 화북의 평야 및 쓰촨(四川) 분지에서 많이 산출된다. 옥수수는 랴오둥반도, 황하 이북의 후베이(湖北)평야, 산시 · 산시의 남부에서 쓰촨에 걸치는 지대에서 많이 나는데 식량과 사료로 쓰인다.

콩육지의 단백질원이라고 하는 대두(콩)는 동북평원과 산둥반도에서 많이 나오는데 총생산고는 약 1,212만 t이다. 면화는 랴오허(遼河) 하류의 평야에서부터 후난(湖南), 쓰촨, 구이저우(貴州)의 각 성에 이르는 지역에 분포해 있으며 허베이 평야지대, 산시 · 산시의 남부, 후난, 장쑤(江蘇), 안후이(安徽), 후베이(湖北)의 제성이 그 생산 중심이 되어 있다.

면화는 관개작물로 결실기의 건조한 기후가 양질의 작물을 낳는다. 가축은 돼지, 닭, 오리 외에 노력과 배료원으로서 나귀, 노새(밭농사지대), 소, 물소(수전지대), 말(초원지대) 등이 많으며 양은 식육 및 모(毛) 자원으로서 동북지구, 내몽골지방, 신장 · 위구르 지방,

티베트 등 변경지대에서 많이 사육된다.

중국은 고도경제성장을 가져왔지만 농업의 저생산성과 농촌의 황폐, 농민의 저소득이라는 3농 문제가 심각하게 대두되어 경제성장의 발목을 잡고 있다. 도시와 농촌의 수입격차는 계속 확대되는 가운데, 토지수용을 둘러싼 쟁의도 빈발하고 있다.

정부는, 농업 생산 진흥책과 농업세의 폐지, 토지사용권의 물권화 인정[2007년], 농촌 대책비 긴급 증편, 농촌의 의료와 교육 보조금 증액 등을 적극적으로 시행하였다. 농민소득을 향상시키지 않으면, 내수 주도의 경제발전에의 전환하기 어렵다는 것을 인식하기 시작하였다.

2차 대전 전 공업은 일본이 지배했던 동북지구와 열강이 투자한 연해 지역 · 대하천 유역에 한정되어 있었다. 그러나 중일 전쟁(1937년 발발) 이후 공업이 내륙지방으로 소개되고, 또 전후에는 공업의 적정재배치가 단행되어 종래의 공업 편재는 상당히 수정되었다.

전전 동북지구의 안산 벤시후를 비롯해 허베이, 산시, 쓰촨, 후베이 등지가 중심이 되었던 제철 · 제강업은 전후 기간산업으로서 중요성을 더하여 우한(武漢), 바오터우(包頭) 등지에 거대한 철강공업 기지가 신설되었다.

중기계공업을 보면, 광산·야금기계가 타이위안(太原), 선양(瀋陽), 치치하얼(齊齊哈爾) 등지에서, 발전기가 상하이(上海), 하얼빈(哈爾賓) 등지에서, 그리고 정유기계가 란저우(蘭州)에서 제조되고 있다.

중형 기계공업으로는 방직기계가 유위츠(榆次), 상하이, 칭다오(靑島) 등지에서, 조선(造船)이 뤼다(旅大), 상하이 등지에서, 철도차량이 뤼다, 치치하얼, 칭다오 등지에서 자동차가 장춘(長春), 뤄양(洛陽), 정밀기계가 상하이, 하얼빈, 샤먼(廈門), 염료·의약품이 상하이에서, 비료가 난징(南京)에서 생산되고 있다.

전전(戰前) 중화인민공화국의 공업은 경공업 위주였는데 특히 방적업이 성한 톈진(天津), 칭다오와 면방직이 성한 상하이, 우시(無錫), 난퉁(南通) 등 양쯔강 연안의 여러 도시가 그 중심이 되어 있었다. 전후(戰後) 상하이의 면방직공장이 확충되고 면화지대인 스자좡(石家莊), 한단(邯鄲), 정저우(鄭州), 시안(西安), 셴양(咸陽), 우한(武漢), 우루무치(烏魯木齊) 등지에 대공장이 건설되는 등 내륙의 원료산지로의 공업 진출이 활발하다.

식품공업은 전전 상하이, 칭다오 등지가 중심이 되어 연초가공, 제분, 육류가공, 양조 등이 성했는데 전후에는 유류(乳類)를 가공하는 대공장이 하이라얼(海拉爾), 시닝(西寧)에, 육류가공공장이 우한

(武漢) · 청두(成都)에 건설되고 또 상하이로부터 이전한 방푸(蚌埠)의 일용품공업이나 뤄양(洛陽)의 제분 · 착유공업도 활발히 움직이고 있다. 동북지구는 유지 · 제당, 본토 북 · 동부는 제분 · 연초 · 유지 · 남부는 제당으로 각각 알려져 있다.[16]

개혁 개방 이후 중국 경제는 눈부신 경제 발전을 이룩했지만 국민의 80%를 차지하는 농민과 도시 지역 사람들과의 소득 격차는 크게 확대되었다. 이는 평등을 중요하게 생각하는 공산주의의 이념에 크게 배치되는 모순을 의미하는 것이 되고 말았다.

이 빈부 격차 문제는 향후의 중국 경제의 방향을 결정하는 중요한 요소로 등장한 것이다. 중국은 장기 고속성장을 가져왔지만 빈부의 격차, 치안, 실업, 부패 등의 문제가 심각하게 대두되었다. 생활고 및 토지수용이나 독직 등 당국에의 불만으로부터 중국 각지에서 데모와 폭동이 빈발하고 있다. 1990년 빈곤율은 50%이나, 최근 많이 줄었다. 또한, 열악한 노동 환경도 개선되어야 할 문제점으로 등장하고 있다.

57. 한국 경제는 일본 경제와 다르다.

한국경제는 한마디로 말해서 일본의 잃어버린 10년을 답습할 가능성이 적다. 한국의 경제성장이 구조적인 둔화세를 보이지만 일본식 장기불황의 가능성은 제한적이다. **한국경제는 2011 ~ 2020년 평균 3.5%의 성장세에서 2021 ~ 2030년 2.5%로 낮아질 것으로 본다.**

이는 한국 여성의 경제활동 참여율이 저조한데다, 일본처럼 인구 고령화로 경제 활력이 떨어지는 점을 반영한 것이다. 현재 한국 경제는 일본이 장기불황에 빠지기 전인 1980년대 일본 경제와 비교해 상황이 크게 다르다.

당시 일본은 선진국들과의 합의(플라자 합의)로 엔화가치를 인위적으로 절상시켜 수출 타격을 입었지만, 한국은 엔화약세 등 환율 요인이 수출에 미치는 영향이 제한적이다.

또 1980년대 후반 일본은행이 금리를 인상하며 부동산 경기를 경착륙시켰지만, 현재 한국은행은 점진적인 금리정상화를 할 것으로 예상돼 일본의 전철을 밟을 가능성은 적다. 과거 엔화강세에 일본 기업이 해외생산을 확대하며 전반적인 국내 성장률이 둔화했다[서울=연합뉴스, 방현덕 기자, 2013.8.14 / 도이치방크].

한국 경제의 외환보유액 규모는 해외쇼크에 대한 방어적 역할을 한다. 한국의 외환보유액이 2013년 후반 들어서 연속 사상 최대 기록을 경신했다. 9월 말 현재 외화보유액이 3천369억2천만 달러 늘었다. 외환보유액은 4월 3천288억 달러에서 5월 3천281억 달러, 6월 3천264억4천만 달러로 뒷걸음치다가 7월부터 다시 불어나는 추세다.

현재 한국의 외화보유액 규모는 세계 7위다. **1위는 중국으로 3조 4천967억 달러다. 그 뒤를 일본(1조2천542억 달러), 스위스(5천203억 달러), 러시아(5천97억 달러), 대만(4천94억 달러), 브라질(3천670억 달러) 등이다**[서울=연합뉴스, 방현덕 기자, 2013.10.04].

일본의 엔화는 준비통화로서 세계통화 이지만 한국의 원화는 아직 이 수준에 이르지 못 하고 있다. 한국의 원화는 일본의 엔화와 달리 준비통화(Reserve Currency)가 되기 어렵다. 한국 정부가 주요 교역국과의 통화 스와프 체결, 외국 금융기관의 활동 여건 개선 등 원화 국제화에 나서고 있지만 중국 위안화나 브라질 헤알화 등과

달리 한국 원화가 각국이 대외지급용으로 보유할 정도로 신뢰를 얻는 '준비 통화'(Reserve Currency) 반열에 오르지 못하기 때문이다. 반면 중국과 브라질 인도 러시아 남아프리카 5개국의 통화만이 국제 화폐로 통용될 잠재력이 있다.

한국 원화를 국제통화 예비후보에서 제외한 이유는 체중 미달 때문이다. 연간 성장률이 3 ~ 4%대에 머무르면 세계 경제에서 차지하는 한국 비중은 2017년에도 1.7% 내외에 그칠 것으로 전망되기 때문이다. 반면 국제통화 후보에 오른 중국(2017년 13.5%) 브라질(3.5%) 인도(3.1%) 등은 많은 인구와 빠른 경제성장으로 2017년 무렵에는 세계에서 차지하는 비중이 모두 3%를 넘어설 것으로 본다. [한국일보, 2013.11.11 / 국제통화기금(IMF) ; 국제통화 시스템].

58. 달러 및 엔화 가치의 급등락이 한국경제를 흔든다.

경상수지가 대규모 흑자를 내고 외국인 투자자금이 유입되면 원화절상 압력이 가중되는 것은 시장 순리이다. 그러나 단기에 급속히 원화절상이 이루어지면 한국의 실물경제는 또 과거처럼 위협받는다. 외환당국이 개입으로 끌어올린 원 달러 환율이 1060원대에 머무르고 있지만 내년 중 1000원대 초반까지 떨어질 수 있다는 전망도 나오고 있다[머니투데이 신희은 기자, 2013.11.05].

원화가 10% 절상되면 수출이 약 5% 감소할 수 있다고 경고한다. 당국은 실물경제 타격을 최소화하기 위해 환율 1050원대를 지지선으로 보고 개입을 지속하겠다는 방침이다. 당국은 시장개입을 공공연하게 정보를 제공하거나 암시하고 있다. 그러나 대규모 경상수지 흑자에도 원화절상을 억제하려 한다는 자의적 재량적 개입에 대해 외국을 의식하지 않을 수 없다.

원화가치는 하반기 중 지속적으로 강세를 보이면서 6월 말 대비 10월 말 원화 절상폭이 8.3%에 달했다. 원화보다 절상 폭이 큰 곳은 폴란드(8.3%) 영국(5.4%), 유로(5.0%), 호주(4.2%) 등이지만 세계 주요통화 가운데 가장 큰 폭으로 절상됐다. 원화보다 절상 폭이 다른 나라들보다 큰 것은 미국경제 회복에서 울어나는 한국수출 증가와 외화자금유입에 힘입어 한국 돈이 가장 민감하게 반응했다는 것으로 해석할 수 있다.

BIS(국제결제은행)가 추계한 국가별 명목실효환율(교역량 가중치를 적용해 평균한 종합적 환율수준)을 봐도 원화는 3분기 중 절상 폭이 5.4%에 달해 61개 통화 중 최고 수준을 기록했다. 환율은 6월 중 달러당 1150원대에서 7월부터 본격적인 강세 기조로 전환, 지난달 중순 달러당 1050원선을 위협받았다. 지난달 말 장중 연저점(1054.5원)이 무너지면서 외환당국이 구두개입은 물론 시장개입에 나서 환율을 달러당 1060원대로 올려놨다.

원화강세의 기본 배경은 막대한 경상수지 흑자다. 올해 9월까지 경상수지 흑자는 488억 달러에 달해 지난해 연간 흑자규모인 431억 달러를 넘어섰다. 연간 흑자규모는 630억 달러~660억 달러에 육박할 것으로 보며 이는 경상GDP(국내총생산) 대비 5%를 넘어서는 수준이다.

원화강세를 부추겼던 외국인 투자자금도 올 7월 이후 4개월째 대규모 순매수 추세다. 외국인의 국내주식 순매수 규모는 올 7월(1조3480억 원)과 8월(1조5240억 원)에 이어 9월에 무려 8조3320억 원을 기록했다. 최근에는 다소 주춤한 외국인 투자자금이 장기적으로 지속될지 여부는 미지수다.

원화강세가 빠른 속도로 진행될 경우 실물경제에 타격을 준다. 당국은 시장 쏠림현상으로 환율이 급변하면 시장 안정 노력을 계속하겠다고 밝히지만 일정한 한계에 부딪힐 것이다. 최근 미국 등 외국기관은 원화가치가 여전히 '저평가'돼 있다고 보고 있으며 한국정부의 시장개입을 예의주시하고 있다.

외환보유액이 과도하게 많아지는 과정도 문제다. 대규모 자본유입에 따른 원화가치 상승을 방어하기 위해 시장개입에 나서 달러화를 매입하게 되면 외환보유액 증가로 이어진다. 지난달 외환보유액은 전월보다 63억 달러 늘어난 3432억 달러로 4개월 연속 사상 최대 기록을 경신하고 있다.

정책당국이 달러당 1050원선을 지키고자 하는 의지를 내비쳤지만 앞으로는 적극적인 외환시장 개입은 국제시장의 눈치를 봐야 할 것이다. 따라서 올해 달러당 1050원선을 지킬 수 있더라도 내년엔 어려워질 가능성이 높다. 환율이 1000원대 초반까지 절상될 수도 있다. 시장흐름에 오히려 맡겨두는 것이 정책낭비를 줄이는 지름길인지 모른다.

그러나 달러 대비 원화가치 상승에 '엔저'까지 겹치면 실물경제에 타격을 줄 것이다. 한은은 현재까지 '엔저'로 인한 경제지표상 부정적 영향은 거의 없다고 보고 있지만 앞으로 영향은 안심할 수 없다.

글로벌 투자은행(IB)들은 앞으로 3개월 달러당 엔화환율이 평균 101.36엔 수준일 것으로 본다. 6개월 평균은 달러당 104.45엔, 12개월 평균은 달러당 108.29엔으로 '엔저'가 더 강화될 것으로 본다. 원화절상이 가속되거나 추세가 장기화될 경우 실물경제에 미치는 충격은 과거 3저 호황기나 2000년대 중반 호황기보다 훨씬 클 것이라는 비관도 나오고 있다.

향후 세계경기가 완만하게 회복되어도 세계수요 확대가 우리 수출에 미치는 영향은 과거처럼 크지 않을 수 있다는 것도 이런 이유때문이다. 또한 한국의 수출을 주도하는 대기업들의 주가도 미국의 유량기업들처럼 지속적으로 오를 수 없는 이유도 여기에 있다[머니투데이 신희은 기자, 2013.11.05].

59. 한국은 만성적인 대일본 무역적자를 극복할 수 없다?

2013년 들어 엔저 여파로 매월 대일 무역역조가 쌓여가면서 한국이 사실상 두 번째로 많은 무역흑자를 일본에 퍼주는 국가가 됐다. 한국의 4월 대일 무역적자는 2천482억 엔(약 2조6천935억 원)으로 작년 동기보다 45.7%, 전월보다 3.6% 증가했다. 이로써 지난 1월 888억 엔이었던 대일 무역적자는 2월 1천336억 엔, 3월 2천395억 엔에 이어 4월까지 석 달 연속 확대됐다. 한국의 대일 무역적자는 1월 15억2천만 달러, 2월 20억7천만 달러, 3월 26억2천만 달러로 매달 늘었다.

이처럼 대일 적자가 증가하면서 일본의 무역흑자에서 한국이 차지하는 비중도 높아졌다. 일본에 무역흑자를 많이 내주는 나라는 미국, 홍콩, 대만, 태국 다음 한국이다. 그러나 2월 들어 미국, 홍콩, 대만에 이어 네 번째가 됐고, 3월과 4월에는 대만을 제치고 미국,

홍콩에 이어 일본의 세 번째 흑자 무역상대국으로 떠올랐다. 이 중 홍콩은 중국의 일부로서 홍콩의 적자가 중국의 막대한 대일 흑자로 상쇄되는 점을 감안하면, 한국은 사실상 미국에 이어 두 번째로 많은 흑자를 일본에 내주는 나라인 셈이다. 4월 미국의 대일 무역적자는 5천629억 엔으로 한국의 적자는 미국의 44.1%에 해당한다.

일본은 엔화 약세로 연료 등의 수입 비용이 늘면서 4월에 8천799억 엔의 무역적자를 냈으나, 한국에서 올린 대규모 흑자로 그나마 적자폭을 줄였다. 이러한 추세는 엔화 약세의 직접적인 영향으로 대일 수출이 크게 타격을 받았기 때문이다. **원·엔 환율 수준은 한국 수출의 세계시장 점유율과 굉장히 유사한 관계를 갖고 있어 한국 수출이 타격을 입을 확률이 매우 높다. 일본과 경합하는 주요 수출 산업의 경쟁력을 높이고 외환 부문의 안정성을 강화해야 하지만 현실적으로 당장 대응책은 마땅치 않다**[서울=연합뉴스, 박진형 기자, 2013.5.23. / 일본 재무성 무역통계 / 한국 산업통상자원부].

60. 일본의 마이너스 성장은 이웃국가를 가난하게 한다.

일본 총리는 일본의 성장은 일본을 위해서만이 아니라 세계를 위해서도 좋다는 소신을 피력했다. 일본의 성장은 세계에 크게 기여하고, **일본의 마이너스 성장은 이웃을 거지로 만든(근린궁핍화 · Beggar thy neighbor)다. 특히 경기후퇴와 디플레이션을 계속하기에는 일본 경제가 너무 커진 상태이기 때문에 일본 경제성장이 불가피하다. 일본의 경제규모는 독일과 영국의 명목 국내총생산(GDP)을 합친 것 보다 크며 1분기 성장률 4.1%가 1년간 계속되면 이스라엘에 맞먹는 경제가 새로 등장하는 것이고, 지난 수년간 사라진 5천억 달러의 국민소득은 노르웨이나 폴란드 같은 나라가 사라진 것과 같다.**

일본총리는 마거릿 대처 전 영국 총리가 지난 1980년 자유 시장 경제를 옹호하며 내놓은 대안은 없다(There Is No Alternative)라고 규정했다. 그는 성장을 토대로 한 재정건전화, 대외개방과 규제개혁, 도시개혁 등에 나설 것을 밝혔다. 총리는 우리는 강력한 일본을 건설하고 세계 평화와 안정에 기여하려는 의지를 갖고 추진하면 앞으로 20년 후 일본의 변모한 모습에 세계도 놀랄 것이라고 말했다.

그러나 세계시장 관찰자들은 아베노믹스의 성장정책이 목표를 달성하기 어려울 것으로 내다보고 있다. **앞으로 10년 동안 일본의 연평균 경제 성장률은 1.33%로 전망한다. 이 같은 전망은 아베 내각이 같은 기간의 목표로 제시한 2%에 훨씬 못 미치는 수준이다. 앞으로 2년 동안 일본의 물가상승률은 1.28%로 집계돼 일본 중앙은행인 일본은행(BOJ)이 목표로 내놓은 2%보다 낮다.** 금융완화와 재정지출 확대 등을 통해 20년 가까이 지속한 디플레이션과 저성장에서 탈출하겠다는 아베노믹스가 목표를 달성하지 못할 가능성이 크다는 게 전문가들의 시각이다[뉴욕 = 연합뉴스, 이상원 특파원, 2013.7.4.].

일본 주식시장 전망에 대한 전망도 밝지 않다. 1년 뒤 닛케이 225 지수가 14,406선을 기록할 것으로 예측한다. 이는 이날 종가인 14,018.93보다 2.8% 높은 수준에 불과하고 최근 고점이었던 지난 5월 22일의 15,627보다 낮은 수준이다. 엔화 환율은 아베노믹스의 혜택을 받을 것으로 본다. 1년 뒤 달러화 대비 엔화의 환율은 105엔으로 전망한다. 일본의 부채 위기에 대한 우려도 가시지 않고 있다. 일본이 부채 위기를 맞을 가능성이 매우 높다고 진단한다. **현재 일**

본의 부채 비율은 국내총생산(GDP) 대비 200%를 넘었다. 아베 총리는 일본의 성장은 일본만이 아니라 세계를 위한 책임이라는 게 내 믿음이라는 것을 밝혔지만 그의 소신대로 세계경제는 움직여주지 않을 것으로 예상 한다[뉴욕=연합뉴스, 이상원 특파원, 2013.7.4.].

61. 일본도 적자를 계속 이어갈까?

일본도 쌍둥이 적자 행진이 시작됐다. 일본이 지난해 31년 만에 처음으로 무역수지 적자를 기록한 데 이어 누적 재정적자도 사상 최대인 1000조 엔에 육박했다. **일본 경제의 성장 동력인 자동차 전기전자 제조업이 수출경쟁력을 잃어가고 있는 데다 동일본대지진의 막대한 복구비와 고령화에 따른 연금구조 불안, 사회보장비 증가 등이 일본의 어깨를 짓누르고 있기 때문이다.**

2011년 무역수지가 2조4927억 엔(약 36조원) 적자를 기록했다. 일본의 연간 무역수지가 적자를 기록한 것은 1980년 제2차 석유위기 여파로 2조6000억 엔의 적자를 낸 후 처음이다. 지난해 일본의 수출액은 2010년보다 2.7% 감소한 65조5547억 엔으로 2년 만에 마이너스를 기록한 반면 수입액은 12.0% 증가한 68조474억 엔으로 2년 연속 증가했기 때문이다.

이와 같이 31년 만에 처음 겪는 무역수지 악화의 주요인은 미국과 유럽의 재정불안으로 엔화 값이 사상 최고 수준으로 치솟으며 수출의 대폭 증대를 어렵게 만들었고 동일본대지진으로 일부 산업이 생산 차질을 겪었으며, 후쿠시마(福島) 제1원전 사고 이후 화력발전용 액화천연가스(LNG)의 수입이 크게 늘어난 요인이 작용했기 때문이다.

일본의 무역적자 발생은 1000년 만에 찾아온 대지진과 원전사고 등과 같은 일시적 요인도 작용하고 있지만 보다 근본적으로는 일본 제조업이 구조적으로 경쟁력을 상실해가고 있는 것은 아닌가 진단이다.

일본이 지난 수십 년간 자동차, 가전제품, 반도체 분야를 중심으로 제조업과 수출 중심의 무역정책을 통해 경제 대국의 지위를 유지했지만 이제 그 지위가 흔들거리고 있다는 것이다. 더구나 이 같은 사태에 서둘러 대책을 마련해야 할 일본 정부가 재정적자의 늪에서 허우적거리고 있다.

국채와 자입금을 합한 일본의 국가부채는 2011년 회계연도 말인 올 3월 말 985조3586억 엔을 기록했다. 올해도 부족한 재정을 메우기 위해 44조2440억 엔의 신규 국채를 발행하는 등 재정지출이 확대될 것으로 보여 2012 회계연도 말에는 **국가부채가 1085조5072억**

엔으로 처음으로 '나랏빚 1000조엔 시대'에 진입할 전망이다. 신생아까지 포함해 전 국민 1인당 850만 엔(약 1억2000만원)의 빚을 떠안고 살아야 하는 셈이다.

일본은 국내 부유자산가와 민간기관들이 나라 빚을 충당해주고 있는 국가채무구조를 띠고 있지만 추가로 조세부담까지 떠안아야 할 형편에 빠지고 있다. 일본은 국가 채무를 안정적으로 줄여가기 위해 2015년까지의 소비세(부가가치세) 10%를 올리기로 했다. 그러나 10% 인상만으로는 불충분하므로 15%까지 끌어올려야 한다고 보고 있다.

이대로는 무역적자가 재정수입을 줄여 정부의 재정적자 악화를 촉진하고 다시 재정적자 악화가 무역적자를 더욱 확대시키는 악순환구조로 굳어질까 노심초사한다[세계일보, 도쿄 = 김동진 특파원, 2012.1.25.].

62. 한국과 유럽 경제의 차이점과 공통점은?

유럽은 우리에게 가장 매력 있는 관광지역으로 각인돼 있다. 이중 유럽의 대표적인 나라가 스위스다. 그러나 스위스는 관광산업에서만 대표 주자일 뿐만 아니라 화학 · 정밀공학 · 제약 · 컨설팅 · 금융 · 소프트웨어 · 기계 등에서 세계 최고 수준의 제품과 서비스를 창출하고 있는 제조업체와 서비스업체를 보유한 세계 최강국의 나라이다[중앙일보, 2014.1.21].

스위스는 총인구와 국내총생산 규모에서 우리와는 비교가 안 될 만큼 조그마한 나라이지만 산업, 교육, 복지, 생활환경 등 모든 면에서 월등히 앞서 있다. 스위스는 적은 인구를 가졌지만 출중한 인재와 기술자, 수준 높은 관리와 경영을 하고 있다는 이야기다.

강소대국인 스위스의 각종 지표들 중 최근 더욱 눈에 띄는 지표가 실업률이다. 스위스는 경제협력개발기구(OECD) 국가 중 최저 수준인

7.0%의 청년실업률(15 ~ 24세)을 유지하고 있다. 2013년 청년실업률이 9.3%였던 우리나라 입장에서는 부러운 수치다. 스위스의 낮은 실업률과 관련해 특히 주목되는 것이 대학진학률이다. 스위스의 대학진학률은 29%로 71%가 넘는 우리나라의 절반에도 미치지 못한다. 비결이 뭘까.

교육시스템의 차이를 첫손에 꼽을 수 있다. 한마디로 실용적인 직업교육과 한국의 입시 위주 진학교육의 차이라는 얘기다. 스위스, 독일, 오스트리아 등 대부분의 유럽 국가들에는 직업학교 교육프로그램이 잘 발달돼 있다. 나이어린 학생들, 실업자들, 직업 전환자들은 각종 프로그램을 통해 기업의 현장에 직접 투입 가능한 근로자로 새롭게 양성되는 과정이 잘 발달돼 있다.

학력에 따른 유리천장이 없다는 점도 중요한 대목이다. 스위스 등 서유럽에는 예컨대 VET 과정을 이수한 사람들이 최고위직까지 올라가는 경우가 흔하다. 세계적 금융그룹인 UBS의 최고경영자(CEO) 세르지오 에르모티, 가방 브랜드 프라이탁의 CEO 모니카 발저가 대표적이다.

대외개방성도 일자리 창출에 기여하고 있다. 스위스 등 대부분의 유럽 국가들은 대학교 박사과정, 100대 기업 최고위직 등에서 외국인의 높은 비중이 차지할 정도로 완전히 개방돼 있다. 여기에 각종

교육 및 훈련기관 등에서 배출된 우수한 인력, 낮은 세율, 높은 국가경쟁력 등이 결합돼 2004년 이후 매년 30 ~ 50여 개씩의 기업들이 본사를 스위스로 이전하고 있다. 2009년 현재 스위스에 본사를 둔 글로벌 기업은 219개에 달한다.

중소기업들의 국제 경쟁력이 높다는 점도 높은 고용률과 높은 상관관계를 갖고 있다. 스위스는 전체 기업의 99.66%인 중소기업들이 67%의 고용을 책임지고 있다. 특히 스위스 중소기업들은 하나하나가 세계 최고 수준의 기업들이라 고용안정성이 높은 편이다. 스위스와 비교해볼 때 한국의 교육시스템은 사회와 기업이 요구하는 인재를 키워내는 데 제 역할을 하비 못하고 있다[중앙일보, 2014.1.21].

한국의 종합적인 복지수준은 경제협력개발기구(OECD) 34개국 중에서 20위다. 한국 국민의 복지수요는 높은데 그런 욕구를 채우는 복지충족 정도는 낮고 복지환경은 취약한 편이다. 다시 말해서 세계 15위권에 든 한국의 GDP규모는 하위권 개발도상국 복지 수준에서 산출해낸 생산량이다. 상대적으로 매우 낮은 복지수준에서 만들어 내고 있는 GDP수준이라고 말할 수 있다. 이것은 구미 선진국 같은 종합적 복지수준을 갖춘 상태를 가정한다면 한국은 현재 GDP규모를 산출할 능력이 없다는 의미이다[서울 = 연합뉴스 서한기 기자, 2013.11.11 / 한국보건사회연구원 남상호 연구위원 ; 복지종합지수의 국제비교 분석].

한국의 전반적 복지수준을 국제 비교하기 위해 경제활력 부문(고용률, 경제성장률, 생산성 증가율, 물가상승률), 재정지속부문(국가부채비율, 재정적자율, 국민부담률), 복지수요부문(노인인구비율, 지니계수, 빈곤율, 실업률), 복지충족부문(공적연금 소득보장률, 고용보장률, 아동 및 보육지원율, 공공사회복지지출 비율), 복지환경부문(자살률, 평균수명, 주관적 행복도, 환경오염), 보건수준부문(암발생률, 영아사망률, 음주량, 흡연량, 의사 · 간호사 · 병상수, 예방접종) 등 6개 개별지표를 통해 한국의 복지종합지수를 OECD 회원국과 비교하면 크게 뒤떨어진다는 것을 알 수 있다.

종합적 복지수준을 보면 한국은 OECD 34개국 가운데 20위에 머문다. 2008년 26위에서 순위가 다소 올랐다. 우리나라와 비슷한 순위의 국가는 스페인(18위), 이스라엘(19위), 슬로베니아(21위), 벨기에(22위) 등이다. 상위권에 포진한 국가는 스위스(1위), 네덜란드(2위), 노르웨이(3위), 덴마크(4위) 등 주로 북유럽 복지국가들이다.

터키(34위), 멕시코(33위), 칠레(32위), 에스토니아(31위) 등 남미와 서아시아 국가, 동구권의 체제전환국이 상대적으로 순위가 낮았다. 구체적으로 부문별 순위를 보면, 한국은 경제활력 부문(15위)과 재정지속부문(4위)에서는 다른 OECD 국가들보다 양호하지만 복지수요부문(11위)은 상대적으로 높아 복지욕구는 강한데 반해 복지충족부문(31위)과 국민행복도를 나타내는 복지환경부분(33위)에서는 최하위 바닥권에 머물고 있다.[서울 = 연합뉴스 서한기 기자, 2013.11.11].

63. 유럽인들은 유럽통합의 꿈을 현실화하고 있다.

유럽인들은 제1차 세계대전과 제2차 세계대전의 전쟁을 겪었지만 폐허와 슬픔을 딛고 다시 경제재건에 힘을 쏟은 끝에 유럽은 1950년대 완전히 복구되었다. 전후 유럽은 1950~60년대를 거치며 최고 번영을 구가하였다. 이 시기에 그들은 경제번영과 정치안정을 누리며 다시 한 번 유럽의 통합을 논의하기 시작하였다. 유럽은 여러 단계를 거치며 험한 과정을 거친 끝에 1993년 마스트리트(Maastricht) 조약을 맺을 수 있었다. 1993년 조인된 마스트리트(Maastricht) 조약에 의해 유럽연합(EU, European Union)이 탄생한 것이다.

유럽연합은 경제적으로 통합한 유럽을 출범시켰고 단일경제통합 권역을 뒤 받침하기 위해 중앙은행의 설립과 단일통화를 실현하였다. 유럽은 세계에서 가장 개방된 통합지역으로 탈바꿈하였다. 현재 유럽에서는 모든 상품들이 생산지에서 모든 검사를 마치고, 국경에서는 어떠한 검사도 없이 각 회원국의 국경선을 넘나들며 자유롭게 이동하고 있다. 의료 법률 등 서비스 분야도 회원국 어디에서나 활동 가능하다.

유럽연합의 회원국은 독일, 프랑스, 영국, 아일랜드, 벨기에, 네덜란드, 룩셈부르크, 덴마크, 스웨덴, 핀란드, 오스트리아, 이탈리아, 스페인, 포르투갈, 그리스, 체코, 헝가리, 폴란드, 슬로바키아, 리투아니아, 라트비아, 에스토니아, 슬로베니아, 키프로스, 몰타, 불가리아, 루마니아이다.

유럽연합은 총인구 5억1백만 명(2010년 기준)을 거느리고 있다. 주요 기구로는 각료이사회, 정상회의, 집행위원회, 유럽의회, 유럽사법재판소, 유럽회계감사원을 두고 있다. 유럽통합은 최후 목표가 미국 합중국과 같은 거대한 유럽합중국의 건설이다. 이러한 합중국 건설은 역사상 그 유례를 찾아볼 수 없는 야심 찬 계획이다. 유럽은 그 동안 사전 정비 작업으로 완전한 통화통합에 앞서 인플레, 금리, 환율, 예산적자, 공채 등에 관한 기준을 수렴하는 과정을 거쳤다.

마스트리트 조약은 경제공동체를 달성한 만큼 정치 분야에서도 공동 정책을 추구하고 있다. 외교와 안보 분야에서도 공동 정책을 취하는 것을 규정하고 있다. 유럽연합 회원국 간에 항상 협력하며, 중대한 국제 문제에 대해 공동입장을 취한다. 유럽공동체는 경제적 지역공동체의 의미를 넘어서 독일이 침략전쟁을 일으키지 않도록 통제하는 것과 소련에 대항한 서유럽 국가의 통합이라는 정치적 목적도 띠고 있다. **독일은 유럽의 평화와 번영을 확고하게 책임지겠다는 것을 분명히 함으로써 이웃 국가들의 불신감을 없애고, 통일이라는 민족적 과제를 달성할 수 있었다.**

독일 전 수상 빌리 브란트(Bily Brandt)의 동방정책(Ostpolitik)이 통일의 밑바탕을 마련하였지만 유럽통합이라는 대 목표 안에서 독일의 외교정책이 수행되면서 브란트의 동방정책은 성공할 수 있었고, 독일통일도 가능했다. 독일의 공동체에 대한 헌신을 유럽 이웃 국가들이 긍정적으로 받아들이고 수용할 수 있었던 것에는 독일의 과거사에 대한 끊임없는 반성에 기초한 것이다.

유럽통합운동의 출발은 서유럽 통합을 지향하였고 그것은 소련의 침략 위협에 대항하여 유럽이 단결해야 했던 시대적 상황의 산물이다. 유럽통합은 처음에는 냉전과 유럽의 분단이라는 전제조건 하에서 추진되었던 것이다. **유럽통합은 다른 지역의 통합을 자극하였고, 그 결과 NAFTA, ASEAN, APEC 등이 생겼다. 지역주의를 동반하는 세계화의 진행인 셈이다.**

분단국가인 한국의 입장에서, 유럽통합과 독일통일은 어떤 의미를 가지고 있는 것일까? **독일은 자신들의 민족문제를 지역통합이라**

는 범주 안에서 해결하였다. 이러한 독일통일의 경험은 과연 우리에게 어떤 의미를 가지고 있는 것일까? 우리에게 어떤 기회를 제공하고 있는 것인지도 모른다. **동북아시아의 대립적인 상황에서 한국의 갈 길은 명확하지 않는 것 같다.**

동북아시아에서는 지역문제를 해결할 포럼(forum)이 형성되어 있지도 않다. 현재 존재하는 현실은 아시아 국가들 끼리 치열한 패권경쟁이 앞서고 있다. 분명 한 것은 현재의 동북아시아에서 독일이 추구했던 방식을 그대로 따라할 수는 없을 것이다. 이것은 독일과 유럽을 결부시켜보면 명확하게 드러난다. **현재 EU의 출발점은 독일을 서유럽체제로 결합시켜 통합함으로써 독일의 새로운 재침략 가능성을 봉쇄하려는 의도가 들어 있지만 한국은 그런 처지에 있는 것도 아니다.**

유럽연합은 미래경계를 어디까지일지 아직까지 확실하게 설정하고 있지 않다. 유럽연합의 경계는 유럽연합이 새로운 회원국을 가입시키는 기준 문제와 직결된다. 유럽연합은 연합이 추구하는 가치와 규범을 공유하는 모든 유럽국가에게 가입을 개방하고 있다. **유럽연합에 포함한 유럽국가와 미래의 경계에 대해서는 어떠한 정의도 내리지 않고 있다.**

유럽국가의 기준이 무엇인가에 대한 질문은 유럽연합의 미래경계를 어디까지 할 것인지 예측해 볼 수 있는 근거가 된다. 지리적, 문화적, 국가의 의향을 기준으로 검토된 유럽 국가는 잠재적인 미래의 경계일 뿐이며, 미래의 경계는 정치적 결정자들의 협상과 힘의 결과에 따라 변화될 수 있다. **소수 거대국가의 지배로 변화되는 세계에서 유럽연합의 개방적인 확대정책은 유럽연합이 세계적 지위를 확보하기 위한 하나의 주요수단이다.** 따라서 유럽연합의 경계는 미래의 설계를 위한 정치적 모험에 따라 끊임없이 창조되고 변화할 것으로 보인다.

이 지구상에서 유럽연합만큼 잘 발전한 경제체제는 없다. 십 수 개의 유럽은 하나의 화폐와 단일 경제정책 등을 통일했다. 유럽인들은 유럽의 통일 과제를 목전에 두고 있다. 그러나 2012~13년 남유럽 국가들이 재정위기를 맞으면서 유럽연합 체제가 아직도 안전하지 않은 체제인 것을 노출시켰다. 그리스, 스페인, 이탈리아 등의 남유럽 재정위기가 유럽으로 번지면서 유럽경제는 물론 국제경제를 위협하였다.

유럽은 유럽합중국을 건설하겠다는 꿈을 실현시켜 가면서 미국합중국의 힘을 견제할 것이다. 유럽은 미국이 전 세계를 장악할 수 있는 패권주의를 견제하면서 유럽적인 경제사회적 체제의 우월성을 확보하는 데 유념할 것이다. 유럽은 세계 2차 대전 이전의 영광을 갖지 못 하겠지만 미국의 패권을 견제하는 선린관계와 경쟁을 추구

할 것이다. 유럽 연합은 아직 미합중국과 같은 단일국가로서의 유럽합중국을 건설하는 중이지만 단일시장의 통합경제권을 형성한 지역으로서 인구수와 인구밀도, 면적 등에서 미국을 견제하는 균형세력을 유지할 수 있는 기초적 여건을 갖추고 있다.

국가	수도	거주자 수	면적	인구밀도
European Union	Brüssel	505.000.000명	4.324.782km²	116,8명
African Union	Addis Abeba	1.040.000.000명	29.797.500km²	34,9명
Association of Southeast Asian Nations	Jakarta	607.000.000명	4.480.000km²	135,5명
North Korea	Pjöngjang	24.600.000명	120.538km²	188,8명
South Korea	Seoul	48.900.000명	99.720km²	487,7명
Taiwan	Taipeh	23.300.000명	35.980km²	639,9명
Japan	Tokio	127.600.000명	377.915km²	335,5명
China	Peking	1.358.100.000명	9.596.961km²	138,6명
Malaysia	Kuala Lumpur	29.000.000명	329.847km²	85,7명
Vietnam	Hanoi	89.000.000명	331.210km²	270,4명
Philippines	Manila	96.200.000명	300.000km²	333,0명
Laos	Vientiane	6.500.000명	236.800km²	26,9명
Thailand	Bangkok	69.900.000명	513.120km²	130,7명
Indonesia	Jakarta	241.000.000명	1.904.569km²	127,6명
Poland	Warschau	38.200.000명	312.685km²	123,0명
Slovenia	Ljubljana	2.100.000명	20.273km²	98,8명
Albania	Tirana	2.800.000명	28.748km²	104,17명
Slovakia	Bratislava	5.400.000명	49.035km²	111,6명
Serbien	Belgrad	7.100.000명	77.474 km²	94,8명
Bosnia-Herzegovina	Sarajevo	3.800.000명	51.197km²	90,3명
Greece	Athen	10.800.000명	131.957km²	81,5명
Luxembourg	Luxemburg	500.000명	2.586km²	192,6명
Belgium	Brüssel	11.100.000명	30.528km²	341,4명
Switzerland	Bern	8.000.000명	41.277km²	184,7명
Netherlands	Amsterdam	16.700.000명	41.543km²	404,0명
Denmark	Kopenhagen	5.516.000명	43.094km²	128,0명
Norway	Oslo	5.000.000명	323.802km²	14,4명
Finnland	Helsinki	5.400.000명	338.145km²	15,5명
Schweden	Stockholm	9.500.000명	450.295km²	20,2명

Ireland	Dublin	4.700.000명	70.273km²	65,8명
Portugal	Lissabon	10.600.000명	92.090km²	116,6명
Italy	Rom	60.900.000명	301.340km²	192,8명
Spain	Madrid	46.200.000명	505.370km²	92,0명
Germany	Berlin	81.800.000명	357.121km²	230,5명
United Kingdom	London	63.200.000명	243.610km²	255,9명
Tunesien	Tunis	10.800.000명	163.610km²	64,7명
Turkey	Ankara	74.900.000명	783.562km²	99,3명
United State	Washington	313.900.000명	9.826.675km²	31,6명
Canada	Ottawa	34.900.000명	9.984.670km²	3,4명
Australia	Canberra	22.000.000명	7.741.220km²	2,8명
New Zealand	Wellington	4.400.000명	267.710km²	15,9명
Mexiko	Mexiko-City	116.100.000명	1.964.375km²	57,3명
Brazil	Brasília	194.300.000명	8.514.877km²	23,6명
India	Neu-Delhi	1.259.700.000명	3.287.263km²	356,9명
Russia	Moskau	143.200.000명	17.098.242km²	8,2명
Lebanon	Beirut	4.300.000명	10.400km²	396,6명
Syria	Damaskus	22.500.000명	185.180km²	119,9명
Israel	Jerusalem	7.900.000명	22.072km²	333,2명

유럽연합의 국내총생산(GDP)은 16조 2천억 달러(2009년 기준), 1인당 국내총생산 29,729달러(2009년 기준), 교역량 3조 2천억 유로(2009년 기준)에 달한다. 유럽연합의 화폐단위는 유로(Euro, €)이다. 한국과 유럽연합의 교역량은 2009년도 한국 기준으로 수출은 466억 달러이며, 수입은 322억 달러이다. 한국과 유럽연합 사이의 투자는 대(對)유럽연합 투자액은 201억 6천만 달러(2009년 9월 말 누계)이며 대(對)한국 투자액은 2009년 말 누계로 564억 달러이다. 유럽연합은 누계기준 제1위의 대(對)한국 투자 주체이다.

유럽연합 EU(15개 회원국)의 경제규모는 GDP 기준으로 96년 약8

조 6,000만 달러이고 경제비중은 세계의 31.1%를 차지한다. 미국(27.5%)과 일본(16.7%)을 능가하는 최대 규모의 경제 블록이다. 수출은 세계의 41.8%, 수입은 세계의 39.3% 점유하고 있다. 역내무역을 제외할 경우 무역의 총규모는 15%로 미국(약 14%)을 능가하는 세계 최대 규모를 차지하고 있다. 1인당 국민소득은 일본 3만7,000달러와 미국 2만 9,000달러보다 뒤진 약 2만 3,000달러다. 실업률은 미국, 일본보다 높은 10.9%다.

EU경제는 1993년 마이너스 성장을 기록한 후 서서히 회복했고 1996년 하반기부터 경기침체에서 점진적으로 벗어나 1997년 2.6%, 1998년 3.0%의 성장을 기록한 후 유럽통화통합(EMU)이 출범한 99년에는 3.1%의 실현과 함께 2005년까지는 3% 내외 성장했다. 아일랜드, 핀란드, 룩셈부르크 등 소규모 국가와 그리스, 포르투갈 등 역내 후진국은 높은 성장과 독일, 프랑스, 이탈리아, 영국 등은 안정적인 성장을 유지했다.

EU의 실업률은 1994년 11.1%라는 높은 실업률을 보였으나 회원국 정부의 지속적인 고용증대노력으로 10.9%로 개선되었으며, 97년에는 10.7%로 계속 개선됐다. 이후 98년에 10.3%, 99년 9.7%다. 이를 회원국별로 보면 스페인, 벨기에. 이탈리아, 등은 10%를 상회할 것으로 전망되나, 오스트리아. 네덜란드, 포르투갈 등은 6%이하의 비교적 안정된 고용상태를 유지할 것으로 보인다.

EU의 노령인구 비중은 30%(1985년) → 33%(2000년) → 41%(2020년)로 증가되면서, 안정된 수입을 기반으로 주요 소비층을 형성한다. EU는 세계에서 가장 앞서 가는 환경국가로 세계 환경 보호의 흐름을 주도하고 있다. 세계 최초로 환경마크(1977년 독일의 Blue angel 마크)를 도입한 후 1992년에는 EU차원의 환경규제를 의무화하고 있으며, 수입상품에도 이를 적용하고 있다.

유럽의 은행업무 범위는 나라마다 다르다. 미국, 일본은 은행이 증권 업무를 취급하지 않는다. 은행, 증권, 신탁의 각 업무를 모두 맡아서 하는 유니버설 뱅크는 유럽에서 주류를 이루고 있다. 독일에서는 도이치은행 등 대규모 유니버설 뱅크가 있다. 프랑스나 영국에서도 은행과 증권의 업무를 겸업하는 것이 허용되어 있지만 독일 은행이 규모나 노하우 면에서 앞선다고 할 수 있다. 현재 프랑스나 영국의 은행 등이 합병 등에 의해 업종을 확대하고 있는 것은 EC 시장 통합 후에 보다 확실하게 유니버설 뱅크의 역할을 하기 위해서다. 제조업에서도 재편성되고 있다. 자동차, 철강, 반도체, 전기, 화학 등에서 본격화하고 있다. 유럽에서는 한 업종에서 4~5개 회사가 있으면 충분하다는 견해가 있다. EC에는 이미 ECU라는 공통 통화가 있어 결제수단으로 사용되고 있다. 기업들은 국가 단위가 아닌 유럽 단위에 의해 물건을 생산한다.

유럽 단위의 경제활동 폭이 넓어지면서 효율적 생산이 가능한 것이다. 만약 기업이 효율성을 높이기 위해 값싼 노동력을 수입할 경우 임금이 높은 국가의 실업은 더욱 늘어날 수 있다. 본국의 기업들이 경쟁에서 지면 공장이 문을 닫으면서 실업이 늘어난다. 이런 이유에서 유럽 통합은 노동자의 고용개선에는 아무런 도움도 되지 않는다는 의견이다. EC 역내에서 경제적으로 낙후되어 있는 포르투갈, 그리스, 아일랜드 등은 인구 유출의 가능성이 있다. 범죄조직도 국경을 넘고 있는데 유럽 전역을 대상으로 한 범죄가 증가하고 사회불안이 증가할 수 있다.

EC의 시장이 통합되면 기업은 본사의 이전이나 공장 판매망의 재배치해야 한다. 그렇게 되면 사람의 이동이 따르게 되고 종업원이 전근을 거부할 수도 있다. 경제활동이 국가 단위에서 EC 단위로 확대된 결과 남북문제가 심각해질 수도 있다. 부유한 독일, 프랑스, 영국, 덴마크 및 베네룩스 3국과 가난한 이탈리아, 스페인, 포르투갈, 그리스, 아일랜드 등이 있다. 공업에서 북유럽 나라들이 일층 지배력이 강하고, 가난한 남유럽의 인력이 북으로 흘러 들어갈 수 있다. 이와 같이 EC 통합에 따라 각국 간에 상호 의존이 더욱 높아질 것이다.

유럽연합은 하나의 시장과 단일 통합경제권을 건설한 지 10년여 이상 세월이 흘렀다. 그러나 단일 통화를 사용하는 통합지역의 모습이 보기와는 다른 많은 문제점을 노출하고 있다. 유럽연합이 단일통화인 유로화를 사용하고 단일경제권을 형성했지만 재정통합이 숙제로 남겨놓은 상태를 반영하여 그대로 구조적 위기를 노출하고 있는 것이다. 이런 이유 때문에 유럽연합의 위기와 불안정성은 자주 반복될 가능성이 높다. 유럽연합은 연합체제 자체에서 위기가 오기 보다는 유로를 같이 사용하는 유로존의 개별 회원국들의 문제에서 발생하고 있다.

유럽연합의 경제가 침체되거나 경기가 가라앉을 때 유럽연합의 중앙은행인 유럽은행은 적절한 통화정책을 통해 경기를 부양하고 경제를 살리는 기능을 수행하고 있다. 이 같은 방식은 유로존이 서로 서로 좋은 시절에는 별문제 없이 잘 작동한다. 몇몇 회원국들이 침체기에 빠지면 적절하게 금리를 조절하고 통화량을 조절해서 경기를 살릴 수 있다. 그러나 중요한 문제는 유로존이 단일통화를 사용하기 때문에 유럽은행의 통화정책이 마음대로 특정 국가에 초점을 맞춰 결정할 수 없다는 데 있다.

이런 취약점 때문에 유럽연합은 느슨한 단일지역통합의 성격을 지니고 있으며 유럽위기에 손 쓸 틈 없이 무너져 내릴 수 있다는 점이다. 거기다 일부 회원국 재정이 수입이 적은데 방만하게 복지정책을 폈고, 세금도 잘 거치지 않으면 좀 더 복잡한 문제를 야기할 수 있다는데 있다. 돈은 필요한데 통화량을 마음대로 조절하지 못하고 여기저기서 빌려서 갖다 쓰다가 PIIGS와 같은 국가들이 생겨

날 수 있다. 요즘은 이와 같은 상황에 빠질 수 있는 영국까지 갖다 붙여서 PIIGGS라고도 부른다.

문제는 유럽연합 차원에서 재정위기 국가들을 도와줘도 밑 빠진 독에 물 붓는 격이라는 점이다. 몇 번이나 도와줘도 정부에서 허리띠를 졸라매고 문제점을 수정해야하는데 정신을 못 차리고 있는 것이 가장 문제로 등장한 것이다. 그리스가 5번의 구조 금융을 받고도 다시 국가 부도에 시달리고 있는 것이 대표적인 케이스이다. 그리스가 맛이 가면 다음 이탈리아로 가게 되고 유럽 전반으로 확산되는 전이현상을 막을 수 없다는 것도 골치 아픈 문제이다. 국가 한두 개가 날려버리면 되겠지 생각하면 오해다. 돈 빌려준 나라들도 덩달아 막심한 손해를 보고 국가시스템을 위협할 수 있기 때문이다.

유럽의 위기는 유럽연합에만 그치는 것이 아니다. 유럽연합의 위기는 우리나라, 중국 등과 같은 수출국들도 심각한 피해를 입게 된다. 유로존뿐만 아니라 다른 여러 나라들도 수출이 막히게 돼 세계경제의 위기를 불러올 수 있다. 특히 해외 경제 변화에 민감하게 반응하는 한국은 환율과 증시가 극심한 변동성에 정신을 차릴 수 없을 수 있다. 과거 경험이 한국경제가 유별나게 취약했다는 사실을 잘 보여주고 있다. 바로 환율과 주가의 변동성이 유별나게 극심했었다.

유럽은 그리스가 넘어가지 않도록 온갖 노력을 기울였다. 독일과 프랑스가 골을 싸매고 고민하는 이유다. 국가파산으로 이어지면 더 큰 피해가 오기 때문에 구조를 해줄 수밖에 없는 모순을 안고 있다. 돈을 계속 빌려주자니 받을 길이 없고 돈을 안 빌려 주자니 그리스 같은 위기국가가 회원국 전체를 위협하고 있으니 울며 겨자 먹기로 빌려줄 수밖에 없는 것이다. 유럽인들은 가능한 유렵연합을 지키려고 안간힘을 쓰고 있다.

결론적으로 특정 국가의 디폴트 막는 것이 유로존과 세계 경제를 위해 더 나은 뾰족한 방법이 없다는 것이다. 그래서 중국에서도 유럽위기의 진화를 막기 위해 발 벗고 나섰다. BRIC국가들이 유로존을 구제해주기로 합의를 보았던 것도 이런 맥락에서 이해할 수 있다. 앞으로도 계속 세계 여러 나라에서도 구조의 손길과 국제공조 체제를 가동할 것이다.

64. 유럽연합은 미합중국 형 통일국가를 꿈꾸고 있다.

유럽과 유럽인들은 미국 합중국과 같은 유럽합중국의 창설을 꿈꾸며 강력한 단일국가를 만들려고 한다. 유럽은 통화동맹을 시작으로 경제통합과 정치통합을 단계적으로 실현해 가고 있다. 그러나 최근 들어 유럽은 만만치 않는 도전을 겪고 있다. 특히 2011년 유럽 발 글로벌 재정위기 이후 과연 유럽 경제는 위기에 몰리고 붕괴론까지 거론 되고 있다

유로존의 재정위기는 통합 과정에서 일어나는 일시적인 진통이기보다는 통합 이전 체제로 돌아간 모습을 보였다. 유로존의 결성은 애초 정치적 이해관계의 산물 일뿐 처음부터 재정통합이 어려운 연합체였다. 유럽의 재정위기가 극복되지 못하면 유로존이 통합 이전 상태로 돌아가거나, 몇 개 그룹으로 나누어질 가능성을 우려 했다.

유로존은 경쟁력이 떨어지는 국가에 대해 원활하게 재정 지원을

할 수 없는 시스템이다. 한 국가라면 중앙 정부가 상대적으로 발전이 늦은 지역을 개발하거나, 일자리를 찾기 위한 지방간 취업자 이동이 가능하지만 유로존은 불가능하다. 재정통합이나 주권 양도가 일어나지 않는 한 유로존은 분열될 수밖에 없다. 각국이 자국통화를 확보해 경제 구조조정에 나서게 될 것이다. 독일, 프랑스 등 경제적으로 유사하고 노동이동에 문제가 없는 국가들을 중심으로 한 1군(first tier)과 그 나머지 국가로 구성된 2군(second tier)으로 나누어지는 방안도 거론되고 있다. 그 어떤 형태이든 지금과 같은 체제가 유지되기 힘들다.

IT 등 신산업 성장으로 지난 2003 ~ 2007년 세계 경제가 유례없는 높은 성장세를 유지해 온 덕분으로 기대치가 높아진 측면도 있지만, 선진국의 부채 문제와 자원 부족에 따른 신흥국 성장의 제약으로 경제성장률이 둔화될 것으로 보인다. 앞으로 4%대 세계 경제성장은 어렵다. **2012 ~ 2015년 평균 3.5% 정도 성장하고 한국도 이 수준에서 그칠 것이다. 앞으로 대외 불확실성과 금융시장 불안이 계속 나타날 수 있다.** 글로벌 불균형에서 파생된 미국과 유럽의 국가부채 문제는 상당기간 지속될 것이다. 이 와중에 주도권 경제의 손바뀜으로 좀 더 분명하게 나타나면서 세계경제 불확실성은 계속 될 것이다[이데일리, 2011.8.16].

유로존(유로화 사용 18개국) 물가상승률이 2014년 들어 추가로 하락, 디플레이션 우려를 키웠다. **유로존의 1월 물가상승률이** 0.7%로 **전달의** 0.8%**에서** 0.1% **포인트 더 떨어졌다. 이는 시장 전문가들의 예상치인** 0.9%**를 밑돈 것이며, 지난 10월 4년 만에 기록한 최저치** 0.7%**로 복귀한 것이다.** 유럽중앙은행(ECB)은 물가상승률을 관리 상한선인 2.0%에 근접하는 수준으로 끌어올리는 것으로 목표로 하고 있다. ECB 총재는 1월 물가상승률 하락이 위협적인 수준은 아니라고 말했으나, 내달 6일 금융통화정책 회의에서 금리 인하 압력이 높을 것으로 보인다. 한편, **12월 유로존 실업자 수는 12만9천명 줄어 2007년 4월 이래 가장 큰 감소폭을 보였다**[유럽연합(EU) 통계기관인 유럽통계청(유로스타트) / 베를린 = 연합뉴스, 박창욱 특파원, 2014.1.31].

65. 유럽통합의 붕괴 가능성

벨기에의 국가 신용등급이 'AA+'에서 'AA'로 한 단계 강등되면서 유로존의 국가 신용등급 강등 도미노가 벨기에까지 도달했다. 벨기에 신용등급이 강등된 것은 13년 만이다[S&P / 오마이뉴스, 2011.11.26]. 벨기에 정부는 프랑스와 공동 소유하고 있는 덱시아 은행이 과도한 그리스 국채 보유로 어려움을 겪자 정부 차원에서 지원에 나선 것이 재정악화로 이어졌고 결국 신용등급마저 강등되고 말았다.

벨기에는 지난해 총선 이후 무려 530여 일 넘도록 정부 구성에 실패하면서 장기간 무정부 상태가 방치된 정치적 불안도 감점 요인이 되었다. 유로존 위기로 자금 조달마저 어려워진 벨기에는 10년 만기 국채 금리가 최고조로 돌파하면서 자칫하면 금융시장에서 심리적 한계선인 7%까지 장담하기 어렵게 됐다.

최근 헝가리의 국가 신용등급이 투기등급으로 강등된 것에 이어 벨기에까지 강등 대열에 합류하면서 유로존 위기는 갈수록 악화되었다. 유럽의 최강자인 독일마저 최근 10년 만기 국채 입찰에서 목표치를 채우지 못했고, 이탈리아는 정권 교체에도 불구하고 국채 금리가 다시 7%를 넘어서면서 유로존은 붕괴만을 기다리는 초읽기에 들어갔다. 그러나 유럽연합이 붕괴되는 날이면 세계경제는 걷잡을 수 없이 혼돈에 빠질 수 있다.

세계 각국이 유로존(유로화 사용 17개국) 붕괴에 대비, 비상계획 마련에 착수했다. 금융당국들도 유로존 붕괴 가능성을 경고하고 나섰다. 중국 국부펀드는 유로존 지원에 적극적으로 나서지 않겠다고 선언했다.

유로존 회원국들은 이렇다 할 해법을 찾지 못하면서 재정위기가 동유럽을 넘어 아시아까지 확산될 조짐이다. 유럽 엑소더스에 속도가 붙자 이탈리아, 포르투갈, 헝가리 등 재정불량 국가뿐만 아니라 벨기에 프랑스 등 우량국가들까지 국채금리가 연일 위험 수위를 넘나들고 있다.

이제 각국 대형 은행들과 금융 감독기관들이 유로존 붕괴에 대비해 비상계획 마련에 나서고 있다. 일부 국가들의 무질서한 유로존 탈퇴 가능성을 무시해선 안 되며 은행들에 비상계획을 준비할 단계며 로열뱅크오브스코틀랜드(RBS) 등 영국 주요 은행들은 비상계획을 짜기 시작했다.

미국 금융감독기관들도 씨티그룹 등 자국 은행들에 유로존 투자 및 대출 규모를 줄이라고 압박하고 있다. 홍콩 금융관리국(HKMA)은 국내 은행의 국제적인 투자와 대출 규모에 대한 감시를 강화했으며 유로존 재정위기가 은행권에 어떤 영향을 미칠지 판단하기 위해 스트레스테스트(재정건전성 평가)를 진행하고 있다.

중국은 유로존 구원투수로 나서지 않겠다고 못 박았다. 중국투자공사(CIC)는 중국이 유럽을 지원하는 주요 채널이 되지 않을 것이며 분명히 했다. 이탈리아 금리는 연일 디폴트(채무불이행) 위험수위 선을 넘나들고 있다. 구제하기엔 너무 큰 이탈리아의 국채 금리가 일정 기간 현 수준을 유지하면 구제금융 신청이 불가피해지고 결국 유로존 붕괴로 이어질 수 있다. 그러나 이 같은 위기 상황에도 불구하고 이탈리아는 재정개혁을 시작조차 못하고 있다[한국경제신문, 2011.11.27].

유로화는 1999년에 탄생해 2002년부터 전면 통용됐다. 유로화는 지난 10년 동안 독일인의 일상생활에 깊숙이 파고들었다. 유로화의 도입으로 독일인들은 프랑스, 이탈리아 등 유로존 회원국의 어디에서든 편리하게 물건을 살 수 있는 편이함을 갖게 됐다.

유로화가 가져온 변화는 경제생활에만 국한되지 않는다. 유로화 도입 이후 문화예술인들의 교류가 활성화되고, 대학생들이 유럽 내 대학을 자유롭게 이동하며 학업을 하며, 각 나라 연구소의 인적 교류가 활발해지는 등 유럽사회 전반에 걸쳐 변화를 가져온 동력이 됐다.

그러나 유로화가 무역, 문화·사회 교류 확대와 같은 긍정적인 효과만 가져온 것은 아니다. 문화·경제·사회적 배경이 다른 17개국이 유로존으로 묶이면서 한편으론 통합력이 높아지고 교류도 활발해졌지만, 다른 한편으론 각 나라의 경제 수준 차이, 문화·사회적 다양성을 극복하는 통합 문제가 끊임없이 괴롭혀 왔다. 이는 아직도 현재진행형이다.

이렇게 통합의 긍정성 속에 끊임없이 일어나는 파열음은 언론 매체에서도 쉴 틈 없이 드러냈다. 이는 유럽연합이 아직 독일인을 비롯한 유럽인들 사이에 굳건히 뿌리내리 못했음을 반증하는 것이다. 다시 말해 유럽연합이 지속적으로 발전할 수 있을 것인가에 대한 의문이 가시지 않고 있다는 뜻이다. 이러한 의문과 갈등은 그리스, 이탈리아, 포르투갈의 재정 위기로 인해 다른 유로존 국가들이 져야 하는 부담이 눈 덩이처럼 불어나면서 더욱 확대되는 양상이다.

보수정당인 기민당의 총수는 기회가 있을 때마다 위기는 기회라고 강조해 왔다. 독일을 중심으로 유로존 재정 위기를 슬기롭게 극복하는 것이 유럽연합의 공고화에 도움이 된다는 뜻이다. 또한 그렇게 하면, 장기적으로 유럽연합을 이끌 주축 국가로서 독일의 위상을 높일 수도 있다는 말이다. 새로운 화폐가 경제 시스템에 완전히 정착하기 위해서는 30년~60년이 걸린다면서 유로화 위기를 화폐 정착 과정으로 보는 이들이 있다.

이와 다른 의견도 만만치 않다. 녹색당 출신 전 외무장관 요슈카 피셔는 유럽연합에 속한 27개 국가가 공동의 개혁을 함께할 것이라고 믿지 않는다며 미래의 유럽은 17개국의 변형된 유럽연합이어야 한다고 밝혔다.

지금처럼 유럽연합과 별개로 각국 국회가 예산을 심의하고 의결하면 그리스나 다른 재정 위기 국가처럼 막대한 국가 부채가 생기는 것을 막을 길이 없기 때문에 유럽연합의 구조를 바꾸어야 한다고 주장했다. 각국 국회와 유럽연합을 지자체와 중앙정부의 관계처럼 바꿔야 한다는 말이다.

한쪽에서는 각국 국회가 국민의 대표 역할을 하고, 다른 한쪽에서는 유럽연합이 정책을 관철할 수 있는 구조로 바꿔야만 진정한 유럽통합을 이룰 수 있다는 주장이다. 그는 유로화를 매개로 한 경제 통합만이 아닌 정치 차원까지 통합해야만 아일랜드, 그리스, 포르투갈을 넘어 이탈리아까지 번진 재정 위기를 근본적으로 조절하고 방지할 수 있다고 보고 있다.

이런 견해가 나오는 것은 유로존 재정 위기로 독일이 부담해야 하는 액수가 천문학적으로 늘어나면서 독일인의 불만이 커지는 상황과 관련 있다.

독일인들은 왜 다른 나라 사람들의 게으름과 부정부패까지 뒤처리해야 하는가? 유럽연합이라는 정치적 대의를 위해 독일이 일방적으로 부담을 떠안아야 하는 것은 공정하지 않다고 주장한다. 독일이 유럽연합을 지속시키기 위해 감당해야 하는 재정 지출이 불만을 표시한 것이다.

그리스와 같은 재정 불량 국가들이 유럽연합을 탈퇴하고 연이은 도미노 현상으로 유럽연합이 해체될 수도 있다는 대해 일부 독일인들은 유럽연합의 구조 변화 필요성을 강조한 요슈카 피셔의 생각에 동의하고 있는 것이다.

독일인들은 '유럽연합 해체'라는 극단적 선택보다는, 회원국의 재정 위기를 사전에 방지하고 규제할 수 있도록 유럽연합의 구조를 바꿀 것을 요구하고 있다.

그러나 정치적으로 느슨한 결합체인 유럽연합이 회원국의 예산 관련 권한을 규제 · 조절하기 위해서는, 회원국이 주권의 일부를 유럽연합에 이양해야 한다. 이는 회원국 주권을 침해하기 마련이고 국민투표로 결정해야 하는 사안이기 때문에 유럽연합 내에 또 다른 갈등과 논쟁을 불러일으킬 수 있다.

독일인들은 자신들의 세금으로 지출되어야 하는 커다란 재정 부담을 감수하면서까지 유로화를 지키려고 하는 것은 여행과 지출의 편리성 등 실생활 유익성 이외에도 유럽대륙이라는 과거 역사적 갈등을 극복하고 유럽의 유대와 연대감, 소속감 및 평화를 위해 중요하다고 인식하고 있다.

유럽연합을 통해 얻은 경제적 이익도 독일이 재정 부담을 지면서까지 유럽연합을 지키려 하는 중요한 요소다. 유럽연합은 독일에 실질적인 무역 흑자 확대 효과를 안겨줬다. 유럽연합 특히 유로존 내부의 무역이 활발해지면서 독일은 1990년부터 1998년까지 매년 3% 이상, 1999년부터 2003년까지 매년 6.5%, 그 후 매년 9% 이상 유럽연합 회원국에 대한 수출을 늘렸다. 수출 중심인 독일 경제가 실질적인 경제 블록인 유로존을 통해 활력을 얻었다.

세계 경제를 위협하고 한국에도 많은 악영향을 끼치고 있는 유로존 재정 위기는 현재진행형이다. 누구도 명확한 해법을 내놓지 못하고 있다. 위기가 곧 기회이고 위기 없는 발전은 없다며 독일이 재정 부담을 감당해야 함을 호소하는 메르켈 총리의 주장도, 정치 통합까지 주장하는 요슈카 피셔의 '유로존 구조 변환' 주장도 아직까지는 다른 쪽을 압도하지 못하고 있다[오마이뉴스, 2011.11.26].

66. 유로존의 재정통합

유로존(유로화 사용 17개국) 재정통합에 희망의 빛이 비추고 있다. 유로존 핵심국인 독일과 프랑스가 재정통합을 강력하게 밀어붙이고 있다. 위기를 기회로 삼아 주도적으로 리드하고 있다.

재정통합은 독일이 유럽중앙은행(ECB)의 강력한 시장개입과 유로본드 도입을 거부해온 원칙론을 접을 수 있을 것이란 점에서 유로존의 위기를 극복하는 돌파구가 될 것이다[연합뉴스, 2011.12.2.].

독일 수상은 우리는 재정통합을 논의하고 있을 뿐만 아니라 재정통합을 창출하기 시작했음을 천명하고 나섰다. 적어도 유로존 국가들에 대해선 엄격한 규정을 지닌 재정통합이 될 것이다. 이제 이 문제가 촌각을 다투는 시간에 와 있다. 물론 넘어야할 어려움들이 있지만 재정통합의 필요성에 폭넓은 공감대가 형성돼 있다는 것이 이를 뒷받침 한다.

앞서 프랑스 대통령도 프랑스와 독일이 함께 새로운 유럽의 미래를 보고 재정통합을 밀고나갈 것임을 밝혔다. 프랑스 대통령은 독일과 프랑스의 분열은 유럽 전체의 분열과 약화를 초래했다며 위기 해결책 마련에서 드러난 양국의 이견을 솔직하게 인정했다. 앞으로 유로존 내 어떤 국가의 대출에서 단 1센트도 잃지 않을 것이다. 이는 신뢰의 문제며 이게 바로 프랑스와 독일이 보다 엄격하고, 보다 통합돼 있으며 경제 가버넌스에 의해 보다 책임 있는 방향으로 EU 조약을 고치려는 이유라고 강조했다.

현재 유로존에는 단일통화인 유로화와 단일 중앙은행인 ECB가 존재한다. 지금의 유로존은 통화동맹에 그치고 있다. 재정통합은 빠져 있었다. 다시 말해서 재정정책은 회원국에 재량권이 있다.

EU '안정 및 성장 협약'은 회원국의 재정 적자 상한선을 국내총생산(GDP) 대비 3% 이내, 정부부채 비율 상한선을 GDP 대비 60% 이내로 각각 못 박고 있다. 이것이 유일한 강제규정이다. EU에 가입하려면 이 기준을 충족해야 한다. 그러나 가입한 이후에는 이 기준을 위반해도 제재할 실효성이 있는 수단이 없었다.

이 허점이 그리스 재정 위기를 배태했다고 보는 것이다. 그리스에서 시작된 재정 위기는 포르투갈, 아일랜드 등 주변국에 이어 스페인, 이탈리아, 심지어 프랑스 등 중심 국가로까지 번졌다. 이에 따라 각 회원국이 예산을 세우고 집행할 때 EU의 관리감독 권한을 강화하고, 위반하면 제재할 수 있도록 하겠다는 게 재정통합의 구상이다.

독일과 프랑스는 우선 유로존 재정통합을 추진한다는 강력한 의지를 밝히고 있다. EU 차원의 협약 변경에는 세부안을 마련하는 데 많은 시간이 걸리고 걸림돌에 부닥칠 수 있다는 판단에서다.

금융시장에서는 프랑스까지 번진 유로존의 위기에 근본적으로 대처하는 방안으로 ECB의 강력한 시장개입과 유로본드 도입 등을 주장하고 있다. 유로존이 유럽재정안정기금(EFSF)과 국제통화기금(IMF) 재원확충을 병행 추진하고 있지만 이런 구제금융 수단으로는 한계가 있다는 평가가 지배적이다.

ECB의 강력한 시장개입은 이탈리아 등 위험국의 국채를 시장에서 무제한 사들이거나 대규모 양적 완화를 통해 자금을 푸는 방안 등을 뜻한다. 또한 ECB가 IMF에 대출을 제공해 위험국을 우회 지원하는 방안도 거론된다.

유로본드 발행은 위험국들이 국가신용등급이 우량한 일부 회원국들의 신용을 빌려 자금을 조달한다는 의미다. 신용등급이 우량한 회원국들이 위험국들이 부담해야 할 이자를 일부 부담하는 셈이다.

그러나 독일 정부는 지금까지 이런 구상들에 대해 재정 적자를 화폐 증발로 해결하는 방안이라며 거부해왔다.

과거 제1차 세계대전 직후 바이마르 공화국 시절 하이퍼인플레이션의 악몽을 경험한 바 있는 독일은 두 번 다시 겪고 싶지 않는 것이다. 이에 따라 메르켈 정부로서는 유로존 붕괴 우려까지 낳고 있는 시급성을 고려해 기존의 원칙론을 접을 명분이 필요한 상황이다.

자금을 지원해준 국가들의 도덕적 해이(모럴 해저드)를 막는 유로존 재정통합이 독일 정부에 괜찮은 명분이 될 것이라는 기대감이 형성돼 있다. ECB 총재는 전날 유로존 재정통합을 전제로 ECB가 더 적극적인 역할을 할 수 있음을 내비치고 있다. 이에 따라 유로존 재정통합이 완성되는 것과 함께 재정 위기에 대한 근본적 해결책 마련도 속도를 낼 것이라는 전망이 확산되고 있다.

유럽연합은 각 회원국의 예산 규율을 감독하고 공동의 규칙을 지키지 않는 회원국들을 제재하는 EU 집행위원을 임명해 이런 체계를 따르지 않으려는 국가가 유로존을 떠나도록 하자는 구상을 내놨다.

현재의 통화동맹 체계로는 재정 위기를 극복할 수 없다고 지적하는 가운데 유로존이 해체 또는 대전환의 기로에 섰다. 물론, 유로존을 이끌어온 독일은 독일의 미래는 유럽의 미래와 분리될 수 없도록 묶여 있다며 유로존 해체를 일축했다. 오히려 유로존은 1단계 해법으로 회원국 재정정책을 통합하고, 더 나아가 전반적인 경제정책을 통합하는 공동체로 가야 한다. 궁극적으로는 '유럽 재무부', 유럽합중국(United States Europe)으로 가야 한다. 그러나 독일과 프랑스는 아직 개별 회원국이 자율적인 경제정책 권한을 지니는 느슨한 경제통합을 선호하고 있다.

한마디로 유로존에서 일부 회원국이 탈퇴하는 일은 없을 것이며 지금보다 강력한 재정통합을 지향하되 점진적으로 개선할 수 있는 방안을 찾고 있다. 일부 회원국의 탈퇴는 도미노 효과로 인해 결국 유로존 해체로 이어질 수 있기 때문이다.

그리스에서 시작된 재정 위기가 아일랜드, 포르투갈, 스페인, 이탈리아 등으로 전이된 것과 비슷한 상황이 전개될 위험이 있다는 것이다. 독일이 유로존의 해체를 일축하는 데에는 유로존 해체가 가져올 파장이 상상을 초월할 수 있다고 본다. 유로존의 해체 비용은 12년 전 유로존 출범으로 그동안 누려온 경제적, 정치사회적 이득과 견줄 만하다.

유럽 투자은행들은 현행 체계 아래 구성된 유로존은 작동하지 않고 있다고 진단하며 현 체계가 변화되거나 현재 회원국들이 변화되어야 한다고 주문한다. 이들은 유로존이 고통을 겪으며 점진적으로 재정통합의 길로 나아갈 가능성이 매우 크다고 본다.

특히 유로존 해체 시 그 비용이 천문학적이며 지금의 논의에서 이 비용이 과소평가되고 있다고 지적한다. 만약 그리스 같은 취약한 회원국이 유로존을 떠날 경우 해당국은 국가 부도, 기업 부도, 은행시스템의 붕괴, 국제교역의 붕괴 등의 엄청난 비용을 치러야 한다.

이탈 첫해에만 이탈 국가의 국민 1인당 9천500유로~1만1천500유로의 비용이 발생한다. 이 같은 비용은 해당 국가의 국내총생산(GDP)의 40~50%에 해당한다. 이후 몇 년 동안에도 매년 1인당 3천~4천유로의 비용이 추가 발생할 수 있다. 또 독일 같은 부유한 국가가 유로존을 떠난다면 기업 부도, 은행 자본재확충, 국제교역 붕괴 등의 비용이 든다. 독일이 유로존을 떠난다면 첫해 독일 국민 1인당 6천유로~8천유로(GDP의 25%)의 비용이 들고 이후 몇 년 간 3천500~4천500유로가 들어간다.

이는 독일이 그리스, 아일랜드, 포르투갈 등에 구제금융을 제공하는 비용, 독일 국민 1인당 1천 유로보다 훨씬 적다. 유럽연합의 해체는 경제적 비용이외에도 엄청난 정치적 비용을 치려야 한다. 국제사회에서 발휘한 유럽의 소프트 파워 영향력이 끝날 것이다. 아울러 역사적인 경험으로 볼 때 전체주의나 군부 정부의 출현, 혹은 내전 발발도 전혀 배제할 수 있다[연합뉴스, 2011.9.8].

67. 유럽경제와 세계경제

세계경제 성장은 2014년 양호한 흐름을 보일 것으로 기대하지만 신흥국 경제는 둔화될 가능성이 높다. 올해 세계 경제 성장률 전망치가 잇달아 상향조정되고 있다. 신흥국 경제는 미국의 출구전략 등의 여파로 성장 둔화에 직면할 것이다. 미국과 유로존 등 선진국 경기회복에 힘입어 올해 세계 경제가 3.2% 성장을 전망한다[헤럴드경제 = 강승연 기자, 2014.1.15].

국가별 성장률을 보면 미국의 국내총생산(GDP)이 올해 2.8% 증가한다. 유로존(유로화 사용 18개국)의 GDP 증가율도 이전보다 0.2%포인트 올라 올해 1.1%를 기록할 것으로 예상한다. 다만 신흥국 경제는 미국의 출구전략 등의 여파로 성장 둔화에 직면할 것이다. 중국과 인도의 올해 GDP 성장은 각각 7.7%, 6.2%로 전망했다. 또 브라질의 GDP는 직전 전망보다 1.6%포인트 하락해 2.4% 증가에 그칠 것이다.

세계의 각국 시장은 미연준의 출구전략으로 주요국 중앙은행들이 기준금리를 올리게 되면 크게 흔들릴 수 있다. 미국 출구전략에 따른 최악의 시나리오로 올 상반기에 Fed가 자산매입 규모를 축소하면 금리가 최대 1%포인트 오를 수 있다. 이로 인해 향후 수 분기 동안 신흥국으로의 자금 유입이 반 토막 날 수 있다. 경제성장률 전망을 보면 2013년의 성장률은 2.3%, 2014년은 3.6%로 예상한다[헤럴드경제=강승연 기자, 2014.1.15 / 세계은행(WB) ; 세계경제전망].

유럽의 재정위기는 사실상 끝났다. 양적완화 축소 개시로 미국에선 금리가 올라가는 반면 유럽 금리는 이와 반대로 낮아지고 있다. 유럽은 돈을 더 풀 수 있는 여지가 있는 것이다. 최근 아일랜드 국채 발행 성공을 계기로 PIIGS(포르투갈 · 아일랜드 · 이탈리아 · 그리스 · 스페인) 국가들의 국채 금리는 크게 떨어졌다. 아일랜드 국채의 독일 국채 대비 가산금리는 1.4%인데, 이는 유럽 재정위기가 발발한 2010년 5월 수준이다.

투자자들이 유럽 국채에 신뢰를 보내고 있는 것이 확실해 보인다. 독일과 PIIGS 국가들의 금리가 수렴하고 있기 때문이다. 유럽중앙은행(ECB)이 정책 금리를 현행 0.25%나 더 낮은 상태로 상당 기간 유지할 것이라고 강조했기 때문에 유럽 금리는 더 낮아질 가능성도 있다. 선진국 내에서도 유럽 주식은 미국보다 가격이 싼 편이며 미국 주가지수는 금융위기 이전 수준을 이미 넘어섰지만 유럽

주가지수는 금융위기 이전의 70% 수준에 머물러 있다[서울 = 연합뉴스 박초롱 기자, 2014.1.15 / 한국투자증권].

68. 유로화는 1999년 1월 1일 출범했다.

유로화는 1999년 1월 1일 출범한 이후 2010년 1월 1일 탄생 10주년을 맞는다. 당시 11개국으로 시작한 유로화 도입은 역사적인 유례가 없는 최초의 실험이자 모험이었다. 유로화는 1999년 1월 1일 은행 계좌이체 등 비현금 거래부터 시작해 2002년 동전·지폐 등 실물통화가 도입되기에 이르렀다. 출범 이듬해인 2000년 말 큰 폭의 화폐가치 하락으로 위기를 맞기도 했다. 이후 그리스, 슬로바키아, 슬로베니아, 키프로스, 몰타가 가입해 **유로 도입국은 16개국으로 늘었다. 이에 따라 유로화 사용 인구도 3억2860만 명이 됐다.**

유로 통합은 단순한 화폐제도 통합을 넘어 서로 다른 경제제도와 사회문화적 배경까지 통합하는 것이었다. 지금까지 진행된 과정은 성공적이다. 회원국들은 제 각기 다른 재정정책을 가졌고 다른 규모의 경제 구성체들이 모였지만 유럽중앙은행(ECB)의 정책적 감독 아래 인플레이션을 방어하고 자금조달을 용이하게 하며 교역을 확대하는데 크게 성공했다.

유로존 국가의 소비자물가 상승률은 2008년까지 연평균 2%대에서 억제됐다. 국가 간 교역은 1998년 국내총생산(GDP)의 31%에서 2008년 40%로 증가했다. 그러나 영국과 스웨덴은 아직 가입하지 않고 있어 완전한 유럽통합을 완성하지 못하고 있다. 유럽 연합의 회원국 경제가 무너진다면 모든 것은 물거품이 된다. 유럽 각국은 경기침체와 실업률로 몸살을 앓고 있다. 일부 국가는 미국 발 글로벌 금융위기에 은행 국영화와 경제침체 극복에 안간힘 쓰고 있다. 여기에 국제 경제의 흐름은 여전히 불안한 상태다. 따라서 국내외 연건 변화에 민감하게 변동하는 유로화는 대외쇼크마다 안정 상태를 보여주기 보다는 높은 변동성을 벗어나지 못하고 있다.

유로화는 영국 경제의 몰락에 상대적 강세를 보이거나 미국의 구제 금융과 경기불황에 달러화에 대해서도 반등세를 보이지만 이 모든 상황 변화는 미국 달러가치의 변화에 따라 변하는 허약체질을 보여주고 있다.

파운드화와 유로화가 경쟁을 벌이고 있지만 두 화폐 모두 유럽 화폐끼리 벌리는 잔치이며 미국 달러가치에 쉽게 변하는 취약성을 면치 못하고 있다. 유로화가 달러화를 대체하기에는 역부족이다. 이미 많은 금융상품이 달러를 기초로 발행되는 등 현 금융시스템은 유로화보다 달러화에 익숙하다. 한마디로 달러화를 기초로 운영되는 금융시스템이 유로화 금융시스템보다 더 발달해 있다. 이런 논리는 엔화에도 적용된다. 엔화도 배경이 되는 금융시스템이 달러화보다 약하기 때문에 기축통화 지위를 대체하기에는 무리가 있다.

중국 위안화도 세계 중심통화가 될 가능성이 당분간은 없다. 중국이 달러화를 내다 팔아 달러화 가치를 떨어뜨릴 수는 있을지라도 위안화를 기축통화로까지 끌어올리기에는 역부족이다. 위안화를 기축통화로 만들 만한 충분한 금융시스템이 확보되어 있지 않다.

2008년 하반기 미국 발 글로벌 금융위기로 미국 달러가 기축통화로서의 지위를 위협받았지만 유로나 엔화 또는 위안화 등이 달러를 대체할 만한 세계통화로서 압도적 지배적인 힘을 가지고 출현하지 않는 이상 여전히 기축통화 지위를 누릴 것이다.

유로화는 내부사정보다는 미국 발 금융쇼크에 달러화에 대해 약세를 면치 못했다. 구제 금융과 국제공조 등에 힘 입어 미국 금융시스템은 지탱이 되고 세계 금융안정에도 크게 기여하겠지만 미 정부의 과도한 재정채무의 급팽창은 결국 인플레이션을 가져올 것이고 달러가치는 떨어질 것이다.

2008년 미국으로 유입된 해외 자본규모는 2조 달러에 달했다. 2

조 달러 해외자본은 미국의 지난해 경상적자 7300억 달러를 충당하고 나머지로 미국인들의 해외투자 소요액 1조3000억 달러를 공급하는데 충분한 규모다. 해외자본의 미국 유입은 당연히 달러가치를 지탱하는 역할을 한다.

최근 극도의 혼란 상황에서도 유일하게 오르는 달러화 가치 상승에 대해 달러 표시 금융자산에 대한 매력에 있기 보다는 세계 기축통화의 혜택에서 찾는다.

달러가 1920년대 중반 파운드화를 제치고 주도적인 통화로 부상한 이후 1930년대 다시 파운드화가 지위를 회복했지만 세계 제2차 대전 이후 다시 달러화 지배하기 시작했다. 유로화가 1990년 이후 성공적으로 제2인자로서 기축통화로서의 자리를 잡았지만 달러가 유로에 대해 갑작스럽게 지위를 물려주진 않을 것이다. 물론 달러 지위는 언제든지 유로에 도전을 받을 것이다.

유로 표시 자본시장은 달러 표시 자본시장만큼 발달돼 있고 규모도 크기 때문이다. 하지만 유로화도 최근 유럽금융시장의 불안과 신속한 단일처방이 없어 상처 받기는 마찬가지고 차기 대체통화로서 본격 부상할 상황도 아니다. **달러의 수명이 얼마나 길어지느냐가 관전 대상이 되고 있는 게 유로의 처지다.**

20세기 후반 이후 세계통화질서체제는 유로화의 출범으로 유로-달러-엔을 기축으로 하는 삼극(tripolar)통화체제로 재편되고 있다. 특히 미국 달러화가 여전히 세계통화 역할의 중심으로 하면서 엔화와 유로화가 경쟁통화로 등장하였고 중국 위안화도 가세하고 있는 형국이다.

69. 유럽대륙과 영미의 시장경제질서 차이

유럽의 시장경제질서는 사회주의의 영향을 받으면서 끊임 없이 수정 발전되어 왔다. 유럽연합(EU)은 1900년대 후반 15개국 가운데 12개국이 사회주의 정당이 집권하고 있었을 때에도 국가적인 과제인 실업 퇴치와 복지국가 실현을 달성할 수 없다는 것을 깨닫기 시작했지만 사회주의 이념을 완전히 버리지는 않았다.

영국의 노동당 당수 토니 블레이어 총리는 신 중도를 통해, 독일의 사민당 당수 게르하르트 쉬로더 총리는 유럽 제3의 길을 통해 유럽 사회주의 새로운 길을 모색했다. 국가는 이제 더 이상 기업을 대신하지 말고 기업을 지원해야 한다고 선언하였다.

신 사회주의는 국가의 개입을 통한 분배의 정의(좌파의 이념)와 자유경쟁시장을 통한 효율성(우파의 이념)을 동시에 추구했다. 그들은 그들의 기반에 등을 업으면서도 균형감각을 가지고 서로 타협하고 국민들과 공감할 수 있는 정책을 추구하고 실천하였다[프랑스 파리 고등사회과학원(EHSS) 로배로 부아이에 교수].

유럽 진보 정당의 새로운 길은 자국의 형편에 따라 조금씩 달랐다. 독일에서는 고용 증대를 위한 근로시간 조정과 감세에 중점을 두었다. 영국에서는 일할 의사가 없는 사람에 대한 지원을 줄이고 실직자의 재취업을 위한 훈련에 초점을 맞추었다.

독일 사민당은 1999년 독일 경제개혁안으로 정부예산과 공공부채 삭감, 기업의 법인세율 인하, 방만한 사회보장 정리를 내놓았다. 처방은 설비투자 활성화와 실업 해소 및 근로 의욕 고취였다. 그의 처방에서는 과거의 사회주의와 공산주의 색깔을 찾아 볼 수 없다. 그의 처방은 자본주의 시장경제의 기본 틀을 유지하면서 절대 국민 다수의 서민계층에 비중을 둔 정책 성향을 선명하게 보여주고 있다.

프랑스는 전통적으로 유럽 사회주의 사상이 강한 대표적인 나라에 속한다. 유럽의 50대 기업 중 10개나 보유하고 있는 프랑스는 사회적 분배를 중시해 왔지만 놀랍게도 심한 빈부격차를 가진 나라다. 이민자들의 실업률은 23%에 이른다. 프랑스 부유층은 벨기에, 브뤼셀로 이민을 떠난다.

독일이 동유럽 출신 이민 노동자들의 저임금을 이용해 2005년

2.7% 성장을 달성했지만 프랑스는 지난 25년간 1인당 GDP가 전 세계 7위에서 17위로 떨어졌다. 프랑스는 2002년 대선시 사회보장의 최대 화두에서 2007년 대선에선 국민의 구매력을 높일 수 있는 정책과 경제성장이 핵심 이슈였다[영국 경제주간지 이코노미스트, 2007.4.12, 매일경제, 2007.4.16].

실업률 감소 등 경제개혁과 이민정책, 교외 이민 계 저소득층 관련 갈등 해소, 유럽통합 문제 등이 주요 쟁점이었다[매일경제, 2007.4.21]. 유럽 최고 수준의 실업률과 고질적인 경기 부진에 대한 경제개혁이 최대 역점이었다. 어디에도 진보와 보수의 이념 논쟁에 매몰된 체소모적인 정쟁은 없었다.

중도우파 대중운동연합의 니콜라 사르코지 대통령은 선거 기간 내내 친시장적 개혁을 통해 근로자 채용에 따른 고용주 부담 감소를 통한 고용 창출, 주35시간 노동 원칙에 대한 탄력적인 개편, 강력한 공권력 회복, 엄격한 이민자 정책과 능력 있는 이민자만 선별수용, 10년 이상 거주 이민자의 시민권 부여, 노동시장 유연성 확대, 과감한 감세정책 추진과 녹색상품에 대한 부가세 대폭 삭감 등 경제개혁, 터키의 EU가입 반대, 미국식 자유 시장경제 체제 적극 도입을 내 걸었다. 그의 정책 내용들은 보수 우파의 분명한 색깔을 보였다. 프랑스의 특정 정책을 제외하면 미, 유럽의 우파 색깔과 크게 다르지 않음을 볼 수 있다.

프랑스의 사회당은 선거에서 패배 했지만 진보 좌파의 색깔을 분명히 보여주었다. 더 공정하면 프랑스는 강해진다는 슬로건을 내걸었고 사회보장 강화와 불평등 해소를 강조하였다. 최저임금 1500유로로 인상, 연금수령액 인상, 1만유로 젊은 층 대출, 청장년 장기 실업자의 국가보조, 일자리 창출, 고소득층 대상 세금 인상 예고, 이민 노동자의 복수비자 발급, 재생 에너지 비중 증대와 원자력 발전 감축 등에서 진보의 색깔을 엿 볼 수 있었다. 프랑스인들은 이념이 다르다고 해서 자본주의 시장경제 골격을 뒤 흔들거나 국민들을 혼란에 빠뜨리지 않았다. 국민들도 현혹되지 않았지만 언론들도 선동하거나 매몰차게 분열시키지 않았다.

유럽대륙과 영미국가의 자본주의는 기업지배구조와 경영에서 분명한 차이를 나타낸다. 유럽 자본주의는 경영자, 근로자 등 기업의 이해관계자를 골고루 만족시키려는 이해관계의 균형을 중시하는 특징을 띤다. 반면 영미 자본주의는 주주의 이익을 중시하고 주주의 이익을 추구하는 성향이 강한 모습을 보인다. 그래서 영미 자본주의를 주주자본주의라고 부른다.

영미 자본주의는 기관투자가와 주주들이 단기적인 투자수익을 높이기 위해 경영자에게 끊임없이 압력을 넣는 시스템이다. 경영자들은 지속적으로 주주의 눈치를 살펴야 하는 긴장 관계를 유지한다. 이런 이유 때문에 기업들은 단기적인 업적에 급급해 할 소지가 없지 않다고 지적한다.

이해관계자 자본주의가 지배하는 유럽 대륙의 경우, 프랑스의 대기업들은 대주주들끼리 경영권 방어를 위해 긴밀히 연합하는 것을 볼 수 있다. 독일의 대기업들은 은행이 안정 주주로서 대량의 지분을 보유하고 있으며 은행과 기업 사이에 끈끈한 관계를 유지하고 있다.

이러한 차이를 발생시키는 것은 두 지역이 법질서를 매우 엄격하게 준수하고 감시 받는 환경의 공통점 아래에서 지역 환경과 관련되어 있다. 미국, 영국의 자본시장은 유럽 대륙에 비해 더 잘 발달돼 있다. 시장의 규모와 내용이 질적으로 다른 구조다. 영미 업계는 기업 인수 및 합병 시장도 매우 활발하게 일어나는 편이다. 유럽 대륙은 이에 비해 크게 처진다. 영미의 개인들은 주식투자에 매우 적극적으로 활동한다. 그러나 독일, 프랑스 등 유럽인들은 주식투자에 소극적이고 보수적이다.

미국 증시의 경우, 80% 이상이 개인투자가들의 돈이고 기관투자가는 12%에 불과하다. 미국인들은 복잡한 증권시장에 전문적인 지식과 정보 수집에 많은 시간을 쏟아 붓지 않고 대신 증권브로커나 뮤추얼 펀드 등 전문기관에 돈을 굴려 줄 것을 의뢰한다. 이런 투자 양상은 증권시장 관련기관들이 잘 발달시키고 있다. 미국 기업들은 은행을 통한 간접금융보다 주식 및 채권을 통한 직접금융을 통한 자금 확보 비율이 다른 어떤 선진국보다 높다.

기업지배구조 차원에서 유럽의 특징을 보면 독일의 기업은 이사회가 지배한다. 기업은 경영진으로 구성된 경영이사회와 주주 및 종업원 대표로 구성되는 감독이사회로 이원화되어 있다. 주주총회는 이사의 임명권을 행사하고 감독 이사회는 실질적인 감독기관이다. 모든 공개기업은 종업원대표가 참여한 감독 이사회를 의무적으로 두어야 한다. 독일의 대기업은 예외 없이 주주와 종업원 대표가 반반씩 동수로 구성되는 경영협의회를 두고 있다.

경영협의회는 경영진 임명뿐만 아니라 이사회의 주요 결정사항을 승인하는 권한을 가지고 있어 기업경영을 견제하고 있다. 종업원의 참여제도는 기업은 주주와 종업원의 공유물이라는 독일의 사회적 시장경제질서의 기둥을 이루고 있다.

독일의 경우, 기업의 자금조달에서 자본시장을 통한 직접금융보다 은행을 통한 간접금융이 더 중요한 역할을 한다. 이런 이유로 독일은 은행 중심 금융제도를 가진 나라로 분류한다. 기업 지분 소유에서 독일의 은행들은 대형 기업들의 경우 지분을 많이 보유하고 있다. 이와 같이 은행들은 기업지분의 소유자이면서 동시에 채권자로서 이사회에 참석하여 의결권을 행사하는 등 막강한 영향력을 미치고 있다.

독일의 은행들은 직접적으로 영향력을 발휘하여 기업 감시 및 통제역할을 수행한다. 대형 기업일수록 법인과 은행이 기업지분을 집중적으로 보유하고 있어 기업인수가 사실상 어렵고 외부로부터 경영권의 탈취가 쉽지 않다. 은행은 개인투자가가 위탁한 주식에 대해서도 대리의결권도 행사하므로 막강한 영향력을 행사할 수 있다.

그렇다고 독일의 은행들이 기업경영을 완전 장악하고 있는 것은 아니다. 주요 기업의 경영자들은 역으로 은행의 감독이사회에 참여하고 있다. 은행과 기업의 상호견제 속에서 공동으로 지배하고 있는 체제인 셈이다. 그래서 독일경제는 은행과 대기업의 3백 명 이사들이 움직이고 있다고 말하기도 한다.

세계 제2차 대전 이후 미국의 기업시스템을 받아드린 일본은 이사회나 감사 같은 기업내부조직 또는 기관투자가 등 외부시장에 의한 경영감시가 활발하지 않다. 관계사간의 상호 지분 보유, 그리고 주거래 은행과의 협력적 관계가 더 중요한 견제수단이다. 한마디로 조직보다는 관계가 또 개인보다는 법인이 기업경영을 지배하는 모습이다. 주주총회가 이사와 감사의 선임을 의결한다는 것은 형식일 뿐이며 사장이 내부이사를 선임해 이사회를 구성하므로 이사회의 역할은 별 의미가 없다. 감사도 최고경영자가 목을 쥐고 있기는 마찬가지다.

2차 대전 후 단행된 재벌해체로 상호 주식보유가 많지 않았으나 1951년 독점금지법의 개정으로 다른 회사의 주식 보유 제한이 완화되고 1953년의 2차 개정으로 금융기관의 타사 주식 보유제한이 완화돼 금융기관과 기업의 상호 주식보유 비중도 늘었다. 그렇다고 금융기관이 대주주로서 기업경영을 좌지우지하지 않는다. 오히려 주거래은행은 안정주주로서 경영권보호에 동조하고 우호적 경영감시자 역할을 한다. 그러나 이러한 안정적인 경영체제가 너무 안일한 경영으로 흐르고 있다는 비판이 거세게 제기되면서 주주들이 회사경영에 개입하는 주주 주권 회복이 강해지고 있다. 1993년 개정상법은 사외이사 제도를 도입하고 주주의 장부열람제한을 완화하였다. 대표소송을 활성화하는 등 주주권을 크게 강화했다.

70. 미국의 양적완화 축소는 신흥국과 한국을 교란한다.

미국의 테이퍼링(양적완화 축소)은 신흥국의 통화 가치가 급락시키면서 한국에도 크게 영향을 미친다. 아르헨티나 등 신흥국의 통화 가치가 잇따라 폭락하면 1997년 아시아에 불어 닥친 외환위기 때처럼 위험에 빠질 수 있다[서울 = 연합뉴스, 이유미 기자, 2014.1.25 / 파이낸셜타임스(FT)].

아르헨티나의 페소화 가치는 지난 23일 하루에 11% 폭락하는 등 달러당 8페소 수준까지 떨어졌다. 터키의 리라화와 남아프리카공화국의 랜드화도 사상 최저 수준까지 가치가 떨어졌다. 최근의 아르헨티나 페소화 가치의 폭락을 보면 17년 전 태국의 바트화 가치 폭락을 시작으로 아시아 전역으로 확산된 금융위기를 떠올리게 하였다. 베네수엘라, 우크라이나, 터키, 남아프리카공화국 등 신흥국 경제가 취약하긴 하지만, 이들 나라가 모두 아르헨티나와 동일한 문제점을 가진 것은 아니다.

아르헨티나는 대규모 경상수지 적자와 외환 보유액 부족으로 인플레율이 25%까지 치솟았고 시민들은 가치가 나날이 떨어지는 페소화를 달러화로 바꾸려 암시장에 모여드는 상황이다. 신흥국의 경제 위기로 이어질 것이라는 이야기가 나오지만, 이것은 각 나라가 매우 다르다는 점을 간과한 것이다.

미국의 테이퍼링(양적완화 축소) 영향에 노출될 수 있는 신흥국을 각국의 취약정도에 따라 5개 그룹으로 분류한다. **가장 취약한 나라는 아르헨티나, 우크라이나, 베네수엘라이다.** 이 나라들의 공통된 문제점은 현재 겪는 경제 문제들을 대부분 스스로 자초한 나라들이다. **두 번째로 취약한 그룹은 터키, 남아프리카공화국, 인도네시아, 태국, 칠레, 페루이다.** 이들 국가는 미국의 테이퍼링에 민감한 나라이다. **세 번째 그룹은 헝가리, 루마니아 같은 동유럽 국가들이다.** 동유럽 국가들은 테이퍼링에는 그다지 취약하진 않지만 유럽중앙은행(ECB)의 경기 부양적 통화정책에는 민감한 나라들이다. **네 번째 그룹에는 브라질, 인도, 러시아, 중국 등 일명 브릭스 국가들이다. 다섯 번째 그룹은 한국, 필리핀, 멕시코 등은 가장 취약하지 않은 나라들이다.** 세 나라는 수출 수요가 다시 늘어나면 이득을 볼 것으로 전망한다[서울 = 연합뉴스, 이유미 기자, 2014.1.25 / 파이낸셜타임스(FT)].

미국 양적완화 축소 우려에 따른 신흥국 불안이 한국 금융시장에도 큰 영향을 미쳤다. 한국증시가 급락하면서 서울 외환시장에서 원·달러 환율은 1,083.6까지 올랐다. 코스피는 1,900선 마저 무너졌다[서울 = 연합뉴스 김승욱 기자, 2014.1.27.]. 이처럼 한국 금융시장이 요동친 것은 아르헨티나와 터키 등 신흥국의 금융시장이 매우 불안한 모습을 보였기 때문이다. 미국이 오는 28 ~ 29일 열리는 연방공개시장위원회(FOMC)에서 100억 달러 규모의 추가 테이퍼링(자산매입 축소)에 나설 것이라는 관측이 힘을 얻으면서 신흥국 금융시장은 불안한 모습을 보였다.

미국의 양적완화 축소는 그만큼 미국 경제가 살아나고 있다는 증거이기 때문에 긍정적인 신호로 볼 수도 있지만 일부 신흥국 금융시장 불안을 야기했다. 여기에 중국의 경제지표가 예상 치에 못 미치면서 중국에 원자재를 수출하는 브라질, 아르헨티나, 남아프리카공화국 등의 통화가 약세를 보인 것도 한국 금융시장에 악영향을 끼쳤다. 이날 금융시장 불안은 아시아 시장에서 공통적으로 나타났다. 일본 닛케이 평균주가(닛케이 225), 대만 지수, 중국(상하이 종합) 지수, 홍콩 지수도 모두 하락했다.

이날 국내 채권 금리는 상승세로 돌아섰다. 국고채 3년물 금리는 연 2.881%로 상승했고 5년물과 10년물은 각각 연 3.23%, 3.605%로 올랐다. 최근 신흥국 시장 불안이 한국에 직접적인 영향을 미칠 가능성은 현재로서는 크지 않지만 일부 신흥국에 대한 위기설이 불거질 때마다 전 세계금융시장이 요동치면서 한국 금융시장도 영향을 받은 것이다. 신흥국 외환시장의 불안으로 미국을 비롯한 주요국 증시가 급락하면 한국 시장 흐름에도 영향은 미친다[서울=연합뉴스 김승욱 기자, 2014.1.27].

한국경제는 미국의 태이퍼링 영향에도 비교적 잘 견디고 있다. 경제규모가 세계 15위권 규모에 와 있고 기초체력이 양호한 탓이다. 그렇다면 한국경제는 수출을 주축으로 눈부신 경제성장을 해온 지금 세계 각국과 비교해 어느 수준에 와 있는 것일까? 한국은 2013년 1인당 국민소득이 2만4천 달러이고 경제규모 GDP 순위는 세계 15위권이며 소위 선진국 클럽인 경제협력개발기구 Organization for Economic Co-operation and Development(OECD) 회원국이다. 한국의 경제력 위치와 삶의 질 수준 등을 가늠하는 일은 2013년 현재 34개 OECD회원국 중 특히 중소 서유럽 국가들과 비교해 보면 충분히 파악할 수 있다.

국가	면적 km² 2011년	인구 2012년	명목국내총생산GDP, $ 2013년
Australia	7,741,220	22,683,600	
Austria	83,879	8,462,446	398.594 billion 2012년
Belgium	30,530	11,142,157	
Canada	9,984,670	34,880,491	1.825 trillion
Chile	756,096	17,464,814	
Czech	78,870	10,514,810	

Denmark	43,090	5,590,478	
Estonia	45,230	1,339,396	
Finland	338,420	5,414,293	
France	549,190	65,696,689	2.739 trillion
Germany	357,127	81,889,839	3.593 trillion
Greece	131,960	11,280,167	
Hungary	93,030	9,943,755	
Iceland	103,000	320,137	
Ireland	70,280	4,588,798	
Israel	22,070	7,907,900	
Italy	301,340	60,917,978	2.068 trillion
Japan	377,955	127,561,489	5.007 trillion
South Korea	**99,900**	**50,004,000**	**1.198 trillion**
Luxembourg	2,590	531,441	
Mexico	1,964,380	120,847,477	
Netherlands	41,540	16,767,705	
New Zealand	267,710	4,433,100	
Norway	323,790	5,018,869	
Poland	312,680	38,542,737	
Portugal	92,090	10,526,703	
Slovakia	49,036	5,410,267	
Slovenia	20,270	2,058,152	
Spain	505,600	46,217,961	1.356 trillion
Sweden	450,300	9,516,617	
Switzerland	41,280	7,997,152	646.199 billion
Turkey	783,560	73,997,128	
United Kingdom	243,610	63,227,526	2.490 trillion
United States	9,831,510	313,914,040	16.724 trillion
OECD	36,137,803	1,256,610,112	

서유럽 국가들의 시장경제는 의료, 보험 교육, 금융 서비스 등은 상업적인 민간 경쟁시장이 지배하고 있는 것이 아니라 상업적인 공공시장이 압도하고 있다. 반면 한국은 이러한 서비스분야 등에서 민간 경쟁시장이 압도적으로 점유하고 있다. 한국은 사회간접자본 인프라와 국부수준에서도 서유럽 국가들에 크게 뒤쳐져 있다. 이와

같이 기본 경제 여건과 국부축적 수준이 상당히 다른 차이를 가진 서유럽 국가들과 한국의 1인당 GDP의 상호 비교는 주의 깊게 그 의미를 해석해야 할 것이다.

이런 이유 때문에 경제성장은 복지와 분배와 함께 가야한다. 복지와 분배로 눈을 돌리더라도 그 속도와 방법에서 장기적인 안목이 필요하다. 우리나라의 인구와 자원, 산업구조 등 향후 성장 동력에 걸맞은 백년대계(百年大計)의 한국형 복지와 분배의 틀을 만들어야 가야 한다. 예를 들면 자식이 늙은 부모를 모시고 봉양하는 것은 수천 년 동안 이어온 우리나라 고유의 좋은 풍습이자 사회적 관습이지만 이런 관습이 어려워지면 공동체가 공동 분담하는 영역으로 넓혀가야 한다. 미풍양속을 유지하지만 수익성이 낮아 기업이 하기 어려운 복지사업을 국가와 국민이 공동으로 연대의식을 갖고 분담하는 시스템을 보충하는 것이 필요하다. 불비한 준비는 오히려 우리 경제의 성장 동력을 갉아먹을 수 있다. 과연 어떤 경로를 통해 우리나라 경제를 지속가능한 성장과 복지를 유지할 수 있는 수준으로 올려놓을 것인가는 사회공동체가 높은 연대의식과 사회의식을 갖고 합의점을 찾아야 한다.

한국의 경제정책은 일본 경제 정책의 답습에서 벗어나야 한다. 일본 정부는 독단적인 판단 아래 경제 정책을 펴지 못하고 재계, 정치권과 타협하는 과정에서 세계 경제의 흐름을 따라가지 못해 잃어버린 20년을 초래했다. **우리 정부도 압축 성장을 이룩하는 과정에서 효율성을 위해 몇몇 대기업들에 자원을 집중적으로 배분한 결과 경제 세력이 형성되고 정책 결정에까지 영향력을 행사하는 상황에 이르렀다. 대기업의 내부자 거래나 일감 몰아주기, 가격 후려치기 등은 지나친 탐욕의 결과로 자본주의의 파멸을 초래할 수 있다.**

경제민주화는 기득권 세력의 탐욕을 막는 것으로 정부가 할 마지막 과제이자 작업이다. 박근혜 새 정부가 내놓은 중소기업 위주의 정책에 대해서도 맹목적인 지원은 경쟁력 향상과 거리가 멀다. 한국의 중소기업 가운데 25~35%는 근본적인 구조조정을 거쳐야 한다. 새 정부가 막연한 낙관론으로 경제 정책을 시행했다가는 1997년 외환 위기와 같은 사태가 또 다시 올 수 있다. 프랑스의 루이 16세는 단두대에 올라 죽기 직전 이런 사태가 올 것을 10년 전부터 예견했는데 오지 않기를 바랐지만 드디어 왔다고 말했다. 이는 한국 경제에 중요한 시사점을 주는 얘기다[헤럴드경제 = 김현경 기자, 2013.1.29].

장기 저성장을 막기 위해서는 서비스 분야에 대한 획기적인 규제 완화와 성장촉진 전략이 필요하고 절실한 시점에 와 있다. 현재 성장을 지속시키고 저성장 장기화를 최대한 줄일 수 있는 수많은 전략이 필요하다. 이를 위해서는 교육, 금융, 의료 서비스 분야와 성장 동력 분야의 개척에 대한 획기적인 전략이 요구된다. 성장 전략의 하나가 보건의료서비스 분야를 들 수 있다. 보건의료서비스는 수요 급증이 예상되고 노동력이 많이 필요한 분야이다. 부가가치 10억 원 창출을 위해서 드는 인력이 제조업 대비 두 배 가깝고 이 분야가 발전하면 고용문제가 상당 부분 해결될 수 있는 여지가 많다. 의대 정원을 대폭 늘이는 것을 전제로 공공의료를 유지 · 발전시키면서 민간의료에 대한 투자를 늘려 많은 재원이 이 분야이 진입할 수 있도록 유도해야 한다.

또 고령화에 대비해서는 무엇보다도 금융권의 혁신적인 전략이 매우 절실한 상황이다. 금융기관들이 중심이 되어 노년층 혹은 이에 대비해야 할 계층을 겨냥한 다양한 상품을 선보이는 등 각종 노력을 기울임으로써 금융서비스의 구체적 전략을 실행해야 한다. 노령층에 적정한 저축 및 투자의 구조, 적당한 자산배분, 리스크관리, 부동산 등과의 균형 잡힌 운용, 적정 금융상품개발 등을 연구해야 한다. 하지만 아직까지 우리는 사회, 기업 그리고 개인의 다양한 역할을 전제로 각종 준비와 전략에 대한 연구가 아직 본격적으로 이뤄지지 않고 있다[아시아경제 조강욱 기자, 2013.2.16.].

71. 미연준의 양적완화 축소는 신흥국을 흔든다.

미국 연방준비제도(Fed · 연준)의 테이퍼링(양적완화 축소)으로 인해 다수 신흥국 경제가 위기 위협에 시달리고 있다. 테이퍼링에 따른 신흥국 자금이탈 가능성이 우려되고 외환사정이 취약한 신흥국이 외환위기에 노출될 위협에 빠지지 않을 까 노심초사하는 분위기이다. 특히 남아프리카공화국, 터키 · 브라질 · 인도 · 인도네시아 · 헝가리 · 칠레 · 폴란드 등 8개 국가는 앞으로 1 ~ 2년 안에 외환위기에 빠질 수 있다고 경고하는 상황이다. 단기외채 규모와 경상수지 적자 추세를 감안할 때 1 ~ 2년 안에 보유외환이 바닥난다는 것이다.

실제 이들 8개국의 금융시장은 최근 불안한 모습을 보이고 있다. 달러 대비 남아공 랜드화 가치는 연초 대비 3.5% 이상 빠지고 있다. 터키 리라화 화폐가치가 달러 대비 2.7% 하락했고 헝가리 2.1%, 칠레 1.7%, 폴란드가 1.2% 각각 떨어졌다.

또한 지난 2013년 하반기 기준으로 터키 · 남아공 · 칠레 · 인도 · 인도네시아가 앞으로 **1년간 단기외채와 경상적자**를 메울 수 있는 외환만 보유하고 있다고 진단한다. 헝가리와 브라질 · 폴란드는 2년 정도 버틸 수 있다. 당초 시장에서는 경상적자와 재정적자를 기준으로 **인도 · 인도네시아 · 터키 · 브라질 · 남아공 등을 테이퍼링 5대 취약국**(Fragile Five)으로 분류해왔지만 단기외채라는 분석 틀을 추가하자 **헝가리 · 칠레 · 폴란드** 등을 **더한 8개국**(Edgy Eight)이 위기 조짐 국가로 늘어났다.

시장의 초점은 이제 외부자금 의존도가 큰 국가, 특히 단기부채 상환 부담이 큰 국가로 이동하고 있다. **신흥국으로의 자금유입 중단이나 유출 등 갑작스러운 정지**(sudden stop)**가 발생한다면 부채가 많은 기업이 쓰러지면서 은행권도 엄청난 충격을 받을 수 있다.** 또 이들 8개국 외에도 **우크라이나 · 베네수엘라 · 아르헨티나** 등 3개국도 **테이퍼링 위험에 노출된 국가**로 분류하고 있다. 다만 이들 국가는 테이퍼링 자체보다는 국내 정치 · 경제적 불확실성이 더 문제로 부각되고 있다.

미 연준이 테이퍼링 속도를 높일 경우 글로벌 자금 엑소더스(대탈출)로 신흥국이 경제위기를 겪을 것이란 우려다. 세계은행은 기본적으로 신흥국에서의 자금유출 속도도 완만할 것으로 보고 있다. 그러나 미 연준 정책의 불확실성이 커지면 불과 몇 달 만에 미 10년물 국채금리가 최대 2%포인트 뛸 것으로 예상한다. **미 10년물 국채 금리가 1%포인트 오르면 신흥국 자금이 평균 30% 줄고 2%포인트 뛰면 감소율이 45%로 높아진다고 분석하는 상황이다.**

최악의 경우 신흥국 유입자금은 80%나 줄고 성장률도 평균 0.6% 포인트 하락할 것으로 진단한다. 신흥국의 25% 정도가 글로벌 자본 시장에 접근할 수 있는 통로가 막히면 금융위기를 겪을 수밖에 없다는 것이다. 특히 경상적자가 심각한 남아공 · 터키 · 우크라이나 · 인도 · 인도네시아 · 크로아티아 · 세르비아 등이 충격이 클 것으로 전망한다.

실제 벤 버냉키 연준 의장이 지난해 5월 출구전략 가능성을 처음으로 시사 하자, 미 국채 10년물 수익률이 1% 급등하며 같은 해 6~8월에만 신흥국에서 640억 달러가 빠져나갔다. 세계은행은 지난해 혼란은 신흥국 시장이 그만큼 취약하다는 경고음이라고 설명하고 있다. 지난 2009~2013년 신흥국 유입자금 가운데 60%는 은행대출이나 외국인직접투자(FDI) 형태가 아닌 채권 · 주식 등 자산투자였다. 이 같은 흐름은 선진국 금리가 오르면 순식간에 빠져나갈 가능성이 높다는 뜻이다[뉴욕=최형욱특파원 · 이태규기자, 서울경제, 2014.1.16].

72. 미국의 금융정책은 세계경제를 울리고 웃긴다.

벤 버냉키 미국 연방준비제도(Fed · 연준) 의장은 최근 경기상황을 근거로 당분간 경기부양적인 통화정책을 유지하겠다는 방침을 확인했다. 그는 연준의 채권 매입프로그램은 경제 및 금융상황에 따라 결정되며 미리 정해진 방향이 있는 건 아니라고 말했다. 그러면서 경제상황이 예상대로 호조를 이어갈 경우 제3차 양적완화를 중단할 수 있지만 여전히 실업률이 높고 인플레이션은 낮은 상태여서 당분간은 현재 기조를 유지하는 게 적절하다고 지적했다 [워싱턴 = 연합뉴스, 이승관 특파원, 2013.7.17].

이는 그가 상당한 수준의 경기확장적(accommodative) 통화정책은 당분간 필요하다고 밝힌 것과 같은 맥락이다. 그는 연준이 통화정책 수정의 기준으로 제시한 실업률 6.5%와 물가상승률 2%를 상기하면서도 "이들 지표가 기준치 이하로 떨어져도 자동적으로 금리를 올리지는 않을 것"이라고 밝혀 단시일 내에 저금리 기조를 변경

할 의사가 없음을 강조했다.

이어 버냉키 의장은 연방정부의 자동 지출삭감, 시퀘스터(sequester)가 여전히 경제성장에 부담이 되고 있다면서 향후 경기상황을 신중하게 지켜볼 것이라고 설명했다. 그는 다만 경제가 예상보다 빨리 개선될 경우 채권매입 프로그램의 속도를 더 빠른 속도로 줄일 수 있다고 밝혀 이른바 '출구전략 시간표'를 유동적으로 조정할 수 있음을 내비쳤다[워싱턴=연합뉴스, 이승관 특파원, 2013.7.17].

연준의 금융정책은 세계경제에 큰 영향을 미친다. 이와 같이 연준은 2007년부터 시작된 세계 금융 위기 여파로 경제가 급격히 침체하자 여러 차례 경기 부양책을 썼다. 경기 부양 용 금융정책은 유동성 조절과 금리 조정을 동시에 유발하는 양면정책을 썼다. 주로 시중에 돈이 돌게 초저금리를 유지하거나 채권을 사들여 직접 유동성을 확대하거나 장기채를 매입해 단기 금리를 낮춤으로써 기업의 투자를 유도하려는 의도에 따라 시행된 것이다. 그러나 2013년 들어서 최근 미국의 고용 상황이 점차 개선되고 경기가 회복될 기미를 보이자 인플레이션 압력 등을 우려해 양적완화 조치를 축소하거나 중단하는 출구 전략으로 바꾸었다. [워싱턴=연합뉴스, 강의영 특파원, 2013.9.19].

미국 연준이 그동안 내놓은 조처를 일지별로 보면 (1) 공격적 금리 인하(2007년 9월18일) ; 기업의 신용 경색을 차단하기 위해 공격적 금리 인하 행진을 시작했다. 연준은 2007년 9월 이후 7차례 FOMC 회의에서 연속으로 기준금리를 내렸다. 또 시중은행 외에도 월스트리트의 금융권에 직접 대출을 단행했고 주택담보부채권(MBS)을 대출 담보물로 허용하기도 했다. (2) 1차 양적완화(QE1, 2009년 3월18일) ; 당시 '1차' 양적완화(Quantitative Easing)라는 용어를 쓰지 않았지만 연준이 1조4천500억 달러 규모의 채권을 사들이기로 했다. 이를 통해 돈을 시중에 직접 뿌리겠다는 의도였다.

(3) 2차 양적완화(QE2, 2010년 11월2일) ; 연준은 경제 회복이 지지부진하자 6천억 달러 규모의 국채를 또다시 사들이기로 했다. (4) 오퍼레이션 트위스트(2011년 9월22일) ; 연준이 경기 부양 방안으로 이른바 '오퍼레이션 트위스트'(OT, Operation Twist) 카드를 내놨다. 중앙은행이 장기 국채를 사들이는 대신 단기 국채를 내다 팔아 장기 금리를 낮춤으로써 장기 금리 인하와 기업 투자를 유도하는 정책으로, 미국에서는 존 F 케네디 정부 때인 1960년대 시행한 뒤 처음 내놓은 것이다. 연준은 2012년 6월까지 만기 6~30년의 국채 4천억 달러어치를 사고 3년 미만 단기 국채를 팔기로 했다.

(5) 초저금리 2014년 말까지 유지(2012년 1월26일) ; 최소한 2014년 말까지 '이례적으로 낮은' 초저금리 기조를 이어가겠다고 밝혔다. 전년 8월 초저금리 유지 시한을 '2013년 중반'으로 설정한 것에서 1년 이상 연장한 것이다. 연준은 2008년 12월부터 주요 기준 금

리를 0~0.25%로 유지하고 있다. (6) 오퍼레이션 트위스트 연장(2012년 6월21일) ; 연말까지 2천670억 달러 규모의 오퍼레이션 트위스트를 연장해 시행하기로 했다. 직접적으로 유동성을 확대하는 양적완화가 인플레이션 부담을 줄 수 있다는 판단에 따라 통화 팽창을 억제하면서도 기업 투자를 유도해 실업률을 낮추는 효과를 기대한 것이다.

(7) 3차 양적완화(QE3) - 초저금리 연장(2012년 9월13일) ; 매달 400억 달러 규모의 모기지 채권인 MBS를 사들이기로 했다. 오퍼레이션 트위스트 조치로 사들이는 월 450억 달러 가량의 장기 채권까지 합쳐 연말까지 매달 850억 달러 상당의 시중 유동성을 늘리는 셈이다. 또 기준금리를 0~0.25%로 유지하는 초저금리 기조도 애초 2014년 말까지 연장하기로 했던 것을 2015년 중반까지 최소한 6개월 더 늘렸다. **(8) QE3 확대 및 실업 · 물가상승률 정책 목표치 설정(2012년 12월12일)** ; 2013년 1월부터 매달 450억 달러 상당의 국채를 추가로 매입하기로 했다. 6월부터 시행됐던 오퍼레이션 트위스트가 종료되면 연준 정책 수단이 절반으로 줄어든다는 판단에서다. 이에 따라 채권 매입을 통해 월 850억 달러 규모를 시장에 공급하는 정책이 유지됐다. 연준은 초저금리 기조 유지를 재확인하는 한편 돈을 너무 풀어 인플레이션을 유발할 수도 있다는 지적에 따라 실업률(6.5%)과 연간 물가상승률(0~2%, 최고 2.5%)의 정책 목표치를 정해놓고 이에 맞춰 유동적으로 금리와 유동성을 조절하기로 했다.

(9) 월 850억 달러 자산 매입 유지(2013년 1, 3, 4, 6, 7, 9월) ; 연준은 2013년 열린 6차례의 FOMC 회의에서 월 850억 달러 규모의 국채 및 모기지채를 사들이는 정책을 지속하기로 내리 결정했다. 또 기준금리 0 ~ 0.25%의 초저금리 기조를 이어가기로 했다.

연준의 양적완화 정책을 발목 잡는 요인은? 예상보다 부진한 경제 성장과 재정정책의 역풍, 금융시장 불안 등이 결국 연방준비제도(Fed)의 발목을 잡았다. 양적완화(QE)라는 비전통적 부양수단을 줄여 나가겠다며 출구 앞까지 섰던 연준은 이들 3가지 고민거리에 다시 2014년으로 미룰 가능성이 높아졌다. 그러나 연말 재정관련 협상 등으로 충격이 있을 경우 양적완화 규모 축소가 2014년까지 밀릴 것으로 보인다[뉴욕 = 이데일리 이정훈 특파원, 2013.9.19].

연준이 시장 예상을 깨고 양적완화 규모를 줄이지 않은 데에는 크게 3가지 이유가 있었다. 경제 성장과 재정정책, 금융시장에 대한 우려 때문이었다. 연준은 FOMC 회의 끝에 현재 매달 850억 달러씩 매입하고 있는 양적완화 조치를 그대로 유지하기로 했다. 경제와 노동시장 전망의 하방 리스크는 줄어들고 있지만 최근 몇 개 월 간 금융시장 여건이 다시 타이트해졌고 장기 인플레 기대심리가 여전히 낮은 편으로 진단했다.

재정정책에 대한 우려는 더 높았다. 연준은 재정정책이 경제 하방 리스크의 원인이 되고 있다고 본다. 현재 재정여건은 올해 미국의 국내총생산(GDP) 성장률을 1%포인트 가까이 낮출 것으로 추정했다. 앞으로 있을 재정정책을 둘러싼 논쟁은 시장에 리스크를 야기할 수 있다고 보며 만약 정부 부채한도 상한 증액이 불발로 돌아간다면 경제에 미치는 영향은 아주 심각할 것으로 내다보았다.

기준금리 인상도 마찬가지다. 금리 전망은 FOMC 회의에서 내년 인상을 예상한 의견이 다수였다. 연준은 높은 통화부양기조를 유지할 것이며 기준금리는 2016년 이후 몇 년간 점진적으로 인상되다 궁극적으로 4%까지 갈 것이지만, 실업률이 6.5%를 상당 폭 하회할 때까지, 또 인플레이션이 목표치를 밑도는 한 금리는 인상하지 않을 것이라고 말했다.

73. 미국의 긴축정책에 신흥국의 대응반경은 좁다.

미국 연방준비제도이사회(FRB)의 출구전략이 기정사실화되면서 신흥국의 중앙은행들이 화폐가치냐, 경제성장이냐를 놓고 정책적 딜레마에 빠졌다. 외자 유출로 급락하는 화폐가치를 지키기 위해 금리인상을 단행할 경우 경제성장 둔화가 우려되고, 그렇다고 연일 최저치를 경신하는 화폐가치를 마냥 내버려둘 수는 없는 상황이기 때문이다[문화일보, 2013.8.22].

인도 중앙은행(RBI)은 금리인상 등 긴축정책을 통한 통화가치 수호에서 유동성 공급을 통한 신용경색 완화 및 경제성장 쪽으로 정책의 초점을 옮겼다. RBI는 800억 루피(약 1조4000억 원) 규모의 장기국채를 매입, 유동성 완화에 나선 것이다. RBI는 지난 7월 은행간 금리와 담보대출 금리를 기존 8.25%에서 10.25%로 상향 조정하는 등 루피화 가치 하락을 막기 위해 유동성 공급을 억제해왔다. 그 결과 10년 만기 국채금리가 9.5%까지 치솟아 5년 만기 국채금리 수준에 육박하자 RBI가 다시 개입에 나선 것이다. 이에 따라 21일 인도의 루피화 가치는 다시 최저치를 경신하며 달러당 64.55루피를 기록했다.

인도네시아도 경기둔화를 막는 방향으로 위기대응에 나섰다. 인도네시아 정부는 루피아화 환율 급등과 증시불안 등에 진정시키기 위해 더 이상의 경기둔화를 막고 성장을 유지할 내용을 발표했다.

터키는 금리인상을 통한 환율방어에 치중하고 있다. 터키중앙은행(CBRT)은 금융기관 간 초단기 금리를 7.25%에서 7.75%로 0.5%포인트 올렸다. 터키의 화폐가치를 적절한 수준으로 조정하기 위한 것이다. 환율방어가 금리인상의 목표임을 분명히 한 것이다. 지나친 금리인상이 경제성장을 위축시키는 것을 감수하고 나선 것이다. 이어 CBRT는 오늘부터 매일 최소 1억 달러(약 1125억 원)의 외화를 매각할 것이라고 밝히는 등 환율방어를 위한 추가 조치도 단행했다.

브라질도 시장으로부터 잇단 금리 인상 압박을 받고 있다. 브라질 중앙은행은 시장이 브라질 정부의 금리 인상을 과도하게 기대하고 있다고 발표했다. 이미 브라질 중앙은행은 4월에 0.25%포인트, 5월 0.5%포인트, 7월 0.5%포인트 등 3차례 연속 금리를 인상한 바 있다.

외화자금이 가장 많이 몰려든 나라 중 하나로 지적 받고 있는 한국의 대응책은 아직도 분명한 신호를 보내지 않았다. 여전히 넉넉한 외화보유고와 경상수지 흑자 행진에 기대며 신흥국 동향에 주시하는 경계 수준에서 머물고 있다. 아무튼 신흥국의 정책대응 행동반경은 좁다. 이래도 저래도 피할 수 없는 경제생리 때문이다.

미국이 출구전략을 올해 안에 시행하기로 결정했다는 소식에 전세계적으로 증시가 내리고 있다. 코스피지수는 닷새 연속 하락했다. 도쿄 닛케이 지수, 대만 자취안 지수, 상하이종합지수, 홍콩항성지수 등 아시아 증시가 모두 내리고 있다[조선, 2013.8.22].

미국의 양적완화 축소 우려에 아시아 신흥국들에서 외국인 자본이 대거 빠져나갔다. 우리 금융시장에서도 외국인 자본이 추가로 유출될지 여부에 관심이 쏠린다. 2013년 8월 초부터 22일까지 단기간에 각국의 주식시장에서 빠져나간 외국인 자본만 인도 1.7억 달러(약 1,898억 원), 인도네시아 43.8억 달러(4조 8,924억원), 태국 10.8억 달러(1조 2,052억 원)로 집계됐다. 특히 인도네시아는 올해 전체적인 외자 유출액 80억 가량의 절반 이상, 태국 역시 총 30억 가량의 3분의 1가량이 **불과 한 달 사이**에 빠져나갔다. 이들 가운데 인도네시아는 외환보유고가 13.6% 감소하는 등 충격이 가장 크다. 2009년 금융위기 이후 외국인들이 인도네시아에 주식, 채권 등으로 **투자한 양이 전체 국내총생산(GDP)의 20%를 차지한**다[CBS노컷뉴스 이지혜 기자, 2013.8.23 / 신영증권].

지난 5~7월 중국을 제외한 신흥국 중앙은행들이 **외자유출과 환율방어를 위해 잃은 돈**은 약 810억 달러(약 90조 7,785억 원)에 달한다. 중국을 제외한 **전체 중앙은행 외환보유액의 무려 2% 수준**인 만큼 이들 국가들이 느끼는 심각성은 크다.

한국의 외환보유고는 지난 7월 기준 **3,297억 달러**로 증가 추세이고, **단기외채 비율**도 29.1%로 13년 9개월 만에 최저치를 기록하는 등 낮아 인도나 인도네시아 등과 '차별화' 될 것으로 전망한다. **재정수지와 경상수지가 흑자**라는 점도 펀더맨털 면에서 양호하다. 외국인 자금 유입이 최근 들어 그다지 크지 않다는 점도 긍정적 요인이다.

연초 이후 선진국에서 유입된 외국인 자금 규모가 크지 않아 외국인 자금의 추가 유출 강도 역시 크지 않을 것으로 본 것이다. 환율 약세전환 시기와 맞물려 포트폴리오 투자가 축소된 한국, 대만은 외국인 투자 규모가 이미 조정된 모습이며 한국과 대만에서의 자금 유출 리스크는 상대적으로 크지 않아 보인다.

74. 아시아의 미래 삶의 질은 부정적이다.

라오스, 파키스탄까지 포함한 **아시아의 국내총생산(GDP)은 2011년 17조 달러에서 2050년에는 174조 달러에 이를 것으로 전망한다. 이 지역 국가의 1인당 GDP는 현재 화폐로 환산해서 4만800달러가 될 것으로 전망한다. 2050년까지 1인당 소득은 구매력 기준으로 6배 올라 현재 유럽 수준에 이를 것이다. 아시아의 신흥 부자도 30억 명에 달하게 된다.** 50년쯤 지나면 아시아의 전 세계 제품 생산량은 지금의 2배가량 늘어 전체의 52%를 차지하며 아시아는 산업혁명 이전 누렸던 우월한 경제적인 위치를 회복하게 될 것이다.

일본, 한국, 중국, 인도, 인도네시아, 태국, 말레이시아 등이 지난 수십 년 간의 아시아 번영을 이끌어 왔다. 그러나 아시아 세기가 실현될 가능성은 별로 크지 않다. **수출 위주인 아시아 국가들이 고성장 이후 스태그플레이션과 경기침체를 겪는 중진국의 함정에 빠질 우려가 있다. 국가 간의 불평등과 국내 빈부격차 문제, 기회의 불균**

등, 일부 국가의 지도력 부재와 부패, 천연 자원 경쟁 등도 아시아가 해결해야 할 난제다.

최근 빈발해진 전 세계적인 이상기후 현상 특히 아시아가 태풍, 폭우 등 자연재해가 많이 일어나는 요인은 아시아 발전의 중대한 장애물이다. 앞으로 아시아가 2050년쯤 세계경제의 패권을 쥐기는 쉽지 않을 것이다. **아시아인들의 삶의 질이 2050년쯤 선진국처럼 높아질지는 부정적이다. 그러나 이시아가 패권을 쥔다면, 중국과 일본이 선두주자로 나서면서 아시아가 세계경제의 패권을 누릴 수 있을지 모른다**[쿠키 경제, 2011.8.2, 아시아개발은행 ADB].

유럽경제는 2025년이면 유럽인 3명 중 1명꼴의 빈곤층 시대를 맞는다. 오는 2025년에는 유럽인 3명 중 1명이 빈곤층으로 전락할 것이다. 유럽연합(EU) 긴축정책이 지속되면 2025년까지 2500만 명의 빈곤층이 늘어날 것이다. 이렇게 되면 **총 빈곤층 숫자는 1억4600만 명으로 늘어 전체 유럽인구(약 5억 명)의 3분의 1을 차지하게 된다.**

이는 유럽인들이 단지 5년 전 누렸던 생활수준을 회복하기 위해 최장 25년의 시간이 걸리는 것을 의미한다. 또 **긴축정책으로 성장이 지체되고 실업자가 늘어 EU 28개 회원국의 빈곤율은 평균 3%에서 5%로 증가할 것이다**[이데일리 염지현 기자, 2013.9.14 / 미국 경제매체 CNBC / 영국 구호단체 옥스팜(Oxfam) 보고서].

75. 브릭스 경제와 남미 경제

브릭스(BRICS)는 2011년부터 브라질, 러시아, 인도, 중국, 남아프리카공화국 등 5개국이다. 2000년대 브릭스의 연평균 소비증가율은 12.7%, 수입증가율은 17.9%로 선진국의 세 배가량 상회한다. **브릭스 국가의 중산층 인구는 G7 전체 인구인 7억 명보다 많은 8억 명으로 추산된다. 특히, 글로벌 금융위기 이후 브릭스를 포함한 신흥국은 양호한 경기 회복세를 보이며 세계경제 성장을 견인했다.** 브릭스는 지난 10년간 세계 국내총생산(GDP) 성장률의 36.3%를 기여하고, 세계 GDP의 1/4을 차지했다.

브릭스의 GDP 총액이 G7을 추월하는 시점을 2027년으로 전망한다. 이러한 지속적인 성장을 유지하는 기간 동안 인플레 압력이 작용해 세계경제에 부정적인 요인이 될 것이다. 풍부한 국제유동성과 국제원자재 가격 상승이 신흥국의 인플레 압력요인으로 작용해 경기회복과 장기적 성장에 부정적 영향을 미칠 수 있다. 원자재가격

상승과 신흥국의 수요 증가 등 구조적 요인으로 인해 수급 불균형은 더욱 심화할 것이다. 자산거품도 나타날 수 있다.

2009년 이후 풍부한 국제유동성이 신흥국으로 유입돼 신흥국 자산거품이 형성되면 뒤 따른 금융 불안이 야기할 수 있다. 급격한 자본유출 가능성에 대비해 개별 국가의 여건에 맞는 적절한 거시경제 정책과 거시건전성 수단, 단기자본유입 규제를 위한 적절한 대응을 추진해야 할 것이다. **신흥국으로의 자금유입 쏠림으로 세계경제의 불안이 고조되면 다시 자금 유출의 쏠림으로 전환되기 벌어질 것이다.** 비정상적인 자국통화 절상 압박을 받을 수 있다[파이낸셜뉴스, 2011.6.6.].

• 중국경제

중국은 1990 ~ 2010년 동안 초고속 성장했다. 한국은 1965 ~ 2000년 동안 높은 성장을 구가했다. 그러나 양국의 고속성장이 낳은 부작용은 소득과 부의 격차 심화다. 소득 부의 격차는 계층 간 격차, 도시와 농촌 간 격차, 지역 간 격차의 불균형 현상이 확대되고 있다. 장기간 고성장을 했지만 국민의 삶의 질은 크게 떨어져 있다.

중국경제는 지난 20년간 과거 30년간의 한국경제성장보다 더 높이 성장했다. 중국은 앞으로도 20년 이상 고성장을 구가할 것으로 본다. 중국의 고성장세가 이미 20년간 지속됐지만 산업구조조정과 발전방식의 전환을 통해 성장잠재력이 강화됐기 때문에 앞으로도

20년 이상 고성장이 가능할 것으로 보인다.

한국은 30년간, 일본은 20년간의 고속성장기를 거친 후 성장세가 크게 둔화했다. 중국이 앞으로 현재 5개 부문의 개혁하고 소비와 투자의 구성 비율을 조정해 소비의 경제성장 기여도를 크게 높이면 고성장할 것으로 본다. 2010년 투자총액은 정부와 민간소비 총액보다 훨씬 많았다. 앞으로 소비를 크게 늘리고 소득분배 구조를 개선해 주민소비를 제고한다면 향후 20년간 경제성장 잠재력이 대폭 확대될 것이다. 이어 세제개혁을 통해 서비스산업 분야의 세 부담을 낮춰 서비스산업 성장을 지원하고 금융시스템도 개선해 창업 등이 활성화되면 가일층 고속성장을 누릴 것이다. 또 농촌 인력을 도시로 흡수해 인력난을 해소하고 국유기업들이 기술혁신을 통해 경쟁력을 높여야 할 것이다[연합뉴스, 2011.11.27].

2012년 중국의 국내총생산(GDP) 증가율이 8.9%로 낮아질 것이다. 2011년 GDP 성장률은 전 세계 경기회복 둔화와 긴축정책의 영향으로 전년도보다 1.2%포인트 낮은 9.2%를 기록할 것이다. 2010년 성장률은 10.4%였다. 내년 중국의 경제성장 둔화가 불가피하지만 합리적인 성장 구간이다. 소비자물가지수(CPI) 상승률은 2011년과 2012년 각각 5.5%와 4.6%를 기록할 것이다. 지금까지 통화 팽창 억제에 여러 차례 정책의 우선순위를 유지한 덕분에 소비자 물가가 2011년 7월 이후 하락세로 돌아섰다. 연말에 4%대 후반을 기록한 뒤 내년 1분기에는 4% 초반 대까지 내려갈 것으로 전망한다. 기준금리와 관련해 2012년 은행 지급준비율이 한두 번 정도 인하되겠지만 기준금리는 변화가 없을 것으로 본다.

세계 경제 회복에 상당한 시간이 소요될 것이기 때문에 중국의 수출 감소가 나타날 것이다. 따라서 중국 정부는 적극적인 재정 정책과 안정적인 통화 기조 방침을 통한 내수 활성화에 전력할 것이다. 현재 중국의 경제성장은 완만한 흐름이어서 2012년도 거시경제 정책은 안정에 초점을 맞출 것이다. 유럽 국가들의 재정위기로 중국 경제의 불확실성이 커진 상황이다. 2012년은 중국에겐 위기이자 기회의 한 해가 될 것이다. 중국의 2012년 소비자 물가는 안정될 것으로 예상하지만 유연한 물가 대처로 대응할 것으로 본다.

세계은행은 중국의 GDP 성장률이 2011년 9.1% 기록한 뒤 2012년에는 8.4%로 낮아질 것이라고 전망했다. 세계은행은 중국은 부동산시장 둔화로 경제가 타격을 받겠지만 경착륙하지는 않을 것으로 전망했다. 중국도 유로존 재정위기의 영향을 받겠지만 중국 등 아시아 국가들은 유럽 금융기관 위기에 따른 수출 둔화를 극복할 수 있을 것으로 전망했으며 중국은 물가 상승률이 안정을 되찾고 있기 때문에 중국 정부가 통화정책을 정상화할 여력이 충분하다고 보고 있다[뉴시스, 2012.1.1].

• 브라질 경제

브라질 경제가 휘청이면서 강력한 '복지정책'이 특히 선거 때마다 정치 · 사회의 뜨거운 감자다. 브라질 국내총생산(GDP) 성장률이 1%대라는 부진의 늪에 빠진 가운데 국가 경제에 큰 부담을 주는 복지비용을 놓고 여야 간 첨예하게 대립한다. 브라질의 원자재 및 소비자신용 붐이 활력을 잃으면서 경제 성장이 주춤하자 정부 지출에 대한 재검토가 요구되고 있는 것이다[이데일리 성문재 기자, 2013.1.23]. 최근 브라질 경제를 바라보는 시각은 비관적이다. 성장률 전망치는 1%대로 주저앉았고 고용환경 역시 수년간 악화되고 있다. 최근 유엔은 2013년과 2014년 브라질 성장률을 각각 1.5%, 1.4%로 내다봤다.

브라질은 2009년 -0.3% 2010년 7.5%, 2011년 2.7%로 주저앉았고 2012년에는 1.0%에 머물렀다. 고용실적은 10년 만에 가장 저조했다. 지난해 연간 신규고용이 111만7000명으로 지난 2003년 82만1700명 이후 가장 적었다. 국제 신용평가회사들은 브라질의 신용등급 하향조정 가능성을 경고하고 나선 상태다.

• 아르헨티나 경제

아르헨티나 경제는 정책실패와 정치 불안으로 만성적인 정체상태를 헤매고 있다. 미국 달러화에 대한 아르헨티나 페소화 환율은 전날 달러당 6.61페소를 기록했다. 이는 아르헨티나 정부가 달러화 국외유출을 막으려고 외환시장에 적극적으로 개입하기 시작한 2011년

6월 이래 가장 높다. 암시장에서는 달러당 10.90페소에 거래됐다. 지난해 최고치인 달러당 10.45페소를 훨씬 넘었다[상파울루 = 연합뉴스 김재순 특파원, 2014.1.9].

중앙은행이 발표하는 공식 환율과 암시장 환율의 격차가 65%에 달했다. 그러자 외국 관광객들은 환전을 위해 은행이나 환전소보다는 암달러상을 찾아다닌다. 페소화 가치 하락이 계속되고 공식 환율과 암시장 환율 격차가 벌어지면 외환시장에 엄청난 혼란이 올 수 있다. 지난해 아르헨티나 페소화 가치는 24.6% 하락했다. 인플레율 상승과 재정 적자 등을 고려하면 실제 가치는 100% 넘게 떨어졌다. 아르헨티나 정부는 달러화 국외 유출과 페소화 가치 하락을 막는다는 이유로 외환시장에 적극적으로 개입하고 있다. 그러나 달러화는 계속 빠져나갔고 외화보유액은 빠르게 감소했다. 외화보유액은 2011년 1월 사상 최대치인 524억9천만 달러를 기록했다. 2012년 초 433억 달러였으나 2013년 말에는 150억 달러 정도 줄었다. 2014년에는 외화보유액이 200억 달러를 밑도는 수준으로 감소할 것으로 본다[상파울루 = 연합뉴스 김재순 특파원, 2014.1.9 / 브라질 일간지 폴랴 데 상파울루].

남미의 경제난이 심각한 지경으로 치닫고 있다. 아르헨티나는 허리띠를 졸라매고 있지만 공무원 월급도 주기 벅찰 지경이고, 브라질은 물가 상승으로 경제성장의 발목을 잡고 있다.

아르헨티나 주정부의 재정적자가 2011년 24억 달러(약 2조5464억원) 수준에서 2012년 44억 달러(약 4조6684억원)까지 83% 정도 늘었다. 아르헨티나 국내총생산(GDP)의 1% 수준이다. 연방정부가 주정부의 요청에도 긴축을 앞세워 예산지원을 하지 않으면서 파산 위기를 맞는 주정부들이 늘고 있다.

해외 투자를 유치하기도 쉽지 않은 상황이다. 외채 잔액이 너무 많고, 정부가 반(反)시장 정책을 고수하고 있기 때문이다. 경제협력개발기구(OECD)는 아르헨티나의 국가 위험도를 최하 등급인 7등급으로 분류하고 있다.

브라질 경제에 대한 경고도 쏟아져 나오고 있다. 브라질은 2010년 7.6% 성장한 뒤 2011년 2.8%로 주저앉았고, 2012년 성장률은 0.9%에 머물렀다. 급격한 물가상승세가 경기를 발목 잡는 주요 원인이다. 지난해 7월 이후 물가는 지속적으로 올라 올해 3월 6.59%를 기록하면서 중앙은행의 물가 목표치 상한선(6.5%)을 넘어섰다.

브라질 기준 금리는 올해 들어서만 6차례 인상되면서 세계 최고 수준인 10%다. 물가를 잡기 위해 내년 1월 기준금리를 한 차례 더 올릴 것으로 보고 있다. 최근 브라질이 이른 시일 안에 강한 성장세를 회복하지 못하면 브릭스(BRICs · 브라질 · 러시아 · 인도 · 중국) 지위 자체가 흔들릴 것으로 예상한다. 올해 1~11월 신규고용은

2003년 111만6000명 이후 가장 적은 154만7000명으로 집계됐다.

내년 6월 열리는 월드컵이 브라질에 엄청난 경제 효과를 가져다 줄 것이란 기대도 있지만 과대한 월드컵 효과란 주장이 우세하다. 브라질 중앙은행은 20일 월드컵 개최가 결정된 2007년부터 2016년 리우데자네이루 하계올림픽이 끝나고 7년 뒤인 2023년까지 두 스포츠 행사가 국가 경제에 미칠 영향을 분석한 결과를 내놓으며 물가 급등을 경고했다.

부 록

부록 1. 세계 주요국 지수 편입 종목
부록 2. 조선과 한국의 역대 집권자들
부록 3. 한국의 역대 집권자와 경제성장 추이
부록 4. 아시아 국가들의 민주주의 위기
부록 5. 주요 아시아 국가들 개관

|부 록 1| 세계 주요국 지수 편입 종목

미국의 다우지수, 프랑스의 CAC 지수, 독일의 DAX지수에 편입된 기업들과 일본 및 한국의 대표기업들을 비교해 보면 한국 기업들의 취약한 국제 경쟁력과 후진적 기업경영형태를 엿볼 수 있다. 그 이유는 한국의 대표기업들은 대부분 재벌집단의 계열사들이고 역사적 전통을 가진 전문기업으로 분류하기 어려운 것으로 볼 수 있기 때문이다.

미국 다우지수 30개 편입 종목

3M(광물 원자재채굴기업) / Alcoa(알미늄기업) / Chevron(석유생산기업) / ExxonMobil (석유기업) / Caterpillar(광물생산기업) / Boeing(항공방위기업) / United Technologies Corporation(항공방위기업) / AT&T(통신기업) / Cisco Systems(전자기업)/General Electric(전자전기기업) / Hewlett-Packard(전자기업)/Intel(전자기업) / IBM(전자기업) / Microsoft(소프트웨어기업) / Verizon Communications(통신서비스기업) / Merck(제약사) / DuPont(제약사) / Johnson & Johnson(제약사) / Pfizer(제약사) / Kraft Foods(가공식품기업) / McDonald's(식품유통기업) / Coca-Cola(음료식품기업) / Procter & Gamble(소비재제조기업) / Home Depot(건자재유통기업) / Wal-Mart(유통기업) / Walt Disney(오락 문화기업) / American Express(금융업) / Bank of America(금융업) / JPMorgan Chase(금융업)

프랑스의 CAC지수 40개 편입 기업들

Accor hotels / Air Liquide commodity chemicals / Airbus Group aerospace / Alstom industrial machinery / Arcelor Mittal steel / AXA full line insurance / BNP Paribas banks / Bouygues heavy construction / Capgemini computer services / Carrefour food retailers and wholesalers / Crédit Agricole banks /

EDF electricity / Essilor medical supplies / Gemalto cyber security / GDF Suez gas distribution / Groupe Danone food products / L'Oréal personal products / Lafarge building materials and fixtures / Legrand electrical components and equipment / LVMH clothing and accessories / Michelin tires / Orange telecommunications / Pernod Ricard distillers and vintners / PPR broadline retailers / Publicis media agencies / Renault automobiles / Safran aerospace and defence / Saint-Gobain building materials and fixtures / Sanofi pharmaceuticals / Schneider Electric electrical components and equipment / Société Générale banks / Solvay chemicals / STMicroelectronics semiconductors / Technip oil equipment and services / Total integrated oil and gas / Unibail-Rodamco real estate investment trusts / Vallourec industrial machinery / Veolia Environnement water / Vinci heavy construction / Vivendi broadcasting and entertainment

독일의 DAX 지수 30개 편입 기업들

Adidas Clothing / Allianz Insurance / BASF Chemicals / Bayer Pharmaceuticals and Chemicals / Beiersdorf Consumer goods / BMW Manufacturing / Commerzbank Banking / Continental Manufacturing / Daimler Manufacturing / Deutsche Bank Banking / Deutsche Börse Securities / Deutsche Lufthansa Transport Aviation / Deutsche Post Communications / Deutsche Telekom Communications / E.ON Energy / Fresenius Medical / Fresenius Medical Care Medical / Heidelberg Cement Building / Henkel Consumer goods / Infineon Technologies Manufacturing / K+S Chemicals / Lanxess Chemicals / Linde Industrial gases / Merck Pharmaceuticals / Munich Re Insurance / RWE Energy / SAP IT / Siemens Industrial, electronics / Thyssen Krupp Industrial, manufacturing / Volkswagen Group Manufacturing

스위스의 SMI 지수 20개 편입 기업들

ABB electronic equipment / Actelion biotechnology / Adecco business training and employment agencies / Credit Suisse banks / Geberit building materials and fixtures / Givaudan specialty chemicals / Holcim building materials and fixtures / Julius Baer Group banks / Nestlé food products / Novartis pharmaceuticals / Richemont clothing and accessories / Roche pharmaceuticals / SGS business support services / Swatch Group clothing and accessories / Swiss Re reinsurance / Swisscom fixed line telecommunications / Syngenta specialty chemicals / Transocean oil equipment and services / UBS banks / Zurich Insurance Group full line insurance

한국의 KOSPI 지수 편입 10대 상장기업들

한국의 KOSPI 지수는 2014년 3월 현재 770개 기업으로 구성돼 있다. 시장가치 market capitalization 기준 상위 10대 기업들은 다음과 같다. 10대 기업들은 대부분 재벌집단 계열사들이 압도적으로 지배하고 있다 ; Samsung Electronics / Hyundai Motor / Hyundai Mobis / POSCO / SK Hynix / Naver / Kia Motors / Korea Electric Power / Shinhan Financial Group / Samsung Life Insurance

Nikkei 225에 편입된 상장기업들

Foods

Ajinomoto Co., Inc. (TYO : 2802) / Asahi Breweries, Ltd. (TYO : 2502) / Japan Tobacco Inc. (TYO : 2914) / Kikkoman Corp. (TYO : 2801) / Kirin Brewery Co., Ltd. (TYO : 2503) / Meiji Holdings Company, Limited (TYO : 2269) / Nichirei Corp. (TYO : 2871) / Nippon / Meat Packers, Inc. (TYO : 2282) / Nisshin Seifun Group Inc. (TYO : 2002) / Sapporo Holdings Ltd. (TYO : 2501) / Takara Holdings Inc. (TYO : 2531)

Textiles & apparel

Nisshinbo Industries, Inc. (TYO : 3105) / Teijin Ltd. (TYO : 3401) / Toray Industries, Inc. (TYO : 3402) / Toyobo Co., Ltd. (TYO : 3101) / Unitika, Ltd. (TYO : 3103)

Pulp & paper

Hokuetsu Paper Mills, Ltd. (TYO : 3865) / Mitsubishi Paper Mills Ltd. (TYO : 3864) / Nippon Paper Group, Inc. (TYO : 3893) / Oji Paper Co., Ltd. (TYO : 3861)

Chemicals

Asahi Kasei Corp. (TYO : 3407) / Denki Kagaku Kogyo K.K. (TYO : 4061) / Fujifilm Holdings Corp. (TYO : 4901) / Kao Corp. (TYO : 4452) / Kuraray Co., Ltd. (TYO : 3405) / Mitsubishi Chemical Holdings Corp. (TYO : 4188) / Mitsui Chemicals, Inc. (TYO : 4183) / Nippon Kayaku Co., Ltd. (TYO : 4272) / Nippon Soda Co., Ltd. (TYO : 4041) / Nissan Chemical Industries, Ltd. (TYO : 4021) / Shin-Etsu Chemical Co., Ltd. (TYO : 4063) / Shiseido Co., Ltd. (TYO : 4911) / Showa Denko K.K. (TYO : 4004) / Sumitomo Chemical Co., Ltd. (TYO : 4005) / Tosoh Corp. (TYO : 4042) / Ube Industries, Ltd. (TYO : 4208)

Pharmaceuticals

Astellas Pharma Inc. (TYO : 4503)
Chugai Pharmaceutical Co., Ltd. (TYO : 4519)
Daiichi Sankyo Co., Ltd. (TYO : 4568)
Dainippon Sumitomo Pharma Co., Ltd. (TYO : 4506)
Eisai Co., Ltd. (TYO : 4523)
Kyowa Hakko Kirin Co., Ltd. (TYO : 4151)
Shionogi & Co., Ltd. (TYO : 4507)
Takeda Pharmaceutical Company, Ltd. (TYO : 4502)

Oil & coal products

JX Holdings (TYO : 5020)
Showa Shell Sekiyu K.K. (TYO : 5002)
Rubber products[edit]Bridgestone Corp. (TYO : 5108)
The Yokohama Rubber Co., Ltd. (TYO : 5101)

Glass & ceramics

Asahi Glass Co., Ltd. (TYO : 5201)

NGK Insulators, Ltd. (TYO : 5333)
Nippon Electric Glass Co., Ltd. (TYO : 5214)
Nippon Sheet Glass Co., Ltd. (TYO : 5202)
Nitto Boseki Co., Ltd. (TYO : 3110)
Sumitomo Osaka Cement Co., Ltd. (TYO : 5232)
Taiheiyo Cement Corp. (TYO : 5233)
Tokai Carbon Co., Ltd. (TYO : 5301)
Toto Ltd. (TYO : 5332)

Steel products
JFE Holdings, Inc. (TYO : 5411)
Kobe Steel, Ltd. (TYO : 5406)
Nippon Steel Corp. (TYO : 5401)
Nisshin Steel Co., Ltd. (TYO : 5407)
Pacific Metals Co., Ltd. (TYO : 5541)
Nonferrous metals[edit]Dowa Holdings Co., Ltd. (TYO : 5714)
Fujikura Ltd. (TYO : 5803)
Furukawa Co., Ltd. (TYO : 5715)
The Furukawa Electric Co., Ltd. (TYO : 5801)
Mitsubishi Materials Corp. (TYO : 5711)
Mitsui Mining & Smelting Co., Ltd. (TYO : 5706)
Nippon Light Metal Co., Ltd (TYO : 5701)
SUMCO Corp. (TYO : 3436)
Sumitomo Electric Industries, Ltd. (TYO : 5802)
Sumitomo Metal Mining Co., Ltd. (TYO : 5713)
Toho Zinc Co., Ltd. (TYO : 5707)
Toyo Seikan Kaisha, Ltd. (TYO : 5901)

Machinery
Amada Co. Ltd. (TYO : 6113)
Chiyoda Corp. (TYO : 6366)
Daikin Industries, Ltd. (TYO : 6367)
Ebara Corp. (TYO : 6361)

Hitachi Construction Machinery Co., Ltd. (TYO : 6305)
Hitachi Zōsen Corporation (TYO : 7004)
IHI Corp. (TYO : 7013)
The Japan Steel Works, Ltd. (TYO : 5631)
JTEKT Corp. (TYO : 6473)
Komatsu Ltd. (TYO : 6301)
Kubota Corp. (TYO : 6326)
Mitsubishi Heavy Industries, Ltd. (TYO : 7011)
NSK Ltd. (TYO : 6471)
NTN Corp. (TYO : 6472)
Okuma Corporation (TYO : 6103)
Sumitomo Heavy Industries, Ltd. (TYO : 6302)

Electric machinery
Advantest Corp. (TYO : 6857)
Alps Electric Co., Ltd. (TYO : 6770)
Canon Inc. (TYO : 7751)
Casio Computer Co., Ltd. (TYO : 6952)
Dainippon Screen Mfg. Co., Ltd. (TYO : 7735)
Denso Corp. (TYO : 6902)
FANUC Corp. (TYO : 6954)
Fuji Electric Holdings Co., Ltd. (TYO : 6504)
Fujitsu Ltd. (TYO : 6702)
GS Yuasa Corp. (TYO : 6674)
Hitachi, Ltd. (TYO : 6501)
Kyocera Corp. (TYO : 6971)
Panasonic Corp. (TYO : 6752)
Meidensha Corp. (TYO : 6508)
Minebea Co., Ltd. (TYO : 6479)
Mitsubishi Electric Corp. (TYO : 6503)
Mitsumi Electric Co., Ltd. (TYO : 6767)
NEC Corp. (TYO : 6701)
Oki Electric Industry Co., Ltd. (TYO : 6703)

Pioneer Corporation (TYO : 6773)
Ricoh (TYO : 7752)
Sharp Corp. (TYO : 6753)
Sony Corp. (TYO : 6758)
Taiyo Yuden Co., Ltd. (TYO : 6976)
TDK Corp. (TYO : 6762)
Tokyo Electron Ltd. (TYO : 8035)
Toshiba Corp. (TYO : 6502)
Yaskawa Electric Corporation, Limited (TYO : 6506)
Yokogawa Electric Corp. (TYO : 6841)

Shipbuilding
Kawasaki Heavy Industries, Ltd. (TYO : 7012)
Mitsui Engineering & Shipbuilding Co., Ltd. (TYO : 7003)
Automotive[edit]Fuji Heavy Industries Ltd. (TYO : 7270)
Hino Motors, Ltd. (TYO : 7205)
Honda Motor Co., Ltd. (TYO : 7267)
Isuzu Motors Ltd. (TYO : 7202)
Mazda Motor Corp. (TYO : 7261)
Mitsubishi Motors Corp. (TYO : 7211)
Nissan Motor Co., Ltd. (TYO : 7201)
Suzuki Motor Corp. (TYO : 7269)
Toyota Motor Corp. (TYO : 7203)

Precision instruments
Citizen Holdings Co., Ltd. (TYO : 7762)
Konica Minolta Holdings, Inc. (TYO : 4902)
Nikon Corp. (TYO : 7731)
Olympus Corp. (TYO : 7733)
Terumo Corp. (TYO : 4543)
Other manufacturing
Dai Nippon Printing Co., Ltd. (TYO : 7912)
Toppan Printing Co., Ltd. (TYO : 7911)

Yamaha Corp. (TYO : 7951)
Fishery[edit]Nippon Suisan Kaisha, Ltd. (TYO : 1332)
Maruha Nichiro Holdings, Inc. (TYO : 1334)

Mining
Inpex Corp. (TYO : 1605)
Construction
Comsys Holdings Corp. (TYO : 1721)
Daiwa House Industry Co., Ltd. (TYO : 1925)
JGC Corporation (TYO : 1963)
Kajima Corp. (TYO : 1812)
Obayashi Corp. (TYO : 1802)
Sekisui House, Ltd. (TYO : 1928)
Shimizu Corp. (TYO : 1803)
Taisei Corp. (TYO : 1801)

Trading companies
Itochu Corp. (TYO : 8001)
Marubeni Corp. (TYO : 8002)
Mitsubishi Corp. (TYO : 8058)
Mitsui & Co., Ltd. (TYO : 8031)
Sojitz Corp. (TYO : 2768)
Sumitomo Corp. (TYO : 8053)
Toyota Tsusho Corp. (TYO : 8015)

Retail
Aeon Co., Ltd. (TYO : 8267)
Fast Retailing Co., Ltd. (TYO : 9983)
Isetan Mitsukoshi Holdings Ltd. (TYO : 3099)
J. Front Retailing Co., Ltd. (TYO : 3086)
Marui Group Co., Ltd. (TYO : 8252)
Seven & I Holdings Co., Ltd. (TYO : 3382)
Takashimaya Co., Ltd. (TYO : 8233)

Uny Co., Ltd. (TYO : 8270)

Banking
Aozora Bank, Ltd. (TYO : 8304)
The Bank of Yokohama, Ltd. (TYO : 8332)
The Chiba Bank, Ltd. (TYO : 8331)
Sumitomo Mitsui Trust Holdings, Inc. (TYO : 8309)
Fukuoka Financial Group, Inc. (TYO : 8354)
Mitsubishi UFJ Financial Group, Inc. (TYO : 8306)
Mizuho Financial Group, Inc. (TYO : 8411)
Resona Holdings, Inc. (TYO : 8308)
Shinsei Bank, Ltd. (TYO : 8303)
The Shizuoka Bank, Ltd. (TYO : 8355)
Sumitomo Mitsui Financial Group, Inc. (TYO : 8316)

Securities
Daiwa Securities Group Inc. (TYO : 8601)
Matsui Securities Co., Ltd. (TYO : 8628)
Nomura Holdings, Inc. (TYO : 8604)
Insurance[edit]Dai-ichi Life Insurance Company, Limited (TYO : 8750)
MS&AD Insurance Group, Inc. (TYO : 8725)
NKSJ Holdings, Inc. (TYO : 8630)
Sony Financial Holdings Inc. (TYO : 8729)
T&D Holdings, Inc. (TYO : 8795)
Tokio Marine Holdings, Inc. (TYO : 8766)
Other financial services
Credit Saison Co., Ltd. (TYO : 8253)

Real estate
Heiwa Real Estate Co., Ltd. (TYO : 8803) / Mitsubishi Estate Co., Ltd. (TYO : 8802) / Mitsui Fudosan Co.,Ltd (TYO : 8801) / Sumitomo Realty & Development Co., Ltd. (TYO : 8830) / Tokyo Tatemono Co., Ltd. (TYO : 8804) / Tokyu Land Corp. (TYO : 8815)

Railway/bus
Central Japan Railway Company (TYO : 9022)
East Japan Railway Company (TYO : 9020)
Keio Corp. (TYO : 9008)
Keisei Electric Railway Co., Ltd. (TYO : 9009)
Odakyu Electric Railway Co., Ltd. (TYO : 9007)
Tobu Railway Co., Ltd. (TYO : 9001)
Tokyu Corp. (TYO : 9005)
West Japan Railway Company (TYO : 9021)

Other land transport
Nippon Express Co., Ltd. (TYO : 9062) / Yamato Holdings Co., Ltd. (TYO : 9064)

Marine transport
Kawasaki Kisen Kaisha, Ltd. (TYO : 9107) / Mitsui O.S.K. Lines, Ltd. (TYO : 9104) / Nippon Yusen K.K. (TYO : 9101) / Air transport[edit]All Nippon Airways Co., Ltd. (TYO : 9202) / Warehousing[edit]Mitsubishi Logistics Corp. (TYO : 9301)

Communications
KDDI Corp. (TYO : 9433)
Nippon Telegraph and Telephone Corp. (TYO : 9432) / NTT Data Corp. (TYO : 9613) / NTT DoCoMo, Inc. (TYO : 9437) / SKY Perfect JSAT Holdings Inc. (TYO : 9412) / Softbank Corp. (TYO : 9984)

Electric power
Chubu Electric Power Co., Inc. (TYO : 9502) / The Kansai Electric Power Co., Inc. (TYO : 9503) / The Tokyo Electric Power Co., Inc. (TYO : 9501)

Gas
Osaka Gas Co., Ltd. (TYO : 9532) / Tokyo Gas Co., Ltd. (TYO : 9531)

Services

Dentsu Inc. (TYO : 4324) / Konami Corp. (TYO : 9766) / Secom Co., Ltd. (TYO : 9735) / Tokyo Dome Corp. (TYO : 9681) / Toho Co., Ltd. (TYO : 9602) / Trend Micro Inc. (TYO : 4704) / Yahoo Japan Corp. (TYO : 4689)

| 부 록 2 | 조선과 한국의 역대 집권자들

역대 집권자	통치기간	출신지역 및 국가	비고
조선 왕조	1391 ~ 1863년	전주이씨 왕가 세습	이씨 왕가 세습 정치
대한제국	1864 ~ 1908년	전주 이씨 왕가 몰락	1876 ~ 1905년 일본 제국주의적 침략
조선 식민지	1910 ~ 1945년	일본인의 조선 통치 1945년 5월 ; 일본 패망	1905 ~ 1920년 식민지지배 공고화기간 1930 ~ 1945년 일본 본토 ~ 조선 통합
미군정	1945 ~ 1948년	미군 관리	미국식 자본주의 시장경제 편입
이승만 1,2,3대	1948 ~ 1960년	황해도, 평산	민간 독재
윤보선 4대	1960 ~ 1962년	충청남도, 아산	민간 정부
박정희 5,6,7.8,9대	1963 ~ 1979년	경상북도, 구미	군부 독재, 철권통치
최규하 10대	1979 ~ 1980년	강원도, 원주	민간 과도정부
전두환 11,12대	1980 ~ 1988년	경상북도, 거창	군부 독재, 철권통치
노태우 13대	1988 ~ 1993년	경상북도, 대구	군부 독재, 철권통치
김영삼 14대	1993 ~ 1998년	경상남도, 거제	민간 정부

김대중 15대	1998 ~ 2003년	전라남도, 신안	민간 정부
노무현 16대	2003 ~ 2008년	경상남도, 진영	민간 정부
이명박 17대	2008 ~ 2011년	경상북도, 포항	민간 정부

자료 : 경제성장률은 한국은행, Monthly Bulletin, September 2005, 공정거래위원회 ; 1987년 4월 5대 재벌은 현대, 삼성, 대우, LG, SK , 황인학(1999년) 재인용. 연평균 소비자물가상승률은 1986-2000년 한국 2.6% 주요 선진국(미국 영국 일본 독일 프랑스 캐나다) 2.6%, 한국은행 Monthly Bulletin, October, 2001, 성장예측(2008년 이후)은 국내외 기관

| 부 록 3 | 한국의 역대 집권자와 경제성장 추이

역대 집권자	정치 경제사회적 배경	여건 및 경제 상황
조선 왕조 1391 ~ 1897년 (500년)	1592년4월 ~ 1593년4월 ; 임진왜란 전국 황폐화 1597년3월 ~ 1598년11월 ; 정유재란 민심이반 심화	전란 ; 토지대장 소실, 토지 황폐화, 전국 대량 유랑농민 속출, 1634년7월 ; 전라, 경상, 충청도의 量田 事業 완료 후 회복
대한제국 1897 ~ 1910년	1876 ~ 1905년 ; 제국주의적 침략기	중국, 일본의 대한 무역 급속 확대 노일 및 청일전쟁 일본 승리 후 조선경제 침투 야욕 노골화
조선 식민지 1910 ~ 1945년 (36년)	1905 ~ 1920년 ; 식민지 지배 공고화 기간 1930 ~ 1945년 ; 일본~조선 통합경제 구축 완결 운용 일본 제국주의 확산	일본의 조선 통치 본격화 1910 ~ 1918년 ; 토지측정사업 전개
미군정 1945 ~ 1948년	한국정부 수립	농지개혁법 미군정부 토지 귀속 신한공사/토지행정처 이관
이승만 1,2,3대 1948 ~ 1960년 (12년)	1950 ~ 53년 ; 한국동란 1당 독재, 해외 망명	전란으로 농지개혁 실패 절대 빈곤 지배, 경제 정체 기간, 경제성장률 1954 ~ 56년 2.7% 1957 ~ 61년 4.7%
윤보선 4대 1960 ~ 1962년 (1년 미만)	1961년 5.16 군사 쿠데타	경제성장률 1960년 1.2% 1961년 5.9% 1962년 2.1%
박정희 5,6,7,8,9대 1963 ~ 1979년	1당 군부독재, 철권통치 개발독재, 개발금융 개발재정 70년대 중화학공업화	경제성장률 1962 ~ 66년 ; 7.8% 1970 ~ 72년 ; 7.2%

(16년)	72년 사채동결 73년 1차 석유파동 ; 세계경기 후퇴 1979년 10.26사태 ; 피살	1972 ~ 76년 ; 10.1% 1973 ~ 78년 ; 10.7% 1977 ~ 79년 ; 9.4% 1962 ~ 79년 ; 9 ~ 10% 1972 ~ 79년 ; 8.9%
최규하 10대 1979 ~ 1980년 (1년 미만)	1979년 12월 취임, 허약한 과도 정부	경제성장률 1979년 ; 6.8% 1980년 ; -1.5%
전두환 11,12대 1980 ~ 1988년 (8년)	군부 1당 철권통치 1986년 3저 현상 ; 낮은 석유가 국제금리 낮은 달러화 가치	경제성장률 1981 ~ 1986년 ; 8.34%, 1980 ~ 87년 ; 9.7% 1980년 ; - 2.1% 1987년 ; 11.0% 물가상승률 1986 ~ 87년 ; 한국 2.8% 주요 선진국 2.4% 1987년4월 5대 재벌계열사 262개 금융사 31개
노태우 13대 1988 ~ 1993년 (5년)	군부 출신 1당 철권통치, 집권 말기 민주화 열기 고조	경제성장률 1988 ~ 1992년 ; 8.36% 물가상승률 1988 ~ 91년 ; 한국 7.7% 주요 선진국 4.1% 1987년 4월 30대 재벌계열사 819개 금융사 95개
김영삼 14대 1993 ~ 1998년 (5년)	군정종식, 군부행정 및 군사문화 청산과 미완성 1997년 12월 외환위기	경제성장률 1993 ~ 1997년 ; 7.1% 1991 ~ 2000년 ; 6.2% 1991 ~ 1997년 ; 7.3% 1992 ~ 97년 한국 물가 5.2% 주요 선진국 물가 2.1%

김대중 15대 1998 ~ 2003년 (5년)	1998년 최악의 경기침체 IMF관리체제, 대기업 경제개혁, 대북유화정책	경제성장률 1998년 ; -6.9% 1999 ~ 2002년 ; 7.2% 2001 ~ 2004년 ; 4.6%
노무현 16대 2003 ~ 2008년 (5년)	대북 유화정책 승계 진보 좌파 유화정책 고수 뇌물 수사 중 자살	경제성장률 2003 ~ 2007년 ; 5.67%
이명박 17대 2008 ~ 2011년 (5년)	지난 10년 보수정부 정책유산 청산 몰두 신보수주의 강화, 성장 제일주의 계승, 자유경쟁과 평준화 배제, 차별적인 자원배분 철학	경제성장률 2009년 0.3% 2011년 3.6% 2012년 2% 중장기 경제성장 전망 2012년 4.2%, 2013년 4.2%, 2014년 4.0%, 2015년 4.0%, 2016년 4.1%로, 세계 평균 성장률 4.5%, 4.5%, 4.6%, 4.7%, 4.7%[IMF, 연합뉴스, 2011.4.17].

자료 : 경제성장률은 한국은행, Monthly Bulletin, September 2005, 공정거래위원회; 1987년 4월 5대 재벌은 현대, 삼성, 대우, LG, SK, 황인학(1999년) 재인용. 연평균 소비자물가상승률은 1986 ~ 2000년 한국 2.6% 주요 선진국(미국 영국 일본 독일 프랑스 캐나다) 2.6%, 한국은행 Monthly Bulletin, October, 2001, 성장예측(2008년 이후)은 국내외 기관

‖부 록 4‖ 아시아 국가들의 민주주의 위기

캄보디아, 방글라데시, 태국 등 아시아 3개국에서 동시다발적으로 발생하고 있는 시위는 많은 개발도상 국가들에서 민주주의가 처해있는 위태로운 상황에 대한 주의를 환기시키고 있다[서울 = 연합뉴스 윤고은 기자, 2014.1.7].

비록 세 나라 소요 사태의 직접적인 원인은 각기 다르지만 이들 시위는 몇 가지 공통분모를 갖는다. 민주주의에 대한 충분한 감시 체제와 권력 균형 부족은 3국 모두에서 선거 불신과 사회 불안을 조장하고 있다. 또한 독재 정권, 부패한 정치 지도자들은 국가 기관을 경우에 따라 수 십 년 이상 자신과 패거리들의 이익을 위해 이용해왔다는 점이다.

캄보디아에서는 30년 가까이 억압정치를 펼쳐온 훈센 총리가 지난해 7월 총선에서 승리하자 시위가 시작됐고 여기에 최저임금인상을 요구하는 의류 노동자들이 가세했다. 방글라데시에서는 셰이크 하시나 현 총리가 이끄는 당이 야권이 불참을 선언한 가운데 지난 5일 치러진 총선에서 승리했는데, 이 선거를 몇 주 앞두고 정치적 소요 속에서 100명 이상이 숨졌다.

태국에서는 반정부 시위대의 조기총선 연기 요구가 계속되는 가운데 집권 푸어 타이당이 유세에 돌입했다. 이른바 '탁신 체제'의 근절을 요구하는 시위대는 총선을 실시하면 탁신 전 총리가 실질적인 지도자인 푸어 타이당이 재집권할 가능성이 크다고 주장한다.

이들 3국의 위기 상황에 대한 쉽고 빠른 해결책은 없는 게 가장 큰 문제다. 선거는 필수적이지만 이들 국가에서 안정적인 민주주의를 구축하기 위해서는 선거만으로는 부족하다는 점이다. 정치 지도자들에 대한 감시 기구를 만들지 않는 한 이들 국가는 계속해서 사회 불안에 취약한 상태로 남게 될 것으로 보인다.

참고로 아시아 국가들에 대해 간략하게 살펴보기로 하자.

• 말레이시아

말레이시아(Malaysia)는 풍부한 광물 등 천연자원을 보유하고 있다. 말레이시아는 작은 나라이지만 자동차제조회사(Perodua사, Proton사) 석유회사(Ölmulti Petronas)를 보유하고 있다. 말레이시아는 1990년대 급속한 공업성장을 달성해 개발도상국의 선두 자리를 달리고 있다.

• 미얀마(버마)

버마의 정식 명칭은 미얀마 Myanmar이다. 미얀마는 1989년 버마(Burma)에서 현재의 명칭으로 바뀌었다. 인도지나반도 서북부에 위치하며 해안선의 길이가 1930㎞에 달한다. 면적은 67만 8528㎢, 인구는 4700만 명(2008년), 수도는 양곤 Yangon에서 네피도 Nay Phi Daw로 옮겼다. 버마의 종족은 미얀마 족이 72%를 차지하고, 카렌족(Karen), 카친족(Kachin) 등 소수 민족으로 이루어져 있다. 버마 사람들은 미얀마 어를 사용하고, 불교가 86%를 차지한다. 기후는 대체적으로 열대계절풍 기후에 속하지만 고도가 높은 곳은 온대성 기후다. 버마 경제는 1차 산업 비중이 매우 높고, 농산물가공업과 광산자원을 활용한 중화학공업 등을 육성하고 있다. 쌀 · 티크 · 목재 · 원유 · 주석 · 연 · 아연 · 동 · 석탄 등이 풍부한 자원부존 국가이다. 2007년 현재 국민총생산은 135억 달러이고, 1인당 국민소득은 444 달러이다.

미얀마의 경제성장률은 2014 ~ 2015 회계연도 7.8%에 이를 것으로 전망됐다. 그동안 실시한 경제개혁 조치들이 긍정적으로 평가받고 있는 가운데 2013 ~ 2014 회계연도 경제성장률을 7.5%, 2014 ~ 2015 회계연도 경제성장률을 7.8%로 각각 예측됐다. 미얀마는 지난해 변동환율제 도입, 독립된 중앙은행 설립, 교육 및 보건 분야의 정부 지출 증가 등의 경제개혁 조치를 실시하였다. 또 미얀마가 각종 경제개발로 인해 재정지출이 증가하고 있음에도 불구하고 재정적자를 국내총생산(GDP)의 5% 이내로 유지하는 재정정책을 이행하고 있다. 그러나 조세수입이 너무 적고 과세 기반이 매우 미약해 세수 확충 조치들이 시급하며 금융 부문을 현대화하는 데 수년이 걸릴 것으로 진단하고 있다[방콕=연합뉴스, 현경숙 특파원, 2013.1.23/ 신화통신/국제통화기금(IMF) 경제조사팀].

• 베트남

베트남의 정식 명칭은 베트남 사회주의공화국이다. 북쪽은 중국과, 서쪽은 라오스 및 캄보디아와 접하고 동쪽은 바다를 면하고 있다. 베트남의 동쪽 해안은 북쪽으로부터 내려오면서 통킹만, 남중국해, 보르네오해, 시암만과 접해있고, 남북으로 긴 해안선은 무려 3,444Km에 달한다. 베트남은 세계에서 유일하게 미국과의 전쟁에서 승리를 통해 공산화를 이룬 나라이다. 한국과는 1992년에, 미국과는 1995년에 국교를 정상화하였다. 행정구역은 하노이, 호찌민, 다낭, 하이퐁, 껀터의 5개 직할시(centrally administered city)와 59개의 성(省)으로 이루어져 있다. 베트남의 빈곤은 생활수준과 불평등 개선에 힘입어 꾸준히 감소했다. 경제평등화 정책은 의료 교육 분야에 집중 투자되었다. 베트남의 주력 무역품은 농산물이다. 주요 농산물 수출품은 cashew nuts, black pepper, rice, coffee, tea, rubber, fishery products이다. 베트남 경제는 지속적인 경제성장 덕택으로 GDP대비 농업 비중이 1988년 42%에서 2006년 20%로 뚝 떨어졌다. 베트남의 물가는 한국보다 싸지만 크게 피부로 느낄 만큼 싸지 않다. 베트남은 남북 사이에 기온차가 심하다. 남쪽 사는 사람 북쪽 사는 사람들끼리 사이는 좋지 않다. 이유인즉 베트남 전쟁 당시 남쪽은 미군이 도와주다 결국엔 져버려서 남쪽은 북쪽 사람들에 대한 인식이 좋지 않고 북쪽은 남쪽사람들을 우습게 보는 경향이 있다. 베트남 하롱베이 Ha Long Bay 안에는 많은 섬들이 있다. 많은 섬들이 마치 성벽처럼 둘러져있다. 섬들 안이 호수처럼 바다와 연결된 그런 섬도 있다. 하노이에서 동쪽으로 170여㎞ 거리에 있는 베트남 최고의 명승지 중 한 곳이다. 중국 국경 근처에 위치한 하롱베이는 1,970여 개 기암괴석이 볼거리다.

• 라오스

라오스는 라오스 인민민주주의공화국이다. 면적은 23만 6,800㎢, 인구는 667만 명(2008년)이고 수도는 비엔티엔(Vientiane)이다. 종족 구성은 라오족이 인구의 50%를 차지한다. 랴오퉁 22%, 랴오숭 9%, 베트남계 1%이다. 공용어는 라오스 어이며, 종교는 전체 인구의 약 95%가 소승불교를 믿는다. 국민의 90%가 농민이고, 주력 수출품은 주석 · 목재 · 커피 등 제1차 농산물 광산물이다. 2007년 현재 국민총생산은 40억 2800만 달러, 1인당 국민소득은 656 달러이다.

• 태국

타이랜드(타이, 한문 ; 태국)의 정식국명은 타이왕국(Kingdom of Thailand)이다. 북서쪽으로 미얀마, 북동쪽으로 라오스, 동쪽으로 캄보디아, 남쪽으로 말레이시아 · 타이만(灣)과 국경을 접하고, 서쪽으로 안다만해(海), 남동쪽으로 시암만(灣)에 면한다. 민족은 대부분 타이족(族)이다. 타이는 동남아시아에서 유럽 국가의 식민 지배를 받지 않은 유일한 나라다. 제2차 세계대전 중에는 일본과 동맹을 맺어 연합군 측과 갈등을 빚기도 하였다. 행정구역은 76개주로 구성되어 있다.

• 캄보디아

캄보디아는 지리적으로 인도차이나반도 남쪽 메콩강 하류에 위치한다. 캄보디아의 정식 명칭은 캄보디아 국(State of Cambodia)이고 수도는 프놈펜(Pnompenh)이다. 면적 18만 1035㎢, 인구 1060만여 명(1997년 현재)이다. 우기인 5월~10월 중에는 하루에 비가 두세 번씩 내리며 35도~40도를 육박하는 아주 더운 날씨다. 공용어는 크메르어이고, 종족은 크메르족(90%)·중국인(5%)·기타(5%)로 이루어져 있으며, 종교는 국민의 95%가 불교를 신봉하고 있다. 6세기 캄푸치아통일왕국이 수립되었고, 9세기부터 **앙코르왕국**이 번영하였다. 1863년 프랑스보호령이 되었다가 1945년 3월 독립을 선언하고 1953년 11월에 완전독립을 얻었다.

• 필리핀

필리핀은 동남아시아에 위치한 국가로, 7107여개의 섬으로 구성되어 있다. 필리핀은 필리핀 해(海), 셀레베스 해, 남중국해의 경계를 이루며 타이완[臺灣]섬과 보르네오 섬, 셀레베스 섬 사이에 있다. 국토는 지도상에서 북부의 루손 섬과 중부 지역에 있는 수천 개의 섬인 비사얀 제도 그리고 남부 지역의 민다나오 섬으로 이루어져 있는데 이는 종족·언어와 같은 문화적 요소에 의한 구분이기보다 단순한 지리적 구분이다. 필리핀의 정식국명은 필리핀 공화국(Republic of the Philippines)이다. 필리핀의 면적은 300,400㎢(한반도의 1.3배)이며 7107개의 도서로 구성돼 있다. 루손(104,688㎢)과 민다나오(101,999㎢) 섬이 총면적의 65%를 차지한다. 필리핀의 수도는 마닐라이고 인구(2002)는 8,450만 명에 이른다. 인종은 말레이계가 주종이며, 중국, 미국, 스페인계 혼혈이 다수다. 종교는 카톨릭(83%), 신교(9%), 회교(5%), 불교 및 기타(3%)이다. 주요언어는 영어 및 Tagalog이다. 필리핀은 사면이 바다로 둘러싸인 해양국으로 인근 바다가 태풍의 발생지이며 환태평양조산대에 있기 때문에 화산과 지진이 자주 일어나고 있다. 최근에도 필리핀의 대표적인 휴양 도시인 세부 인근에서 규모 6.8의 강진이 발생해 최소 43명이 숨졌다. 네그로스 섬 인근 해역에서 지진이 발생(2012.2. 6, 현지시간)해 쓰나미 경보를 발령됐으며 3시간여 만에 해제됐다. 정확한 진원은 네그로스 섬에서 5㎞ 떨어진 해역으로 네그로스와 인근 세부 섬 사이에 있다[서울신문, 2012.2.7. / 필리핀 화산 · 지진학 연구소(PHIVOLCS)]. 필리핀은 말레이시아 사바 주(州)를 둘러싼 영유권 갈등, 스프라틀리 군도(Spratly Islands)를 둘러싼 베트남·말레이시아·중국·타이완과 영토분쟁을 겪고 있다. 지방 행정구역은 주(province), 시(city), 군(municipality), 바랑가이(barangay)로 나누어져 있다. 지방자치를 위하여 무슬림 지역인 민다나오와 코르디예라(Cordillera)를 새로이 자치지역으로 선정하였다. 각 행정지역은 1991년 지방자치법(Local

Government Code) 제정 후 중앙정부로부터 조세권 등 일부 권한을 행사하고 있다.

필리핀의 치안은 불안하다. 필리핀 정부군과 이슬람 반군이 휴전 합의에도 불구하고 남부지역에서 교전을 계속해 120여 명의 사상자를 내는 등 인명피해가 속출하였다. 남부 항구도시 삼보앙가에서 오늘까지 엿새 동안 벌어진 교전으로 모로 민족해방전선 반군 43명과 정부군 5명이 각각 숨지고 약 70명이 다쳤다. 또 양측이 충돌하는 과정에서 민간인 4명도 희생됐다. 이는 양측의 휴전 합의가 제대로 지켜지지 않고 있음을 반영하는 것이다. 이번 사태와 관련해 필리핀 정부는 모로 민족해방전선 반군들이 민간인과 소방수 등을 무차별 공격하고 있다면서 군경이 이들을 저지하는 작전을 펼치고 있다[AFP통신 / YTN, 2013.9.14].

| 부 록 5 | 주요 아시아 국가들 개관

동북아시아 Northeast Asia는 아시아의 동북부 지역을 말하며 좁은 의미에서는 한국, 일본, 중국을 가리키고 넓은 의미에서는 중국 둥베이 지방, 몽골, 러시아 극동 지역을 포괄한다. 동북 아세아는 한국, 북한, 일본, 중국, 타이완, 몽골, 러시아 극동 지역과 시베리아 지역을 포괄할 수 있다. 극동 (중국어 遠東 yuǎn dōng은 극동의 의미 영어는 far east로 표기)은 러시아 극동 Russian Far East 포함한 동아세아와 동남아시아 Southeast Asia을 말한다. 경우에 따라 남아시아 South Asia를 경제적 문화적인 이유에서 극동에 포함시키기도 한다. 동아시아 East Asia(Eastern Asia)의 면적은 12,000,000 km²에 이르고 아시아 대륙 면적의 28%를 차지한다.

동아시아의 인구는 15억 명이고 아시아 인구의 38%, 전 세계 인구의 22%를 차지한다. 이 지역의 인구밀도는 133명으로 세계 인구밀도의 3배 정도 된다. 동아시아 지역 사회는 역사적으로 볼 때 중국 문화권 Chinese cultural sphere에 속한다. 이 지역의 문자와 언어는 전통적인 중국어와 표기의 영향을 많이 받았다. 또한 극동 아시아의 종교는 불교 Buddhism, 유교 Confucianism, 신유교 Neo-Confucianism, Taoism가 주류이고 민속 종교는 중국의 민중종교 Chinese folk religion, 일본의 신토 Shinto, 한국 몽고의 샤머니즘 Shamanism 등이 있다. 한국에서는 전통종교인 불교를 제치고 기독교가 급속히 확산되고 있다.

국가	총면적	총인구	인구 밀도	실질 GDP	단위당 (1)	명목 GDP	단위당 (2)	지니 계수
남한	100,210	48,875,000	491.0	1.556	31,753	1.163	23,749	37.6
중국	9,671,018	1,339,724,852	139.6	11.316	8,394	6.988	5,184	31.3
일본	377,944	127,960,000	337.1	4.396	34,362	5.855	45,774	41.5

(주) 총면적(km²). 총인구(명)는 한국 중국 2011년, 일본 2011년. 인구밀도(km²당 인구수) 실질국내총생산GDP(PPP기준 trillion 달러)는 한 중 일 2011년 기준. 단위당(1)은 자본 단위당 실질GDP(달러)이고, 명목국내총생산GDP(trillion 달러)는 모두 2011년 기준, 단위당(2)은 자본 단위당 명목GDP(달러). 지니 Gini계수는 한국 2008년, 중·일은 2007년 기준이다. 동북아 국가들은 미국, 중국, 러시아, 일본의 강력한 영향력 아래 놓여 있다.

동북아 국가	면적 (km²)	인구	인구밀도 (km²)	수도	정치체제
중국	9,598,094	1,370,536,875	161.0	Beijing	일당 사회주의체제
홍콩	1,104	6,985,200	6,352.0	Hong Kong	일국 두 체제
마카오	28.6	520,400	17,310.0	Macau	일국 두 체제
대만	36,188	22,911,292	633.12	Taipei	준 대통령체제
몽고	1,564,116	2,951,786	1.7	Ulaanbaatar	의회공화국
북한	120,540	23,301,725	190.0	Pyongyang	주체사상 사회주의국가
남한	100,032	49,044,790	493.0	Seoul	대통령제 공화국
일본	377,873	127,433,494	337.0	Tokyo	의회민주주의 입헌 민주국가
러시아극동	6,215,900	6,692,865	3.0	Moscow	준 대통령제연방공화국

동아시아 국가	면적 (km²)	인구	인구밀도 (km²)	GDP달러 (2009)	1인당GDP (2009)	수도
Brunei	5.765	400.000	70	10.405.000.000	$25.386	Bandar Seri Begawan
Myanmar	676.578	50.020.000	74	34.262.000.000	$571	Pyinmana Naypyidaw
Kambodscha	181.035	14.805.000	82	10.871.000.000	$768	Phnom Penh
Indonesien	1.904.569	240.271.522	126	539.377.000.000	$2.329	Jakarta
Laos	236.800	6.320.000	27	5.598.000.000	$886	Vientiane
Malaysia	329.847	28.318.000	83	192.955.000.000	$7.525	Kuala Lumpur
Philippinen	299.764	91.983.000	307	61.196.000.000	$1.748	Manila
Singapur	710,2	4.987.600	7	82.231.000.000	$36.379	Singapur
Thailand	513.120	67.764.000	132	63.979.000.000	$3.941	Bangkok
Vietnam	331.210	88.069.000	265	3.164.000.000	$1.068	Hanoi

(주) 동아시아국가들은 Singapore를 제외하면, Burma, Cambodia, Laos, Thailand, Vietnam 등은 불교를 믿는 사람들이 압도적으로 많다.

한국의 2013년 국내총생산(GDP) 성장률은 아시아 주요 10개국 가운데 9위에 그칠 것 같다. 2014년 성장률 전망치도 하위권 수준을 벗어나지 못 할 것이란 예상이다. 한국이 아시아 신흥국과의 경쟁에서 근원적으로 뒤처질 것이란 우려가 커지고 있다. 저성장이 굳어지고 있는 한국은 획기적인 대책이 서지 않으면 선진국에 처지고 신흥국에 밀리는 현실이 코앞에 다가올지 모른다[세종 = 연합뉴스 유경수 차지연 기자, 2014.1.16].

아시아 주요국 경제지표를 보면 2013년 실질 경제성장률은 한국 평균 2.8%로 중국(7.7%), 필리핀(7.0%), 인도네시아(5.7%), 인도(4.6%), 말레이시아(4.5%), 싱가포르(3.7%), 홍콩, 태국(이상 3.0%)에 이어 아홉 번째다. 한국보다 못한 성장률은 대만(2.0%) 뿐이다. 한국의 2014년 성장률 전망도 사정은 다소 나아지지만 하위권을 탈피하지 못할 것으로 전망됐다. 한국의 2014년 성장률은 3.8%로 중국(7.5%), 필리핀(6.3%), 인도(5.4%), 인도네시아(5.2%), 말레이시아(5.0%), 태국(4.1%)에 이어 싱가포르와 함께 7위다. 뒤를 이어서는 홍콩(3.5%), 대만(3.4%) 등이 있을 뿐이다.

그러나 GDP 대비 경상수지 흑자 전망은 한국이 5.4%로 3위다. 싱가포르가 14.1%, 대만이 10.9%로 한발 앞서 있다. 2014년에도 4.2%로 싱가포르(12.9%), 대만(10.2%)을 뒤쫓는다. 2013년 성장률이 부진했던 것은 부동산 시장 침체, 가계부채, 수요부진 등으로 내수가 불황이고 좋지 않았던 환율흐름이 결정적인 요인이었다. 선진국 경기회복의 덕을 본 수출도 경기에 큰 힘이 못되고 있다. 한국경제가 점차 세계경제 추세를 쫓아가지 못하는 디커플링(decoupling) 징조가 확실하게 부각되고 있는 것 같다. 실제 지표에서도 설비투자 증가율과 건설투자 증가율이 최근 2년, 3년 연속 마이너스를 기록해 경제 활력이 떨어지고 있음을 보여주고 있다.

한국에서는 투자환경이 규제와 노사문제로 악화하면서 기업들이 외국으로 떠나는 반면에 홍콩, 싱가포르 등은 기업하기 좋은 환경으로 끊임없이 변모하고 있다. 한국은 투자환경 조성의 국제경쟁에서도 다른 아시아 국가들은 물론 구미 선진국에게도 자꾸 뒤처지고 있는 것으로 보인다.

한중의 무역규모가 중일의 무역규모를 추격하고 있다. 2013년 1~11월 한중 무역액은 전년 동기 대비 7.4% 증가한 2천500억 달러(약 264조원)다. 반면 같은 기간 중일 무역액은 2012년 같은 기간 대비 6.2% 감소한 2천840억 달러(약 300조원)다. 현재 300억 달러 이상의 격차가 있지만 3년 안에 한중 사이의 교역액이 중일 간 교역액을 역전할 수 있을 것으로 내다본다. 삼성전자와 LG전자의 스마트폰 등 완제품뿐 아니라 포스코의 자동차용 강판 등 중간재 거래가 호조를 보이는 상황이고 정치적 갈등이 중일 사이에 비해 적은 것이 등이 한중간 무역규모가 빠른 속도로 성장할 수 있을 것으로 본다[도쿄=연합뉴스 조준형 특파원, 2014.1.4].

반면 중일 간 무역액 감소의 최대 요인은 중국에 진출하는 일본 기업이 증가하고 있는데다 이들 기업이 원재료 등의 현지 조달 비율을 높이는 상황이기 때문이다. 중국에 진출한 일본계 기업이 원재료 및 부자재를 현지에서 조달한 비율은 2010년 58%에서 작년 64%로 늘었다.

여기에 더해 센카쿠(중국명 : 댜오위다오) 열도 문제와 역사인식 등을 둘러싼 중·일간 알력에 따라 중국인들의 일본 제품 기피 현상이 나타난 점도 중·일간 무역규모가 줄어든 요인이다.

한편, 중일 뿐 아니라 한·일간 무역액도 양국관계 악화의 영향을 받아 2013년 한일 무역액은 2012년 대비 10.4% 줄어든 920억 달러(약 97조원)다.

유럽, 미국, 아세아의 국가들

국가	수도	거주자 수	면적	인구밀도
European Union	Brüssel	505.000.000명	4.324.782km²	116,8명
African Union	Addis Abeba	1.040.000.000명	29.797.500km²	34,9명
Association of Southeast Asian Nations	Jakarta	607.000.000명	4.480.000km²	135,5명
North Korea	**Pjöngjang**	**24.600.000명**	**120.538km²**	**188,8명**
South Korea	**Seoul**	**48.900.000명**	**99.720km²**	**487,7명**
Taiwan	Taipeh	23.300.000명	35.980km²	639,9명
Japan	Tokio	127.600.000명	377.915km²	335,5명

China	**Peking**	**1.358.100.000명**	**9.596.961km²**	**138,6명**
India	**Neu-Delhi**	**1.259.700.000명**	**3.287.263km²**	**356,9명**
Malaysia	Kuala Lumpur	29.000.000명	329.847km²	85,7명
Vietnam	Hanoi	89.000.000명	331.210km²	270,4명
Philippines	Manila	96.200.000명	300.000km²	333,0명
Laos	Vientiane	6.500.000명	236.800km²	26,9명
Thailand	Bangkok	69.900.000명	513.120km²	130,7명
Indonesia	Jakarta	241.000.000명	1.904.569km²	127,6명
Poland	Warschau	38.200.000명	312.685km²	123,0명
Slovenia	Ljubljana(Laibach)	2.100.000명	20.273km²	98,8명
Albania	Tirana	2.800.000명	28.748km²	104,17명
Slovakia	**Bratislava**	**5.400.000명**	**49.035km²**	**111,6명**
Serbien	**Belgrad**	**7.100.000명**	**77.474 km²**	**94,8명**
Bosnia-Herzegovina	Sarajevo	3.800.000명	51.197km²	90,3명
Greece	Athen	10.800.000명	131.957km²	81,5명
Luxembourg	Luxemburg	500.000명	2.586km²	192,6명
Belgium	Brüssel	11.100.000명	30.528km²	341,4명
Switzerland	**Bern**	**8.000.000명**	**41.277km²**	**184,7명**
Netherlands	**Amsterdam**	**16.700.000명**	**41.543km²**	**404,0명**
Denmark	**Kopenhagen**	**5.516.000명**	**43.094km²**	**128,0명**
Norway	**Oslo**	**5.000.000명**	**323.802km²**	**14,4명**
Finnland	**Helsinki**	**5.400.000명**	**338.145km²**	**15,5명**
Schweden	**Stockholm**	**9.500.000명**	**450.295km²**	**20,2명**
Ireland	**Dublin**	**4.700.000명**	**70.273km²**	**65,8명**
Portugal	**Lissabon**	**10.600.000명**	**92.090km²**	**116,6명**
Italy	Rom	60.900.000명	301.340km²	192,8명
Spain	**Madrid**	**46.200.000명**	**505.370km²**	**92,0명**
Germany	Berlin	81.800.000명	357.121km²	230,5명
United Kingdom	London	63.200.000명	243.610km²	255,9명
Tunesien	**Tunis**	**10.800.000명**	**163.610km²**	**64,7명**
Turkey	**Ankara**	**74.900.000명**	**783.562km²**	**99,3명**
United State	Washington	313.900.000명	9.826.675km²	31,6명
Canada	Ottawa	34.900.000명	9.984.670km²	3,4명
Australia	Canberra	22.000.000명	7.741.220km²	2,8명
New Zealand	Wellington	4.400.000명	267.710km²	15,9명
Mexiko	Mexiko-City	116.100.000명	1.964.375km²	57,3명
Brazil	Brasília	194.300.000명	8.514.877km²	23,6명
Russia	Moskau	143.200.000명	17.098.242km²	8,2명
Lebanon	Beirut	4.300.000명	10.400km²	396,6명
Syria	Damaskus	22.500.000명	185.180km²	119,9명
Israel	Jerusalem	7.900.000명	22.072km²	333,2명

저자약력

저자 양 종 기(梁 鍾 基)

- 연세대학교 경제학과, 학사
- 독일 자유 베를린 대학교 Diplom-Volkswirt
- 독일 자유 베를린 대학교 경제학 박사
- 서경대학교(구 국제대학) 전임교수
- 현재 E&I Center 대표

❐ 저서와 주요 논문 및 연구보고서

- Die Crowding-Out Problematik im Rahmen der Kurz-und Langfristigen Analyse, Peter Lang, 1987(mana cum laude; 최우수 박사 논문).
- 위기가 기회다, 공저, 다산출판사, 1998년
- 기관투자가의 자산운용(공저), 국민연금연구센터, 1998년
- 한국의 자본시장과 경제발전(공저), FESKOR SYPOSIUM, 1988년
- 경제의 이해, 원출판사, 2007년
- 거시경제학, 원출판사, 2008년
- 화폐금융 국제금융, 원출판사, 2009년
- 시장경제와 경제이론, 원출판사, 2009년
- 알기 쉬운 투자론, 신론사, 2010년
- 경기 안정화와 재정지출 및 통화정책, 경상논총, 1987년
- 한국의 자본시장과 경제발전, 경상논총, 1988년
- 환율결정과 그의 변동, 투자금융, 1989년
- 토빈의 Q이론과 통화 및 공채 발행의 국민 경제적 파급 효과, 투자금융, 1989년
- 독일 지방재정과 지방의회에 대한 연구, 지원연구논문, 1992년
- 독일 연방과 주 및 게마인데(Gemeinde)의 공채관리에 관한 연구, 지원연구논문 1992년
- 스위스, 독일, 영국의 금융제도에 대한 비교 연구, 지원연구논문, 1995년
- 기관투자가의 자산운용, 지원연구 보고서, 1998년
- 독일 연방과 주 및 게마인데(Gemeinde)의 공채관리에 관한 연구, 연구보고서, 1992년
- 공채발행을 통한 재정금융정책의 효과에 대한 고찰, 한국산업 연구, 1992년
- 미국 단기금융시장에 관한 소고, 투자금융, 1994년
- 多資産市場, 實物市場, 財政政策, 서경대학교논문집, 1994년
- 스위스, 독일, 영국의 금융제도에 대한 비교 연구, 지역연구, 1996년
- 공채발행의 국민 경제적 파급 효과, 서경대학교논문집, 1996년
- 유럽의 자산관리업과 은행 진출의 동향, 금융, 2002년
- 유럽금융의 구조적 특성과 은행대출경로, 산업경영연구, 2002년
- 최근 미국 은행산업의 변화와 추이, 금융, 2003년
- 재정정책이 경제성장에 미친 이론적인 고찰, 사회과학논문집, 2007년
- 한국 자본주의의 모습과 특성 및 성격, 2010년
- 국민행복시대는 열릴 것인가?, 도서출판 ONE, 2013년
- 달러와 한국경제, 도서출판 ONE, 2013년
- 한국의 부동산경제, 도서출판 ONE, 2013년
- 한국경제와 한국주식 투자, 도서출판 ONE, 2014년
- 세계경제 속 한국경제

[양종기 박사의 경제이야기_6] **세계경제 속 한미경제**

초판 인쇄 • 2014년 11월 20일
초판 발행 • 2014년 11월 27일
저 자 • 양 종 기
발 행 인 • 정 성 열
발 행 처 • 도서출판 ONE
주 소 • 서울특별시 마포구 토정로 222
등 록 • 제313-2003-427호
전 화 • 02-323-8536
팩 스 • 02-323-8531

저자와의
협의하에
인지생략

ISBN 978-89-6481-232-7

정가 16,000원